服务蓝图的设计、应用与发展

——构建以顾客为中心的服务体系

冯 俊 著

科学出版社

北 京

内 容 简 介

　　服务蓝图是被广泛应用于服务管理、服务营销和服务设计等领域的一种图形技术，并在实践中取得了很好的应用效果。它很好地贯彻了"以顾客为中心"的服务理念，并从多维度刻画服务系统，不仅可以帮助服务组织构建服务体系、设计服务流程，还有助于实施员工管理、关键点管理、质量管理、目视化管理、知识管理等。同时，它也是一个极佳的培训工具，可以极大地提升员工培训的效果和效率。本书共分 4 章，前两章分别介绍服务蓝图的基本理论和设计方法，后两章分别介绍服务蓝图在管理中的应用和未来的发展方向。

　　本书适合所有从事与服务有关工作的人员阅读，特别是与服务管理、服务营销和服务设计等领域有关的管理人员、设计人员、研究人员和在校大学生。

图书在版编目（CIP）数据

服务蓝图的设计、应用与发展：构建以顾客为中心的服务体系 / 冯俊著. 一北京：科学出版社，2023.5
ISBN 978-7-03-070243-2

Ⅰ. ①服… Ⅱ. ①冯… Ⅲ. ①服务业-企业管理 Ⅳ. ①F719

中国版本图书馆 CIP 数据核字（2021）第 217468 号

责任编辑：任锋娟　周春梅 / 责任校对：王万红
责任印制：吕春珉 / 封面设计：东方人华平面设计部

科学出版社 出版
北京东黄城根北街 16 号
邮政编码：100717
http://www.sciencep.com
三河市骏杰印刷有限公司印刷
科学出版社发行　　各地新华书店经销
*
2023 年 5 月第 一 版　　开本：B5（720×1000）
2024 年 7 月第二次印刷　　印张：12 1/2
字数：252 000

定价：98.00 元
（如有印装质量问题，我社负责调换）
销售部电话 010-62136230　编辑部电话 010-62135763-2015（HF02）

前　言

服务蓝图是由美国学者 G. 林恩·肖斯塔克（G. Lynn Shostack）于 20 世纪 80 年代提出的一个服务研究概念，后经其他学者从管理和营销角度进行改进，形成了一种被广泛应用于服务管理、服务营销和服务设计等领域的流程技术，并在国内外取得了很好的应用效果。本人十多年来致力于服务管理方面的教学研究，并利用服务蓝图技术为企业提供了许多培训和咨询服务，形成了自己的感悟，期望通过拙作为服务蓝图技术的进一步推广应用和理论研究尽绵薄之力。

本书首先站在读者角度回答如下 4 个问题：为什么要读本书？本书主要有什么内容？本书适合哪些读者？如何阅读本书？

（1）为什么要读本书？

几乎所有的服务组织都在提倡"以顾客为中心"的服务理念。然而，绝大多数服务组织还停留在口号和理念层面，并没有真正做到"以顾客为中心"，说一套做一套，服务现状与服务理念相去甚远。

"以顾客为中心"的服务理念为什么不能落地？不是理念出了问题，而是方法出了问题。一般来说，比较正规的服务组织都有自己的服务操作规范或标准，汇编成《员工服务手册》《服务守则》《服务制度》等。但是，当打开这些汇编成册的本子后，我们发现，所谓的规范、标准基本上都是用一条一条的文字来描述的，既不便于记忆，又不便于传播，更不便于操作。最为关键的是，这些一条一条的规范标准不是来自对顾客需求的调研，而是来自管理人员的想当然，或者直接抄袭自其他服务组织。所以，这些规范标准很难发挥实际效用。有的服务组织虽然也设计了服务流程图，但这些流程图是按照如何完成工作而设计的，只能体现"以工作为中心"而不是"以顾客为中心"的指导思想。"以工作为中心"的工作流程图有助于提升员工培训效率和工作规范性，但是不能保证服务结果和服务过程如顾客所愿。

"以顾客为中心"的服务理念如何落地？"以顾客为中心"就是要充分考虑顾客的需求，因此，研究顾客需求是服务工作的起点。在研究顾客需求的基础上，再来安排服务组织的服务工作，包括前台员工、后台员工如何满足顾客需求，支持部门和管理系统如何支持和管控前后台员工让他们更好地满足顾客需求，服务设施环境的设计如何能够方便顾客消费并获得良好体验、促进服务工作顺利开展等。服务蓝图就是这样一个工具，它可以帮助服务组织构建一个真正贯彻"以顾客为中心"服务理念的服务体系，并在实践中不断优化。

（2）本书主要有什么内容？

本书共分 4 章。第一章概述服务蓝图的基本理论。首先，介绍服务蓝图的产生背景，以及学者们对服务蓝图基本架构和构成要素的改进；其次，从流程视角比较服务蓝图与一般流程图的关系，以及服务蓝图的特点；最后，概括说明服务蓝图的应用价值。第二章阐释服务蓝图的设计方法。首先，介绍服务蓝图设计的基础知识，包括服务蓝图的设计思想、设计步骤、设计培训与组织、图形要素；其次，分析服务蓝图各构成要素（顾客行为、前后台行为、支持行为和有形展示）的设计方法；再次，从服务定位、战略战术、功能协同、信息管理、商业需求、顾客体验等角度提出服务蓝图整合设计的要求和思路；最后，简要介绍服务蓝图配套注释文本的构成要素及设计思路。第三章分析服务蓝图在管理中的应用。首先，说明基于服务蓝图构建服务体系的思路；然后，分别分析服务蓝图在员工管理、关键点管理、服务质量管理、效率管理、目视化管理和知识管理等方面的应用思路。第四章研究服务蓝图技术的拓展方向。首先，对服务蓝图的代表性文献开展研究，并总结服务蓝图技术研究的未来发展方向；然后，分别从信息化、体验化和交互 3 个方向开展有针对性的研究，梳理每个方向上的流程技术与服务蓝图之间的关系，并提出这些流程技术对于服务蓝图改进的一些启示，以提升、拓展服务蓝图技术的改进空间。

（3）本书适合哪些读者？

本书适合所有从事与服务有关工作的人员阅读，尤其是服务管理、服务营销和服务设计等领域的管理人员、设计人员、研究人员和在校学生。服务蓝图技术可以使他们获得正确的服务理念，加深其对服务组织、服务过程和服务工作的认识；可以使他们容易与工作伙伴达成共识并加强协作；可以使他们开展服务设计和服务管理分析，构建服务体系，提升服务效率和服务质量；可以使他们从信息、体验和交互等角度研究服务系统。

（4）如何阅读本书？

本书按照"介绍服务蓝图技术→学习服务蓝图设计→应用服务蓝图开展管理分析→开展服务蓝图的跨学科研究"的逻辑分为 4 章，内容由浅入深，兼具普及、推广和研究于一体，读者可以根据自己对服务蓝图的了解程度和学习目的，有选择地阅读各章节内容。

如果只想了解服务蓝图技术，阅读第一章即可；如果想学习服务蓝图设计，还要学习第二章；如果想利用服务蓝图技术构建服务体系，应用于服务系统分析或提升管理水平，需要继续阅读第三章；如果想拓宽服务蓝图研究的视野，建议继续阅读第四章。

近些年，服务设计已经成为学术界和咨询界的一个热点。服务设计研究的学者主要来自 3 个领域：服务营销与管理、工业设计与产品设计、计算机软件设计。

然而，各学科领域跨度较大，关于服务设计的研究相互之间形成孤岛，各有各的研究视角和话语体系，希望本书的出版能够促进这 3 个学科领域学者之间的相互了解，也希望服务蓝图技术能成为 3 个学科彼此沟通的一座桥梁。

在撰写本书的过程中，本人得到了很多人的帮助和支持。首先，感谢北京燕莎奥特莱斯购物中心（简称燕莎奥莱）的各级领导，尤其是副总经理周琳萍女士，在他们的大力支持下，本人利用服务蓝图技术为燕莎奥莱设计了服务体系和现场管理体系，使服务蓝图技术在燕莎奥莱落地生根、开花结果，同时也为本人的研究积累了大量的素材和经验。然后，感谢服务蓝图研究中心（www.fuwulantu.com）的团队成员们，包括张运来、冯颖如、侯晓丽、王敬武、崔正、王长斌、翟云蕾、李雪、张利茹、孙莹雪、路梅、翟煜等，他们为服务蓝图研究贡献了很多思想，也为收集素材和绘制图表做了大量细致的工作。最后，感谢我的好友兰奎千先生，他对本书的服务蓝图信息化方向拓展部分进行了认真的审阅，并提供了有价值的修改建议。

虽然花费了很多心血，也心怀美好愿望，但限于本人的能力和水平，有待商榷之处一定会有很多，欢迎读者批评指正！

冯　俊

2021 年 5 月 20 日

北京工商大学

目　　录

第一章　服务蓝图概述 ……………………………………………………… 1

　第一节　服务蓝图的提出、改进及其构成要素 ………………………… 1

　　一、服务蓝图的提出 ………………………………………………… 1

　　二、服务蓝图的改进 ………………………………………………… 3

　　三、服务蓝图的构成要素 …………………………………………… 6

　第二节　服务蓝图与一般流程图的关系 ………………………………… 8

　　一、关于流程和流程图 ……………………………………………… 8

　　二、从流程图角度看服务蓝图的特点 ……………………………… 14

　　三、服务蓝图是如何描绘服务系统的 ……………………………… 19

　第三节　服务蓝图的应用价值 …………………………………………… 22

第二章　服务蓝图设计 ……………………………………………………… 24

　第一节　设计基础 ………………………………………………………… 24

　　一、服务蓝图设计思想 ……………………………………………… 24

　　二、服务蓝图设计步骤 ……………………………………………… 26

　　三、服务蓝图设计的培训与组织 …………………………………… 28

　　四、服务蓝图的图形要素 …………………………………………… 31

　第二节　顾客行为设计 …………………………………………………… 35

　　一、识别顾客 ………………………………………………………… 36

　　二、识别顾客的消费经历 …………………………………………… 36

　　三、识别顾客的需求 ………………………………………………… 37

　　四、顾客行为设计中的几个问题 …………………………………… 38

　第三节　前后台行为设计 ………………………………………………… 43

　　一、前后台行为的界定 ……………………………………………… 43

　　二、前后台行为设计的要求 ………………………………………… 45

　　三、前后台行为设计中的几个问题 ………………………………… 48

　第四节　支持行为设计 …………………………………………………… 52

　　一、支持行为的识别 ………………………………………………… 53

　　二、支持行为设计的几个问题 ……………………………………… 53

第五节　有形展示设计 ··· 55

　　一、从有形展示到服务证据 ··· 55

　　二、服务证据的分类 ·· 56

　　三、服务证据的应用与设计 ··· 57

　　四、服务证据在服务蓝图中的呈现 ··································· 59

第六节　服务蓝图的整合设计 ··· 59

　　一、基于服务定位的整合 ·· 60

　　二、基于战略战术的整合 ·· 61

　　三、基于功能协同的整合 ·· 62

　　四、基于信息管理的整合 ·· 64

　　五、基于商业需求的整合 ·· 64

　　六、基于顾客体验的整合 ·· 65

第七节　服务蓝图的注释文本设计 ·· 65

第三章　服务蓝图在管理中的应用 ··· 67

第一节　服务体系建设 ·· 67

　　一、关于系统和体系 ·· 67

　　二、关于服务体系 ··· 69

　　三、基于服务蓝图构建服务体系 ······································ 70

　　四、真正落实"以顾客为中心"的服务理念 ······················· 71

第二节　服务员工管理 ·· 72

　　一、强化服务意识 ··· 73

　　二、加强团队协作 ··· 74

　　三、提升培训效果 ··· 75

第三节　关键点管理 ·· 77

　　一、关键点的含义 ··· 77

　　二、关键点的类型 ··· 78

　　三、关键点的识别 ··· 81

　　四、关键点的标注 ··· 84

　　五、关键点的设计 ··· 85

　　六、关键点的动态调整 ··· 87

　　七、应用案例 ··· 88

第四节　服务质量管理 ·· 92

　　一、服务蓝图作为质量管理工具的适用性和应用方法 ········· 92

　　二、服务质量的测量 ·· 95

　　三、应用服务蓝图开展服务质量的控制与改进 ················· 103

第五节　效率管理 ·· 106

　一、对效率的理解 ·· 107

　二、基于流程的效率改进方法 ······················· 108

　三、应用服务蓝图开展效率分析和管理 ·········· 113

第六节　目视化管理 ·· 119

　一、目视化管理概述 ······································ 120

　二、服务现场及其特征 ··································· 123

　三、应用服务蓝图开展目视化管理 ················ 124

第七节　知识管理 ··· 127

　一、知识、知识管理 ······································ 128

　二、基于流程的知识管理 ······························ 129

　三、应用服务蓝图开展知识管理 ··················· 129

第四章　服务蓝图技术的拓展研究 ················ 132

第一节　服务蓝图的应用性文献研究 ·············· 132

　一、服务蓝图技术的应用能力 ······················ 133

　二、服务蓝图技术的应用改造 ······················ 134

　三、服务蓝图技术未来的发展方向 ················ 140

第二节　服务蓝图在信息化方向的拓展 ··········· 142

　一、信息流程技术的发展 ······························ 143

　二、UML 的发展及其给予服务蓝图的启示 ······ 144

　三、BPMN 的发展及其给予服务蓝图的启示 ···· 148

　四、LOVEM 及其给予服务蓝图的启示 ·········· 152

　五、服务蓝图中信息技术的呈现形式 ············ 155

　六、小结 ··· 158

第三节　服务蓝图在体验化方向的拓展 ··········· 160

　一、体验流程技术的发展 ······························ 160

　二、CJM 及其给予服务蓝图的启示 ··············· 162

第四节　服务蓝图在交互方向的拓展 ·············· 167

　一、交互流程技术的发展 ······························ 167

　二、PCN 及其给予服务蓝图的启示 ··············· 170

参考文献 ··· 185

第一章 服务蓝图概述

服务蓝图（service blueprinting）是对服务系统的描绘，或者说是对服务过程的系统性、结构化描绘。服务蓝图区别于一般流程图，它贯彻了"以顾客为中心"的服务理念，首先描述和研究顾客需求，然后安排服务组织的服务工作，包括前台员工、后台员工和支持部门的工作，以便更好地满足顾客的需求。

第一节 服务蓝图的提出、改进及其构成要素

自从 G. 林恩·肖斯塔克（G. Lynn Shostack）[1]于 20 世纪 80 年代提出服务蓝图概念后，服务蓝图就受到学界的广泛关注，服务蓝图技术也得到了很多改进和应用。经过几十年的发展，服务蓝图已成为一种知名度和应用价值都很高的设计和管理技术，被广泛应用于服务设计、服务营销和服务管理等领域。

一、服务蓝图的提出

服务蓝图是由美国的肖斯塔克首次于 1982 年提出的一个概念。她认为，服务不像产品那样容易被认识。产品是物质的，可以从生产规范、照片、物理测试、个人实验、外观、材料、成本、功能等多方面来认识。但是，服务是一个过程，通过任何一种类似的感知来认识一项服务都是不可能的。没有"服务工程"技术来帮助我们解决这个问题，没有类似的手段来帮助我们制作影像、物质和实验类的文档，也没有常规性知识来克服这些障碍。正因为如此，人们常常使用很不清晰的口头语或抽象的文字来描述一项服务，最后形成了一些非常主观和肤浅的描述性文件。如果一项服务不能被全面客观地进行结构化描述，就无法与其他服务进行比较，无法评价它的好坏，也无法对它进行科学规划和有效控制。因此，她认为需要建立一个系统化的方法，以客观清晰的方式勾画服务的结构，并捕捉服务的所有基本要素，这个系统化方法就是服务蓝图。

关于为什么叫"服务蓝图"这个名称，应该与建筑图纸有关。盖一座大楼需要事先设计建筑图纸，建筑图纸通常是用蓝线特别绘制的，因此被称作建筑蓝图。肖斯塔克大概是希望服务活动过程也能够用一个可视图来描绘，因此起名为服务蓝图[2]。

　　为了使服务蓝图能够成为一种系统性描述服务活动过程的方法，肖斯塔克认为需要借助另外 3 种技术：时间/运动工程技术、计划评审技术、计算机软件设计技术。其中，时间/运动工程技术为流程规划提供了一个极其精确和细致的系统方法，如作业程序图、流程程序图和加工流程图；计划评审技术是一种用于项目规划的技术，有助于进行时间和成本的分析，如最短路径分析法；计算机软件设计技术是通过"输入→处理→输出"程序对数据进行处理或对任务进行管理，非常类似于服务流程。但是，她又认为，这 3 种技术虽然都是对服务蓝图技术的重要支撑，但是任何一种技术都又无法单独满足服务设计的需求。例如，时间/运动工程技术无法描绘其他一些服务功能，如服务证据的展示；计划评审技术顾及不到顾客角色；计算机软件设计技术无法处理时间、成本问题，也说明不了由谁执行流程。而且，这 3 种技术中没有一种技术能够处理位置、定价、促销问题，以及服务组织、服务员工及顾客之间的互动行为。因此，总体看来，服务蓝图既需要综合应用这 3 种技术，同时又需要借用营销理论中其他的思想方法[1]。

　　肖斯塔克以在街角擦皮鞋的服务为例，绘制了一个简单的服务蓝图，如图 1.1 所示。

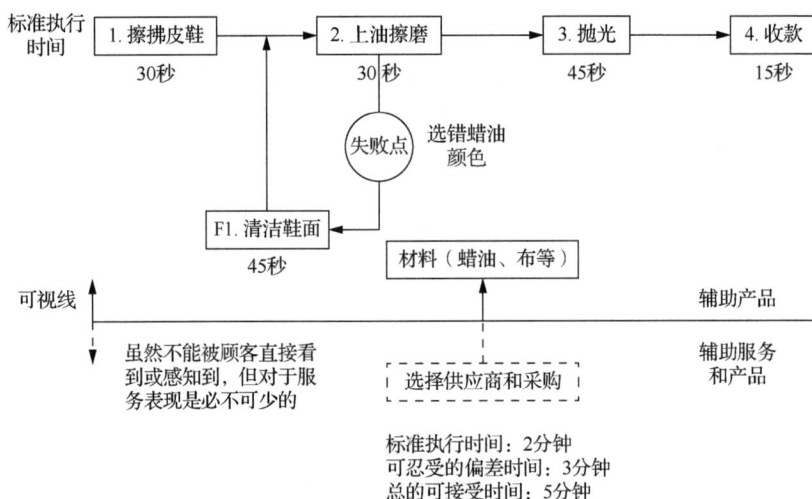

图 1.1　一个简单的街角擦皮鞋服务的服务蓝图①

　　在肖斯塔克最初的研究意图中，时间控制是主要目的，但是她提出的服务蓝图的结构对于认识服务具有更重要的意义。图 1.2 是一个被抽象简化出来的最早的服务蓝图结构示意图，其中包含 3 个结构性要素：前台行为、后台行为和可视分界线。

---

　　① 图中 F1 表示第一个失败点。

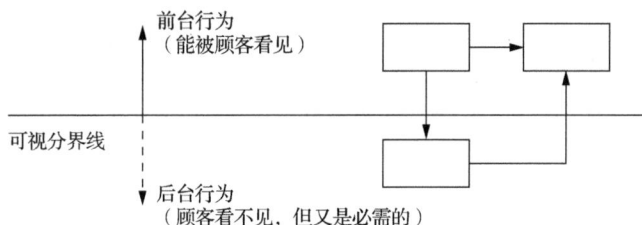

图 1.2　最早的服务蓝图结构示意图

二、服务蓝图的改进

后续的研究主要是对服务蓝图结构的改造，增加了顾客行为、系统支持行为和有形展示等要素，极大地提高了服务蓝图的系统性和对服务要素的结构化表现能力，并且充分体现了"以顾客为中心"的服务理念。

简·金曼-布伦戴奇（Jane Kingman-Brundage）等[3-4]在肖斯塔克提出的服务蓝图概念的基础上，为了集成服务系统的各个要素，使系统提供无缝连接的服务，综合考虑了所谓的服务逻辑（包括顾客逻辑、员工逻辑和技术逻辑），对服务蓝图开展了细化研究，并提出了服务地图（service map，service mapping）概念①，极大地提高了服务蓝图的系统性和对服务要素的结构化表现能力，如图 1.3 所示。

为了让读者看清楚服务地图的主要结构要素，笔者结合金曼的另外一篇文章中的服务地图中关于分界线的命名，把服务地图的结构要素简化为图 1.4。

首先，服务地图使用二维结构，从纵向和横向布局服务活动过程。其中，纵向表示组织结构，特别是提供服务的人员或团队；横向表示按时间顺序进行的活动步骤。然后，使用 4 条线，把服务活动分割成 5 个区域。其中，使用互动分界线分割了顾客区域和一线员工区域；使用可视分界线（由肖斯塔克提出）分割了前台区域和后台区域；使用内部互动分界线分割了后台区域和支持区域；使用执行线（line of implementation）或管理线（line of management）分割了支持区域和管理区域。

与肖斯塔克最初提出的服务蓝图概念相比，服务地图中增加了顾客区域，并把顾客区域置于最上端，进一步体现了"以顾客为中心"的服务思想；增加了支持区域和管理区域，并将其置于下端，体现了支持行为和管理行为对于一线服务工作的重要性和支撑作用。把一线员工的服务操作夹在中间，以弥合管理意图和客户需求之间的差距。由此可见，服务地图为顾客行为、服务行为、支持行为和管理行为架起了桥梁，体现了服务活动的系统性。

---

① 一些英文文献把服务地图解释为服务映射，即服务特征与顾客需求的对应关系，而金曼提出的服务地图是对肖斯塔克服务蓝图的一个改进，有兴趣者可以进一步查阅相关文献。

顾客区域	潜在顾客寻求服务结果	5 潜在顾客听到看到的服务理念		6 要回答吗?	7 潜在顾客进入服务设施	9 要买吗?	10 潜在顾客有特殊要求	17 顾客下订单	13 顾客体验服务成果	顾客权衡服务体验和服务期望	顾客接收并审核费用清单	顾客支付费用清单	15 要再次购买吗?	36 最后失去的顾客

注：数字代表步骤的序号。

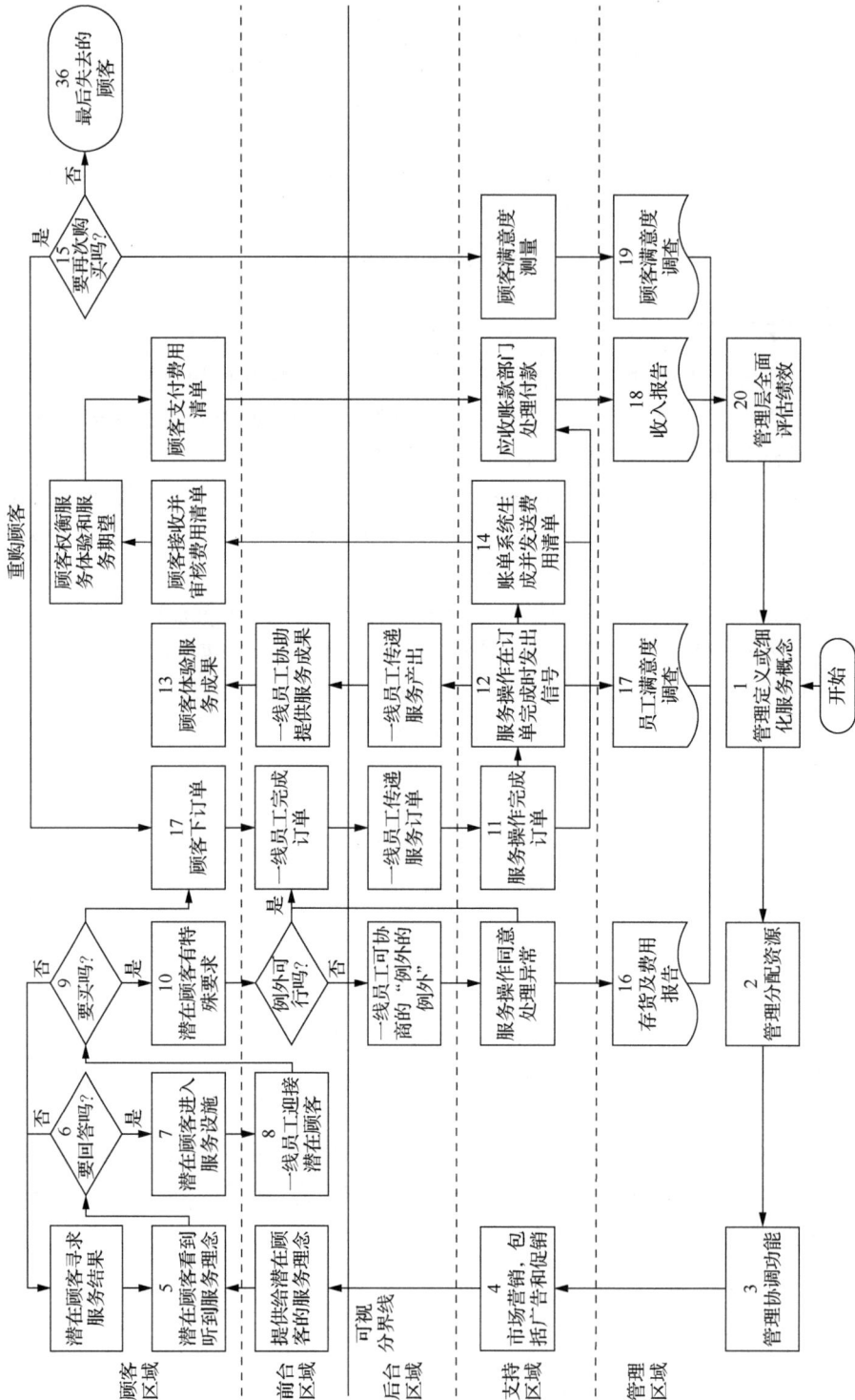

图 1.3　服务地图

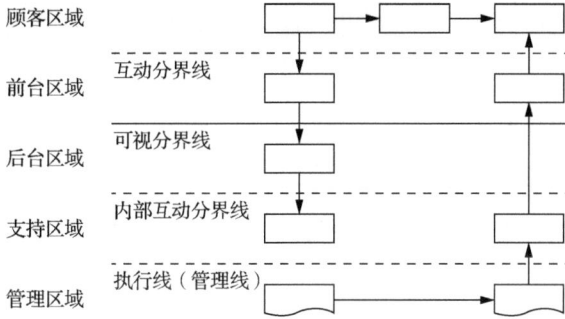

图 1.4 服务地图结构要素示意图

再后，瓦拉瑞尔·A.泽丝曼尔（Valarie A. Zeithaml）和美国亚利桑那州立大学服务领导力中心的玛丽·乔·比特纳（Mary Jo Bitner）[5]196-197进一步对服务地图进行了改造，并依然称之为服务蓝图。她们认为，服务蓝图是详细描绘服务系统的图片或地图，它直观上同时从几个方面展示服务：描绘服务实施的过程、接待顾客的地点、顾客和员工的角色及服务中的可见因素等。这两位学者对服务蓝图的改造应该与她们的营销背景有关，主要有两处：一是增加了有形展示，体现了顾客体验的成分，实现了"无形服务有形化"；二是去掉了管理行为，使服务蓝图变得更容易被理解和应用。总之，泽丝曼尔和比特纳对服务蓝图的改进，综合考虑了服务蓝图的可视化水平、服务设计功能和服务营销管理功能，使之不仅成为服务设计人员最喜欢的一种服务设计工具[6]，而且成为营销管理人员分析服务接触点、提升服务质量的主要工具，因而也成为最流行的服务蓝图模型，如图 1.5 所示。

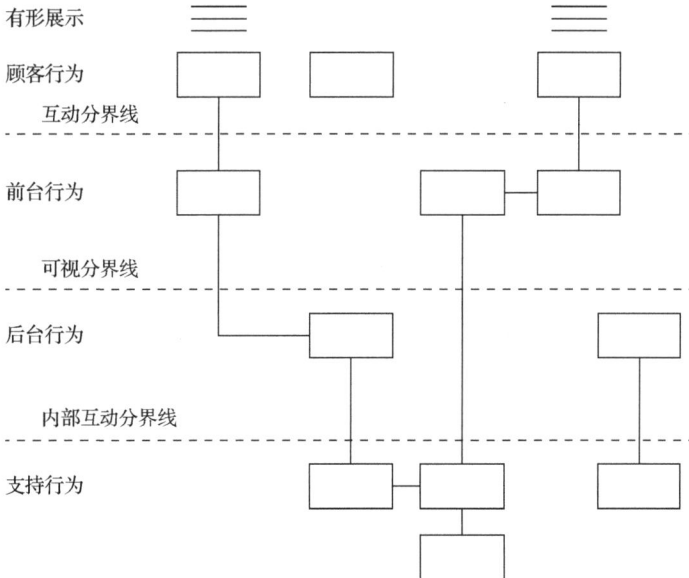

图 1.5 泽丝曼尔和比特纳的服务蓝图模型

在本书后续的研究中，若无特别所指，均以泽丝曼尔和比特纳提出的服务蓝图模型为蓝本。

三、服务蓝图的构成要素

服务蓝图按照二维结构布局在一个平面上，主要构成要素包括顾客行为、前台行为、后台行为、支持行为、有形展示、互动分界线、可视分界线、内部互动分界线，以及图框和流向线。其中，4 个部分的行为过程（顾客行为、前台行为、后台行为、支持行为）被 3 条分界线（互动分界线、可视分界线、内部互动分界线）分隔在 4 个独立的区域（或泳道），以便反映它们之间的空间位置关系和运作逻辑关系，有形展示放在顾客行为之上用来增强顾客的感知，图框和流向线描绘了服务过程。

（一）顾客行为

顾客行为是指顾客从进入到离开服务系统的整个行为过程，包括进入、选择、购买、消费、结账、离开等步骤。把顾客的行为步骤和行为过程置于服务蓝图的上端，是为了突出顾客在整个服务系统中的核心地位，建立以顾客为中心的服务理念，让服务系统的所有员工都能够意识到：顾客是第一位的，顾客需求就是我们行动的指令。

（二）前台行为

前台行为是指在前台区域直接接待和服务顾客的员工行为，也称作前台服务行为。例如，饭店的前台行为包括迎宾、请坐、端茶倒水、随时听候顾客的吩咐等。与顾客之间的互动接触是前台服务行为的重要特征，它对员工的行为举止、穿着形象、礼貌用语、服务技能、反应速度等都有特别要求。

（三）后台行为

后台行为是发生在后台区域、不与顾客发生直接接触的服务行为，也称作后台服务行为。后台行为与前台行为通过协作共同完成服务工作，因而均被称作一线行为。协作方式通常是：前台员工接到顾客提出的需求（订单）后通知后台，后台及时组织生产加工（如炒菜、修车、写报告等），然后把加工好的产品及时传递给前台，再由前台员工交付给顾客。后台的产出质量（如菜肴）和产出效率（包括速度和节奏）对顾客的满意度会产生直接影响。

（四）支持行为

这里的支持行为是指为前后台一线服务行为提供运营支持和管理支持的行

为。其中，运营支持主要是指直接为一线服务创造条件或提供专项支持，包括日常的后勤、物业和安保等生产条件准备，以及运营过程中偶发的设备维修、财务支持、法务支持等；管理支持是指为服务运营过程制订计划、绩效评估方案，撰写总结报告，设计制度标准，以及提供现场管理和支持等。相对于一线行为而言，支持行为可以称作二线行为或二线部门的行为。

在服务蓝图中，管理支持包含管控和支持，其含义与目前很多学者和企业提倡的"服务型管理"的思想是一致的，都是强调"服务导向"或"顾客导向"。

（五）有形展示

有形展示（physical evidence）就是设置在顾客消费过程中每个步骤上的有形服务证据，为顾客顺利完成消费过程并获得消费体验提供帮助，增加顾客对服务过程的真实感、信任感和体验感。换句话说，就是使无形服务有形化。因此，如何筛选和设计有形展示是一个很值得研究的问题。

（六）互动分界线

互动分界线用以区分顾客行为和前台服务行为，提醒人们哪些活动应该由顾客完成，哪些活动应该由员工或系统完成。凡是穿过互动分界线的垂直流向线都表示在此处存在服务员与顾客之间的互动接触。互动接触对顾客的感知形成具有重要作用，因此凡是有垂直流向线穿过的地方，都提醒人们要加强对这个地方的设计，以强化顾客的感知和体验。

（七）可视分界线

可视分界线用来区分前台服务行为和后台服务行为，前台服务行为是顾客能够看得见的，后台行为是顾客看不见的。哪些服务行为应该放到前台，即可视分界线上面，哪些服务行为需要放到后台，是一个值得研究的问题。例如，烤鸭店一般把片鸭（分割鸭肉）放到前台，而餐厅一般把杀鱼放到后台。

（八）内部互动分界线

内部互动分界线用来区分一线员工的服务工作行为和支持行为。这条线同样提醒服务组织管理人员和设计人员，哪些工作应该放到一线部门来做，哪些工作需要放到支持部门或管理部门来做。比如，表单使用、销售数据填报、设备使用都是一线部门的工作，而表单设计、营业数据统计分析、设备清洁保养等均应该由支持、管理部门来做。流向线垂直穿过内部互动分界线表示在此处存在内部互动接触。这提醒人们，内部互动的相关部门在此处需要加强合作，以便确保服务质量的稳定性。

（九）图框与流向线

图框就是在服务蓝图主体部分中，用来描述行为过程或文本资料的那些框。通常，矩形框表示操作行为、作业、处理、活动等，通常称作活动框、作业框或行为框；菱形框表示判断行为或决策行为，所以也称作判断框或决策框；倒三角形通常表示顾客等待行为，所以也可称作等待框。此外，服务蓝图中还可以根据需要使用其他类型的图框，如开始/结束、数据输入/输出、数据存储、子流程、文件、软件系统等。

流向线是用来连接图框的连接线，目的是指明行为步骤的关系和顺序。流向线有多种表现形式，如带箭头的线和不带箭头的线、实线和虚线、粗线和细线、单线和双线，以及不同颜色的线等，可以根据描述需要灵活应用。此外，在流程设计中还有许多设计规范值得参考。

上述 9 个要素中，前 5 个要素属于基本要素（或构件），每个要素都具有独立的功能；后 4 个要素属于辅助要素，主要作用是勾画和区隔前 4 类行为之间的关系。在 5 个基本要素中，4 类行为（顾客行为、前台行为、后台行为和支持行为）主要描述服务系统中"人"的活动，是服务系统的主体部分；有形展示主要描述"物"的摆设，是服务系统的环境要素。在 4 个辅助要素中，图框和流向线勾画的是 4 类行为之间的顺序关系或逻辑关系；3 条分界线（互动分界线、可视分界线和内部互动分界线）主要是用来刻画 4 类行为的空间关系。

第二节　服务蓝图与一般流程图的关系

服务蓝图本质上是描绘服务过程的流程图，那么服务蓝图与一般流程图是什么关系呢？对于描绘服务过程，服务蓝图又有什么特点和优势呢？

一、关于流程和流程图

（一）流程的含义

流程（process）也称作过程，简单说，就是为了实现某一结果而进行的一系列行为。在不同的语境下，描述"行为"可能会使用不同的词汇：在计算机信息流程中，常用输入、输出、算法、存档等各种信息处理的词汇；在生产工艺流程中，常用加工、运输、换模具等各种作业活动的词汇；在一般的工作流程中，可能会使用申请、提交、审批等各种表示工作步骤的词汇。

流程包含 6 个构成要素：资源、行为、关系、结果、对象和价值。其中，资源是指流程的输入要素；行为是指对资源要素的处理；关系是指各种行为之间的相互作用、先后顺序，表达了流程的结构，强调了协作的重要性；结果是指流程的输出；对象是指流程的服务对象，即顾客；价值是指流程结果为顾客带来的益处，因此也称作顾客价值。流程的宗旨是为顾客创造价值，达成的方法是建立有效的协作关系，因此，流程设计要强调顾客价值导向和协作原则。

流程图是呈现流程的图形。具体来说，就是用特定的图形符号加上文字说明，并按照行为顺序用线连接起来形成的表示流程逻辑架构的图形。流程可以用文字描述，也可以用图形描绘，但是千言万语不如一张图，使用图形呈现流程是一种极好的方法，它形象直观、一目了然，不会产生歧义，便于理解、沟通和记忆。

要快速理解一项业务、一个组织和相应的管理活动，流程是最佳视角，流程图是最佳工具。因此，在日常工作中，每个人都应该学会从流程视角看问题，通过绘制流程图来分析问题。一旦形成这种意识和习惯，许多事情就会事半功倍。

（二）流程图的基本结构

流程图通常包括 3 种基本结构类型，即顺序结构、选择结构、循环结构，如图 1.6 所示。其中，顺序结构是指使用简单的文字和图形描述服务步骤的先后顺序，时序性较强。选择结构通常出现在需要进行判断决策的环节，用菱形框表示判断的条件和行为，根据判断结果来控制程序的流向，通常采用"是/否"或"如果/那么"结构；如果采用"是/否"结构，就有两个选择去向，如果采用"如果/那么"结构，就可以有多个选择去向。循环结构又称重复结构，是指在程序中因为有可能需要反复执行某项工作而设置的一种程序结构。循环结构通常伴随着选择结构而出现：在一定条件下，相关工作人员需要重复进行某一工作，而当不满足相应的判断条件时，工作人员将进行下一环节的工作；没有选择结构的循环结构是死循环，即始终绕着循环执行下去，这是不可取的。

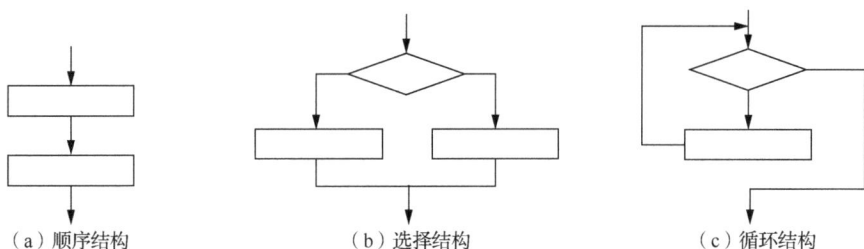

（a）顺序结构　　　　　（b）选择结构　　　　　（c）循环结构

图 1.6　流程图基本结构类型

（三）流程的类型与层次

按照迈克尔·波特[7]的价值链理论，企业系统的价值创造是通过一系列活动构成的，这些活动可分为基本活动和辅助活动两类。基本活动包括内部后勤、生产经营、外部后勤、市场销售、服务等；辅助活动则包括采购、技术开发、人力资源管理和企业基础设施等。这些互不相同但又相互关联的活动，构成了一个创造价值的动态过程，即价值链，如图1.7所示。

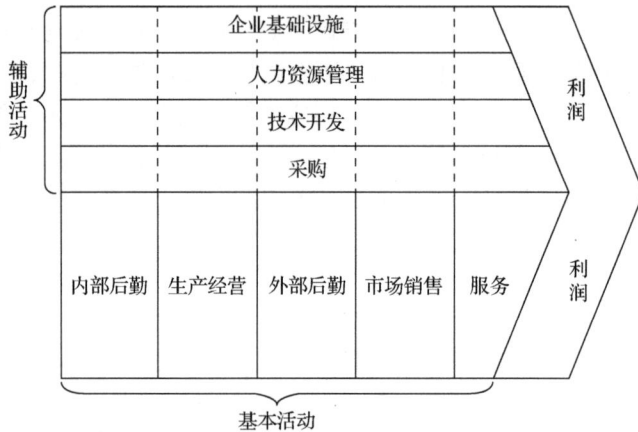

图1.7　迈克尔·波特的价值链模型

每一类基本活动和辅助活动又可以分为3种具体的活动类型：①直接活动，即直接涉及为买方创造价值的各种活动，如总装、零部件加工、销售业务、广告、产品设计、招聘等；②间接活动，即使直接活动的持续进行成为可能的各种活动，如维护、进度安排、设施管理、销售管理、科研管理、销售记录等；③质量保证，即确保其他活动质量的各种活动，如监督、视察、检查、复核、调整。

流程是对行为或活动过程的描述，在企业系统内存在着不同类型和不同层次的流程。需要说明的是，迈克尔·波特虽然针对的是企业系统，但是他的价值链理论适用于任何社会组织系统。因此，价值链理论所揭示出的各种活动及其关系，以及由此产生的流程类型和层次，适合于任何组织系统。

1. 流程的类型

在企业实践中，对应于基本活动和辅助活动，流程通常可以分为业务流程和管理流程两种类型。其中，业务流程即"业务工作的流动"或"工作流"（work flow），是业务与业务之间的传递或转移的动态过程。业务流程要体现"以顾客为中心"的思想或用户导向，以为顾客创造价值为宗旨，如原料进出货流程、销售流程、售后服务流程等。管理流程即"管理工作的流动"，是支持工作之间或管理工作之间的传递或转移的动态过程。管理流程为业务流程提供支持和管控，以效益为中心，强调效率和成本，如预算流程、产品质量抽检流程、员工招聘流程等。

此外，按照重要程度，流程还可以分为核心流程和非核心流程。在业务概念和价值链中，总有一些关键业务问题（critical business issues，CBI），它们是业务战略获得成功至关重要的机会和挑战，往往与营业收入、利润、市场份额直接相关[8]，核心流程就是对这些关键业务问题形成重大影响的流程，如产品开发流程、需求管理流程、订单完成流程、综合物流流程等。非核心流程是核心流程之外的流程。

2. 流程的层级

企业流程从宏观到微观可以分为若干个层级，即一级流程、中级流程（包括二级流程、三级流程）、末级流程等。下一级流程是上一级流程的子流程，是对上一级流程中某个步骤或某个方面的进一步展开。对于一个特定企业，具体分为多少层级比较合适，需要根据自身的规模、业务复杂程度和业务成熟度来定。大多数企业的流程体系分为三级或四级即可。

一级流程是最高级流程，往往展示了业务概念或系统架构，因此称作概念性流程、概念模型、企业流程总图、企业系统图、流程关系图、流程地图等。它描述了业务价值创造中的核心业务活动和主要辅助活动，以及它们之间的逻辑关系。概念性流程图的设计要保证业务功能完整和逻辑结构清晰，同时要分清业务模块的主次。从流程关系图可以清晰地看出某个业务概念中的所有基础活动、辅助活动、管理脉络及其相互逻辑关系。

中级流程是介于一级流程和末级流程之间的流程，是对一级流程（或上一级流程）中某个步骤或某个方面的细化表达，但又不用于直接操作，具有承上启下和衔接的作用。中级流程展示的也是一个逻辑过程或顺序关系，不太涉及具体的岗位、时间、地点等物理约束条件。

末级流程，即最末端的流程，通常用于实际操作，因此称作操作性流程。操作性流程要考虑操作的物理约束条件，包括谁来做、做什么、怎么做，甚至还涉及时间、地点和成本等。为了指导实际操作，操作性流程应该有一整套配套的流程文件，其中至少包含 3 个主要内容：流程图、流程说明书、操作标准（或业务模板）。

（四）流程图的维度

为了说明流程图的维度，我们先从流程图的演进过程说起。流程图的出现可以至少追溯到 1921 年的弗兰克·吉尔布雷思（Frank Gilbreth）在美国机械工程师协会发布的研究报告"过程图——迈向发现最好方法的第一步"。起初，流程图（过程图）被用于描述重复的制造过程，使用操作（即处理步骤）、运输、检查、延迟和存储等符号，属于工艺流程图。后来，流程图被改造用于其他场合，如数据处理、服务等。流程图的演进是一个从简单到复杂的过程。比较简单的是一维流程图，比较复杂的是二维流程图。

一维流程图是将时间作为唯一维度，清晰地展示事件进程。图 1.8 是一个某大学科研项目管理一维流程图的图例。一维流程图有一个明显的缺陷，就是缺少流程的执行主体。也就是说，不知道由谁来完成或参与到这个过程中。如果这个流程只由一个执行主体（如岗位作业流程）来完成，那么流程中没必要描述执行主体；如果这个流程由多个执行主体来交叉合作完成，那么缺少执行主体就会造成哪个步骤应该由谁负责的困惑，不利于流程的实施。这就是二维流程图产生的原因。

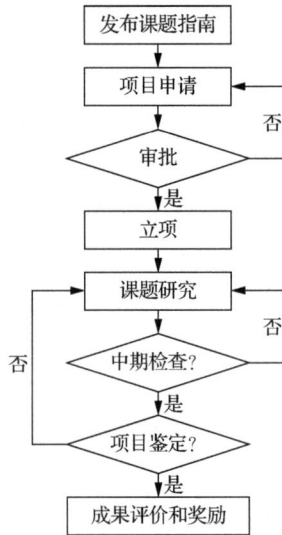

图 1.8　某大学科研项目管理一维流程图图例

二维流程图是将时间和组织作为两个维度，以二维平面的方式展示完成事件的工作过程。图 1.9 是一个某餐厅服务工作二维流程图的图例[9]。与一维流程图相比，二维流程图不仅清晰地描述了事件在"时间维度"上的进程顺序（这里划分为 3 个阶段 12 个步骤），还清晰地说明了事件进程中每个步骤在"组织维度"上由谁（这里包括领班、领位员和服务员）完成。显然，二维流程图是对事件活动过程的一个系统性描述，不仅直观，而且可操作性强。目前，二维流程图应用极广，如在 ISO9000 系列中所使用的流程图，基本都是二维流程图。

	领班	领位员	服务员
迎接客人		开始 1. 迎接、问候客人 2. 引领客人就座	3. 询问客人需要的饮料并呈递菜单
餐间服务	意外事件处理		4. 摆设餐位，上饮料 5. 递送菜单及饮料单 6. 介绍、推荐特色菜品 7. 记录客人点菜及酒水 8. 席间其他服务
结账送客		12. 送客 结束	9. 结账 10. 送客 11. 清洁桌面，重新布置

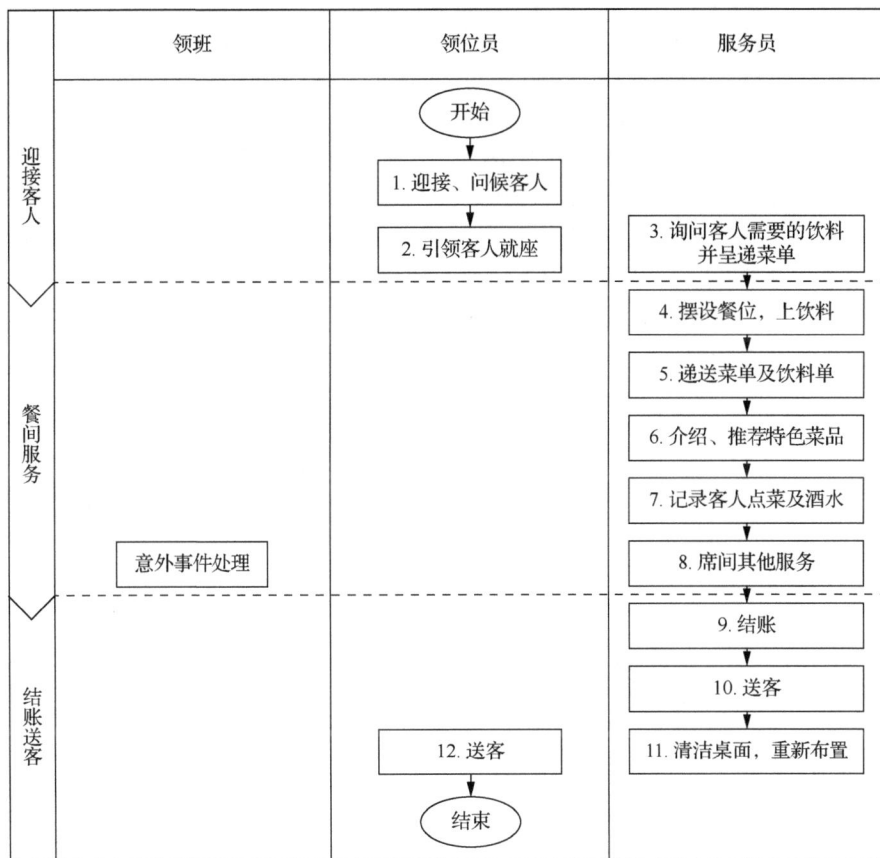

图 1.9　某餐厅服务工作二维流程图图例

尽管二维流程图比一维流程图功能更强大，应用价值更高，但是如果用来描述服务流程的话，还是存在一个致命的缺陷：看不到顾客的身影。服务活动中最重要的一个角色就是顾客，最重要的服务理念就是"以顾客为中心"。如果流程图中没有顾客角色的存在，那么如何体现"以顾客为中心"的服务理念？如何保证这个理念付诸实际行动？显然做不到。事实上，如果抛弃了顾客角色，就不会认真对待顾客的需求，设计出来的二维流程图大多也是根据经验或拍脑门想出来的，很难真正贯彻"以顾客为中心"的服务理念。

实质上，二维流程图是在描绘"如何开展工作"，是一个"以工作为中心"而不是"以顾客为中心"的流程图。这种流程图在服务员工培训中，告诉员工"如何开展服务工作"还是很有效的，让人一目了然；但是，能否做到满足顾客需求、保证顾客满意，就很难说了。

（五）流程的变革

流程变革兼具流程再造与流程优化的含义，主要体现在两个层面：一是企业流程架构的变革，往往是由于公司战略、业务概念、企业系统、价值链等发生变化，引起整个流程架构的重新梳理和调整，这是一种革命性的变化，往往需要流程再造；二是单一流程的变革，往往是由于顾客投诉、信息技术（information technology，IT）导入、提升效率或质量等原因引起的，虽然有时需要对流程进行革命性的再造，但更多是在现有流程整体框架下进行的流程优化。

无论是流程再造，还是流程优化，都需要遵循如下几个原则。

1. 顾客导向

顾客包括外部顾客和内部顾客（下一个环节是上一个环节的顾客），顾客导向也称作服务导向。也就是说，流程设计与变革要以满足顾客需求为中心。

2. 价值中心

流程是用来创造价值而不是走过场、走形式的。因此，流程质量要由为顾客创造的价值大小来衡量。

3. 信息技术导入

信息技术的发展是驱动流程变革的一个重要力量，随着信息技术和人工智能的发展，很多流程可能会因这些新技术的导入而发生根本性、颠覆性的变化。因此，在进行流程变革时，一定要尽量考虑可否导入信息技术和人工智能技术，这是一个不可忘却的思考维度。

4. 跨部门协作

大多数流程会穿越多个部门和岗位，只有打破部门与部门、岗位与岗位之间的壁垒，加强协作，建立扁平化组织结构，才能够提高流程运行的效率和质量。

二、从流程图角度看服务蓝图的特点

从肖斯塔克提出服务蓝图概念的背景来看，鉴于服务不像产品那样容易被认识和被描述，她想建立一种能够系统性、结构性描述服务的手段，因而提出了服务蓝图的概念。这就是说，服务蓝图概念的提出并不是流程理论发展从描述制造工艺流程或描述一般流转流程向描述服务流程延伸的自然结果。虽然肖斯塔克也借用了时间/运动工程、计划评审、计算机软件设计等与流程相关的技术，但是因为她建立服务蓝图概念的出发点在于对服务的描述，而不在于流程本身，因而，服务蓝图概念的提出并没有完全遵循传统流程的思路，反而是对传统流程方法的突破性应用。那么，与一般流程图相比，服务蓝图有什么特点呢？

（一）服务蓝图真正贯彻了"以顾客为中心"的服务理念

肖斯塔克在提出服务蓝图的概念时，主要是为了设计一种能够使服务工作工程化的工具，并没有把顾客行为放入服务蓝图中。她没有沿用传统的二维流程图来描述服务过程的一个重要原因，可能是传统的二维流程图是"以工作为中心"的，无法体现服务工作的顾客需求导向这个根本特征。

之后，基于服务特征，金曼和泽丝曼尔分别从运营管理和营销角度对服务蓝图进行了改进，不仅把顾客行为作为一个要素加入到服务蓝图中，而且放到了服务蓝图的顶端区域，突出了顾客地位的重要性和顾客需求对整个服务过程的驱动特征。由此，"以顾客为中心"的服务理念成为服务蓝图最重要的一个思想。

如果从流程图视角来看服务蓝图，服务蓝图实质上是把"以顾客为中心"的服务理念引入二维流程图之后产生的一个流程图类型。特别是泽丝曼尔和比特纳改进了服务蓝图以后，"以顾客为中心"的服务理念被体现得更为充分。第一，服务蓝图把顾客角色引入二维流程图并将其置于二维流程图的顶端位置，用顾客的消费过程代替了二维流程图中的事件进程，使顾客消费行为和消费需求成为驱动服务运营过程的主要动力。第二，它把执行主体的服务员工角色按照服务的逻辑顺序，由上而下地排列为前台员工、后台员工和支持员工（或部门），使服务过程中的角色关系变得更加清晰直观，通过位置关系和服务逻辑强化了"以顾客为中心"的服务理念。第三，顾客行为与前台行为之间的连接线穿过互动分界线后会形成接触点，而接触点是服务设计和服务营销中的重要关注点，通过对它的设计，可以进一步了解和满足顾客需求，关注顾客体验。第四，把支持管理行为纳入服务蓝图并置于底端，强调"一线服务顾客，二线服务一线"的服务导向，实质上也强调了整个服务系统（包括管理工作）都是以顾客为中心的，为服务企业（组织）统一思想指明了方向。第五，在顾客消费过程的每个步骤上增加有形展示，达到了"无形服务有形化"的目的，引导了顾客消费的顺利进行，增强了顾客体验。总之，服务蓝图是一个彻底贯彻"以顾客为中心"服务理念的工具。

（二）服务蓝图从多维度视角描绘了服务系统

再回归到"维度"，我们发现，服务蓝图不仅改变了一般二维流程图原有的两个维度的内涵，丰富了内容，而且增加了3个新的维度，共有5个维度。

1. 时间维度

一般二维流程图是按照事件进程描绘时间维度的，而且通常是在图的左侧，从上向下，纵向排列进程步骤。服务蓝图则是按照顾客的消费进程安排时间维度，并且在图的上端，从左向右，横向排列顾客消费步骤。

2. 组织维度

一般二维流程图把参与流程的部门或岗位列入图中，并且通常置于图的上端，从左向右，按照参与流程的前后顺序（从开始到结束）横向排列这些参与角色。所以，最理想的流程图形式是，流程从左上开始，到右下结束。服务蓝图也把流程参与角色纳入到了图中，但是，它是按照顾客、前台部门（员工）、后台部门（员工）、支持管理部门的顺序排列组织部门之间的顺序，目的是体现"以顾客为中心"和服务导向的服务逻辑，同时也明晰了各部门、各岗位在顾客价值创造过程中所扮演的角色、发挥的作用，以及它们之间的协作关系。

3. 空间维度

服务蓝图对于顾客、前台、后台、支持 4 种参与主体的排序，实质上与实际服务场景中的空间位置关系是一致的、吻合的。也就是说，服务蓝图不仅描绘服务的逻辑顺序，而且呈现服务场景。此外，它还在顾客的每个行为步骤的上方增加了有形展示（物质证据），似乎让顾客每走一步都能摸到或感知这些物体，进一步凸显了服务蓝图的空间属性。进一步设想，我们甚至还可以基于地理属性绘制服务蓝图，形成与实际服务场景更加吻合的服务蓝图。

4. 管理维度

一般流程图只把直接参与流程业务的主体角色（部门或岗位）纳入进来，但是，经金曼和泽丝曼尔改进后的服务蓝图，把支持部门和管理部门也纳入进来了，一方面说明支持部门和管理部门是服务系统中不可或缺的一部分，另一方面也强调了支持部门和管理部门对服务业务的重要支撑作用（支持和管控）。

5. 感知维度

一般二维流程图主要关心的是流程效率和岗位职责，无法体现顾客的感知体验。服务蓝图直接把顾客的消费行为引入图中，为满足顾客需求和增强顾客体验奠定了基础。顾客感知一方面来自与员工、设备、环境、产品的接触，另一方面来自服务企业刻意针对顾客体验设计的有形展示。因此，利用服务蓝图的接触点设计、有形展示设计，可以极大地改进顾客体验，提升服务质量。

总之，服务蓝图视角维度的拓宽，使得服务蓝图除了具有一般二维流程图的流程特征外，还具有更强的系统化、顾客化、场景化和体验化等特征，因而也具有了比一般二维流程图更加强大的优势。它可以使我们从不同视角、不同层面理解服务系统及服务系统的运营过程，丰富我们对服务系统的认知。

（三）服务蓝图同样可以分为不同类型和层次

服务蓝图本质上是流程图，因此，流程分类分级的思想方法同样适用于服务蓝图。

1. 服务蓝图的类型

首先，流程通常可以分为业务流程和管理流程两种类型。服务系统中的流程也同样可以分为服务业务流程和服务管理流程。其中，服务业务流程是指服务员工为顾客提供服务的过程，如商场的导购、收银、咨询、开发票等，医院的挂号、取药等，酒店的入住登记、退房等。每一个业务流程都可以设计成服务蓝图，如收银服务蓝图。服务管理流程是指管理部门（人员）对服务过程的支持和管控，如商场组织员工班前会、督导员巡场检查等。应用服务蓝图来描绘服务管理流程需要格外谨慎，因为服务蓝图要求有明确的顾客，有些服务管理流程不太符合这个条件。例如，交接班、督导员巡场检查、现场安全突发事件应急处置等都是一些事务性工作，它们具有明确的目标和要求，但没有明确的顾客，因此，不适合也没必要采用服务蓝图形式来描绘；有些服务管理流程具有明确的顾客（内部顾客），也需要考虑顾客的需求和体验，就可以使用服务蓝图来描绘，如导购员进店管理、导购员退店管理、红冲管理、设备维修等。

其次，流程按照其重要性可以分为核心流程和非核心流程。服务流程同样也可以这么区分。核心流程的服务蓝图可以称作核心服务蓝图，非核心流程的服务蓝图可以称作非核心服务蓝图。

2. 服务蓝图的层次

由于服务系统相对于整个企业组织而言是比较微观的，因此，服务系统中的服务流程通常情况下没必要划分太多层次。一般而言，服务系统中的流程可以分为概念性流程和细节性流程，因此，对应的服务蓝图可以分别称作概念性服务蓝图（简称概念蓝图）和细节性服务蓝图（简称细节蓝图）。

概念蓝图是对服务概念的描绘。所谓服务概念，是指所提供的服务活动是一项可供独立出售的服务产品。该产品具有独立的购买价值或消费价值，顾客可以为购买或消费该服务产品专门来一趟。服务产品是一个组合，理论上也称作服务包，包含显性服务、隐性服务、支持设施和辅助物品 4 个要素。其中，显性服务

就是顾客寻求的服务价值，其他 3 个要素都是围绕显性服务来设计的。概念蓝图
所描绘的是具有显性服务的服务系统，而且应该尽力刻画出其他三方面是如何为
实现显性服务做出贡献的。因此，为了体现概念蓝图的概念性，它的设计一般只
包含一些能够实现显性服务的主要步骤，不体现具体的细节步骤。图 1.10 是某经
济型酒店的概念蓝图。其中，顾客行为应该反映顾客的主要消费流程，包括主要
的消费项目和消费活动；前台行为和后台行为只包含主要的服务行为，不必细化；
支持行为也只包含服务活动过程中所使用的主要系统软件、制度规范等；有形展
示主要列举能够体现服务特色和企业文化的关键服务证据。因此，概念蓝图具有
战略观和系统观。

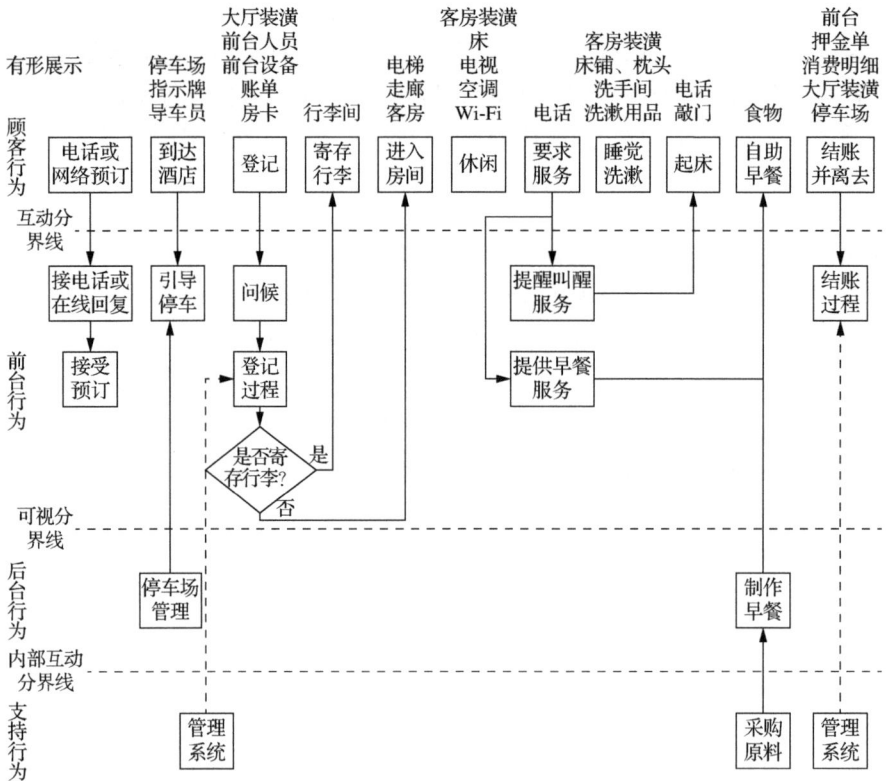

图 1.10　某经济型酒店的概念蓝图

细节蓝图是指概念蓝图中的某一个细节过程，一般不会独立存在，它要么没
有独立存在的购买价值或消费价值，如医院挂号过程、商场收银过程等；要么虽
然具有购买价值但不具备独立存在的条件，如医生的诊断过程、医院的化验过程、
顾客挑选商品的过程。但是，每个细节蓝图，作为一个相对独立的服务过程，也
都有其专门的目标和功能，也有顾客投入，因而也是一个服务系统，是总服务系

统的一个子系统。图 1.11 是某经济型酒店入住登记的细节蓝图。细节蓝图是针对概念蓝图中的某一个服务环节进行的细化设计。其中，顾客行为设计要尽量体现顾客的每一个消费步骤，关注顾客消费过程的顺畅程度、价值和体验；前台行为设计要强调服务行为的规范、效率以及与顾客的互动；后台行为设计要强调对前台支持的及时性、无缝对接、沟通顺畅；支持行为设计要列出本流程中实际需要的支持与管控，包括软件系统、操作标准、表单工具、现场控制、绩效统计等；有形展示设计要强调给顾客带来的舒适体验、服务引导、促销功能等。

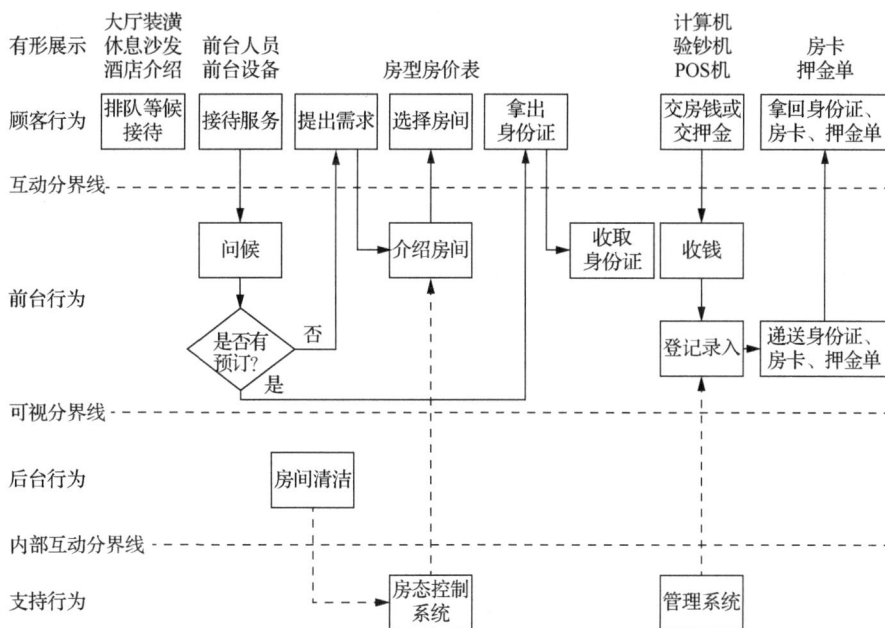

图 1.11 某经济型酒店入住登记的细节蓝图

对于一个服务组织而言，概念蓝图也可以继续划分层级，如商场就可以设计一个总体概念蓝图和购物过程概念蓝图，医院可以设计一个总体医疗概念蓝图和专门的体检概念蓝图（北京某些医院专门建立了体检中心，长年为各单位职工提供体检服务）。

三、服务蓝图是如何描绘服务系统的

流程图虽然也具有系统观，也可以在一定程度上描绘系统的运作，但是在描绘服务系统方面，服务蓝图由于具有更广泛的维度和视角，因而能够更全面、更深刻地反映服务系统的特征。

虽然肖斯塔克最初建立的服务蓝图只包含参与服务过程的前台行为和后台行

为（见图 1.1 和图 1.2），但是后来的学者如金曼、泽丝曼尔等，把支持行为和管理行为纳入到了服务蓝图中（见图 1.3～图 1.5），从而使服务蓝图能够更为系统化地描述服务过程。换言之，服务蓝图能够作为描述服务系统的工具。

那么，服务蓝图是如何描绘服务系统的呢？要回答这个问题，首先需要进一步了解服务系统的构成和特征。著名营销学家克里斯托弗·H.洛夫洛克（Christopher H. Lovelock）[10]曾经对服务系统做过比较详细的研究。他认为，任何一项服务业务都可以被看作是一个系统，即服务系统；任何服务系统按照其功能构成和运作特征，都可以分为 3 个相对独立的子系统，即服务操作系统、服务传递系统和服务营销系统，如图 1.12 所示。

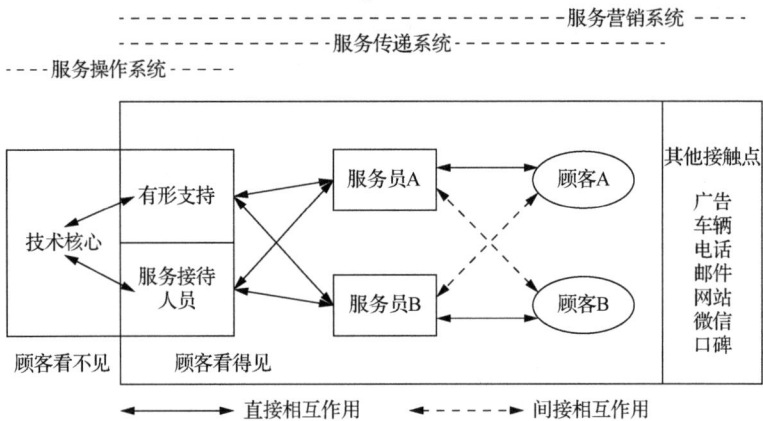

图 1.12　服务系统模型①

其中，服务操作系统的任务是生产加工；服务传递系统的任务是接订单并把服务操作系统加工好的产品要素进行最后组装，并传递给顾客；服务营销系统的主要任务是与顾客进行沟通，了解顾客需求信息，向顾客传递服务企业的产品信息，传递服务企业对顾客的承诺，以影响顾客对服务企业的评价和选择，提高顾客的满意度和忠诚度，树立企业鲜明的品牌形象。

图 1.5 和图 1.12 分别是服务蓝图和服务系统的模型。为什么说图 1.5 是对图 1.12 的描绘呢？直接看两个图，似乎一时难以找到二者之间的联系，如果把图 1.12 的中间部分逆时针旋转 90°，把二者放到一起来比较，如图 1.13 所示，就会发现它们之间的联系。

从图 1.13 可以看出，左右两个图在顾客行为、前台员工行为、后台员工行为和有形展示（其他接触点）方面都有对应关系。也就是说，服务蓝图的确是对服

———————
① 笔者在原图基础上，增加了图上面的 3 个系统的标注和右侧的其他接触点。

务系统的描绘,其区别在于,服务系统图描绘的主要是服务系统的空间结构,而服务蓝图描绘的主要是服务系统的流程结构,同时也兼具了服务系统的空间结构。正因为二者都具有空间结构性质,所以才能产生对应关系。此外,服务蓝图比服务系统多了一部分——支持行为,也就是说,把服务系统对一线服务的支持管理行为也纳入到了对服务系统的结构化描述中,不仅解决了顾客和员工之间的互动关系,而且解决了顾客、员工和组织三者之间的互动关系。由此也可以看出,服务蓝图从更广阔的视野描绘了服务系统。

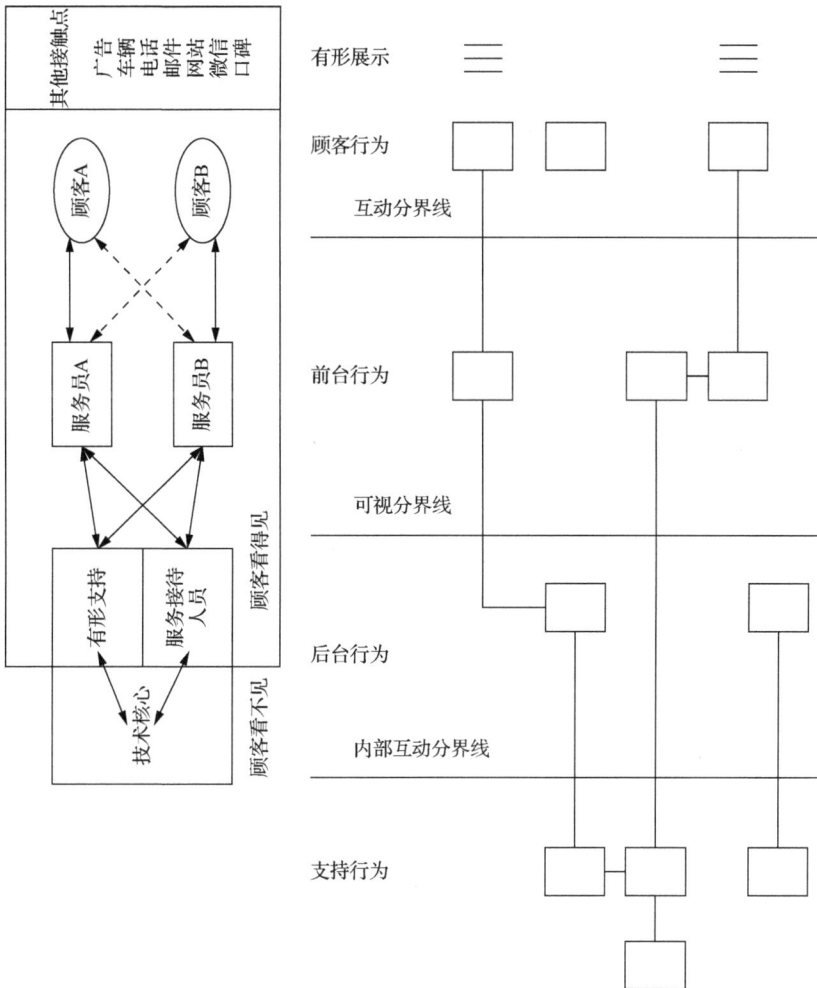

图 1.13　服务系统与服务蓝图的比较

第三节　服务蓝图的应用价值

服务蓝图自 1982 年由肖斯塔克提出后，就在国际上受到了学界和业界的广泛关注，并产生了很大程度的演进，逐渐发展成为一种非常有用的方法，被用于服务设计、服务创新、顾客体验设计及服务质量提升等方面。作为这方面的代表人之一，比特纳在服务蓝图的理论研究和应用实践方面做出了很多贡献。她利用服务蓝图技术提供咨询服务的服务组织包括黄色运输公司、爱玛客公园与度假村、IBM 公司、玛丽斯特普国际组织、旧金山巨人队等，横跨多个服务行业，其应用研究领域包括新服务设计、服务质量提升、服务创新、服务战略创新与策略创新、顾客体验设计、流程优化、服务培训等[11]。

在国内，服务蓝图的应用虽然起步较晚，但是随着服务营销、服务管理和服务设计等几个学科领域学术研究的活跃，服务蓝图的概念和方法得到了很大的推广。从百度上搜索服务蓝图这个词时，出现的相关资料和图片越来越多，说明服务蓝图正在逐渐被人们认识和使用。

笔者在服务蓝图技术的推广中做了大量工作。从 2003 年开始，笔者就从事服务管理的教学研究和咨询培训工作。在教学方面，笔者为本科学生、硕士研究生（学硕）和 MBA（Master of Business Administration，工商管理硕士）学生主讲服务管理课程，其中服务蓝图是一个重要的教学内容。在培训方面，笔者不仅为一些公司（包括国家电网系统、中国移动云南分公司、北京海淀区商业系统、首旅集团、京滨饭店等）提供服务蓝图技术的专项培训，而且为中国质量协会举办的全国性培训活动（包括全国优质服务大赛赛前培训、全国服务现场管理培训）提供了十多次相关培训。在咨询方面，比较有代表性的咨询案例是，2012—2016 年，笔者利用服务蓝图技术为燕莎奥莱提供了系列化的咨询服务，内容包括服务蓝图开发、服务创新、服务质量测评、服务质量暗访与提升、服务培训、现场服务管理流程设计与优化等。其中，服务蓝图开发项目成果由企业申报分别获得第二十九届北京市企业管理现代化创新成果一等奖（2014 年）和首旅集团管理创新一等奖（2013 年度）。

根据服务蓝图的特征和优势，结合研究体会和实践经验，笔者认为服务蓝图具备如下一些应用价值。

1. 充分体现"以顾客为中心"的服务理念

一般的服务流程图或服务手册通常是以工作为中心的，告诉员工怎么去做好服务工作；服务蓝图则从顾客需求出发，把顾客消费行为作为关注点，真正贯彻了"以顾客为中心"的服务理念，充分体现了对顾客的关怀。因此，应用服务蓝图将有助于服务组织的服务工作从"以工作为中心"向"以顾客为中心"转变。

2. 有助于提升服务质量和服务效率

服务蓝图为我们提供了一个可视化的服务场景，在这个场景中，我们可以清晰地看到顾客是如何消费的，服务工作是如何进行的，前台、后台是如何协调运作的，管理部门及其他支持部门是如何为一线员工提供支持的，哪些地方容易发生问题，在什么地方应该让顾客体验到服务特色，等等。因而，服务蓝图是一个可视化的管理工具，在提升管理能力上要比文字描述的服务手册强得多。服务企业推广服务蓝图可以使企业管理人员做到"心中有蓝图，手中有蓝图"，利用模式化的思维方式、可视化的管理工作，做到"做正确的事"和"正确地做事"，极大提高服务效果和效率，进而提高服务质量。

3. 有助于推进服务创新，完善服务管理模式

服务蓝图是基于顾客消费活动过程和员工提供服务过程而建立的一种展示、分析和管理的框架，服务管理中的"技术、规范、标准"，可能发生的"失败点、等待点、体验点、判断点、促销点"等各种关键点，以及服务设施设计要领等，都可以被整合在该图上。因而，服务蓝图是一个知识管理平台，服务企业推广应用服务蓝图可以充分积累和整合与服务有关的各种知识。

4. 相关成果资料有助于企业实施有针对性的培训

服务企业通过服务蓝图开发最后形成的服务蓝图手册及配套的标准化操作手册，可以作为重要的培训资料，对相关管理部门和服务部门各岗位实施有针对性的培训，其培训效果和培训效率也会有大幅度的提高。特别是对于员工流动率比较高的服务企业而言，效果更加明显。

5. 有助于界定各职能部门之间的职责范围和协作关系

利用服务蓝图分析服务流程、关键点及系统支持行为时，必然会涉及各部门的分工和协作关系。服务蓝图开发虽然不能从管理上解决各部门之间的分工和协作问题，但是其"发现问题、分析问题和解决问题"的思路和"问题引导"的研究方式，有助于进一步澄清这些问题由哪个部门直接负责，由哪些部门配合，进而提升服务价值的效果和效率。

总之，作为一个可视化管理工具，服务蓝图能够使服务企业（组织）获得非常多的好处。因此，服务企业完全有必要成立专门的项目组，对服务蓝图进行专门的开发和管理。

第二章　服务蓝图设计

设计服务蓝图不是一件简单的事情，仅仅了解服务蓝图的结构和构成要素是远远不够的。要想设计一张好的或合适的服务蓝图，首先要具备基本的设计指导思想，对服务蓝图中各个构成要素具有深刻的认识；其次要开展必要的调研；最后要思考如何系统化集成各要素，使设计的服务蓝图实用。此外，最好掌握一种专业的绘图工具。

设计一个新服务和优化一个老服务具有不同的设计过程。如果是设计一个新服务，完全可以按照"以顾客为中心"的思想，从研究顾客需求开始，来逐步设计顾客行为、前台行为、后台行为、支持行为、有形展示等基本要素及其相关关系。如果是优化一个老服务，就需要按照服务蓝图的模板，首先绘制出现行的流程图，我们可以称之为"现行服务蓝图"，然后从研究顾客需求入手，按照"以顾客为中心"的思想，逐步改进现行服务蓝图中的各个要素，进而达到优化流程的目的。经过优化后的服务蓝图就是最终要设计的服务蓝图。下面笔者将兼顾新服务设计和老服务优化的需求，阐述相关设计内容。

第一节　设　计　基　础

设计服务蓝图需要具备一定的理论基础，这里概括为设计思想、设计步骤、培训与组织、图形要素等 4 个方面。

一、服务蓝图设计思想

按照第一章的分析，服务蓝图从时间、空间、组织、管理和感知等 5 个维度描绘了服务系统，使得自身具有更强的系统化、顾客化、场景化和体验化等 4 个特征。因此，在设计服务蓝图时，可以按照 5W1H（why、what、who、when、where、how）的思考方式，延展其 5 个维度，体现其 4 个特征。

1. 为什么要设计这个服务蓝图

服务蓝图虽然具有 5 个维度和 4 个特征，但是一张服务蓝图本身仍然难以表明其设计的背景、原因和目的。如果不把为什么要设计服务蓝图这个问题搞清楚，无论是设计者，还是使用者，都很容易失去方向，把握不住重点。因此，在设计服务蓝图时，通常还应该设计一个配套的说明书，在说明书的开头，首先应该说明服务蓝图的宗旨。

2. 这个服务蓝图要解决什么问题

服务蓝图要解决的问题，应从其标题上就能看出来，从其内容上也能读出来。此外，也可以在服务蓝图配套说明书的宗旨中点题。

3. 谁参与到服务过程中

谁参与到服务过程中这个问题是服务蓝图的组织维度。参与到服务过程中的每个角色都必须界定清楚，不应该有漏缺。比如，谁是顾客（顾客又可分为决策者、购买者、消费者）？他们的核心需求是什么？他们愿意以什么方式参与到服务过程中？再如，谁是前台人员、后台人员和支持部门？有没有在哪个环节上漏掉了参与的岗位角色？在前台、后台、支持部门都可以进一步细化岗位角色，比如在医疗服务蓝图中，前台人员可以进一步细分为挂号员、分诊员、医生、收费员、药师等。

传统流程图中同样有参与事件进程的各种角色，服务蓝图与传统流程图的差别在于，服务蓝图中包含了顾客角色，而且格外关注顾客角色，对于顾客的消费需求、偏好、行为，以及何时何地触发服务过程，都要展开研究，充分体现服务蓝图的顾客化和体验化特征。特别是在"顾客参与创造价值"的思想指导下，如何让顾客参与服务过程，是服务蓝图设计中需要认真研究的一个问题。

此外，支持部门的角色也是重要组成部分，支持部门如何为一线部门提供支持保障和管理控制，需要认真研究。与传统流程图相比，这是服务蓝图在管理维度上的延伸，进一步体现了其系统化特征。

4. 每个步骤花费多少时间

在传统的一维流程图和二维流程图上标注每个步骤所花费的时间是很常见的现象。但是，在服务蓝图中很少能见到标注时间的现象。这并不是说服务蓝图不能标注时间，而是应根据需要来定。如果确实需要的话，完全可以在顾客行为、前台行为、后台行为和支持行为的每个步骤上标注花费的时间，甚至包括这个步骤的启动时间。

服务蓝图是一个服务流程图，它所描绘的事件进程是按照顾客的消费步骤展开的，本身具有时间维度。因此，除了标注顾客消费和员工提供服务的步骤顺序外，在图上标注每个步骤花费的时间也是很方便的。

5. 在什么地方提供服务

在传统的流程图中，很少有标注地点的，但是，服务蓝图增加了有形展示，并将顾客行为、前台行为、后台行为和支持行为按照空间顺序分成了不同泳道，因此，在服务蓝图上通过图形要素标注服务提供或顾客消费的地点是极其方便的。这正是服务蓝图的空间维度和场景化特征的优势。

6. 如何消费服务？如何提供服务

服务蓝图的流程顺序、文字描述以及有形展示都可以显示顾客消费服务和员工提供服务的办法。此外，在与服务蓝图配套的说明书中，也有关于如何提供服务的操作标准说明。在这个问题上，服务蓝图与传统流程图的区别在于，服务蓝图更关注顾客的消费方式，而传统流程图却没有相应内容。

近年来，信息技术和人工智能越来越深地介入服务，比如普遍实行的二维码支付、餐厅中的机器人炒菜和机器人传菜、零售领域的无人超市、医疗领域的远程手术和教育领域的远程教育等，这些信息技术和人工智能极大地改变了服务提供方式，也改变了顾客的消费方式，改变了价值创造的途径。因此，在服务蓝图设计中，如何引入和对待信息技术和人工智能，也是一个值得研究的问题。

二、服务蓝图设计步骤

泽丝曼尔和比特纳[5]201-203把服务蓝图的设计过程分为 6 个步骤，笔者在泽丝曼尔设计步骤的基础上，结合自己的认识和经验，把服务蓝图的设计过程分为如下 9 个步骤。

1. 识别需要制定蓝图的服务过程

首先要明确制作服务蓝图的起因和目的：是为了描述、改进老服务，还是为了开发新服务？是要制定概念蓝图，还是要制定细节蓝图？

2. 分析目标市场顾客的消费需求

通过调研、访谈和阅读企业的服务手册、管理文件等，认真分析目标顾客的消费需求，并在此基础上编制一张构成相关顾客经历的所有行为事件的清单。概念蓝图包含的顾客行为事件一定是关键事件，而细节蓝图包含的顾客行为事件应当做到尽量详细。例如，在概念蓝图中，"登机"是一个行为事件，而在细节蓝图中就可以把"登机"分解成如下更细的行为事件：把登机牌交给服务员，走下登机桥，进入机舱，找到座位，把随身行李放好，坐下。

3. 从顾客角度描绘服务过程

把顾客经历中的每一个行为事件画成框图,并按顺序排列。顾客导向是设计服务蓝图的一个基本准则。从顾客角度来描绘服务过程,既可以避免把注意力集中在对顾客没有影响的过程和步骤上,还可以发现服务企业或服务人员平时不关注的内容。例如,病人把电话问询、开车寻找医院、在医院停车等都视为服务经历,而医生很少把这些看作是医院的服务。此外,如果遇到差异较大的服务需求或服务顺序,证明存在不同的细分市场,此时可能需要使用菱形的决策框进行分类处理。

4. 描绘服务员工行为和支持行为

首先画上互动分界线、可视分界线和内部互动分界线(比较好的一个办法就是事先绘制一张空白的、只包含4种行为名称、有形展示和3条线的空白图,多打印一些,以便在调查现场随时取用);然后识别属于前台的服务行为、后台的服务行为和支持行为(功能),再按照提供服务的过程的顺序用流向线连接。如果是描绘现有的服务蓝图,为了识别前台服务行为和后台服务行为,可以向服务员工询问哪些行为是顾客可以看到的,哪些是顾客不可以看到的;如果是设计新的服务蓝图,则需要认真研究,哪些服务行为应该让顾客看到,哪些服务行为不应该让顾客看到。总之,要科学合理地利用"前后台分离原则",确定哪些应该放在前台,哪些应该留在后台。

5. 在每个顾客行为步骤上加上有形展示

服务流程绘制完成后,需要在顾客消费经历的每个步骤上都加上适当的有形展示。有形展示的目的包括引导顾客消费行为、增加顾客美好体验、体现商业特征和品牌形象、促进销售等。

6. 证实和完善服务蓝图

向顾客、前台员工、后台员工、管理支持人员等寻求支持,请他们提出中肯的评价或修改意见,甚至邀请他们参与到设计过程中。每个人对服务过程都有自己的理解,一个开放式的讨论有助于证实和完善服务蓝图,并形成一个具有一定共识度和通用性的模板,进而有助于将来的实施。相关人员参与服务设计被称作"协同设计",这种方法既能获得更优的服务设计方案,也能为以后实施服务设计方案奠定群众基础。完善过程实际上也是一个整合设计的过程,既需要从服务定位、功能协同、顾客体验、商业需求等视角审查服务蓝图是否完善,有没有漏洞,还要考虑细节性服务蓝图与概念性服务蓝图之间,以及各个细节性服务蓝图之间的匹配性。

7. 关键点的寻找与标注

如果主要是为了描绘服务过程，那么这一步骤可以省略；如果是为了让服务人员和管理人员使用，寻找和标注关键点还是非常必要的。因为，关键点可以提醒使用人员在哪个环节上可能会发生什么情况，应该怎么去做，要达到什么目标等，其好处是可以提升服务效率和服务效果。

8. 服务蓝图呈现方式的设计

在上述内容性工作完成之后，还需要把这些内容以一个合适的方式呈现出来。服务蓝图也是一个产品，按照产品设计的思路，要让使用者（用户）满意，应该具有实用性、可用性和愉悦性 3 个特点。实用性是指在功能层面上提交的服务蓝图具有较为完整和实用的功能，既可以为服务人员使用，也可以为管理人员使用；可用性是指在使用层面上提交的服务蓝图易于使用，因此，服务蓝图的布局结构要整洁清晰，文字说明要简洁明了，有形展示最好能使用恰当的图标，还可以增加蓝图名称、公司徽标、工作岗位、部门归属、编制人员等说明性要素，达到清晰、适用的效果；愉悦性是指在情感层面上提交的服务蓝图能给消费者带来愉悦感受。服务蓝图的设计可以事先制定设计规范，使用统一的、规范的图形要素，增强美观效果。为了达到上述目的，最好使用专业的设计软件，如 Visio 软件和亿图软件。就呈现方式而言，为使服务蓝图更有用、更形象，可以把整个流程用图片或录像的形式进行展示，开发为"图片式服务蓝图"、"动画式服务蓝图"或"影像式服务蓝图"。燕莎奥莱就把一些核心服务蓝图开发成情景教学片，有蓝图展示，有人员的情景演出，有旁白，大幅提升了新员工入职培训的效果。

9. 服务蓝图的使用说明设计

为了方便使用，在设计完服务蓝图后，还应该追加一个步骤——设计使用说明书。使用说明书中可以包括服务蓝图宗旨、有形展示说明、关键点说明等内容。其中，服务蓝图宗旨主要说明服务蓝图的原因、目标和要求；有形展示说明是对顾客行为步骤上方的每一个有形展示（服务证据）设置的原因、目的和要求做出解释；关键点说明包括关键点的产生原因、控制目标和控制办法，以便服务人员和管理人员对服务过程中的关键环节采取有针对性的控制措施。

三、服务蓝图设计的培训与组织

经过多年面向学生（包括本科生、研究生和 MBA 学生）和企业管理人员的服务蓝图培训工作，笔者积累了一些经验，对服务蓝图设计过程给出以下几点建议。

（一）在课堂培训中学习服务蓝图

服务蓝图的课堂培训可以采用工作坊（workshop）方式，这是一种可以增加学员学习兴趣和学习效果的培训方式。培训目的主要是学习设计方法，这里简单分为 3 个步骤。

1. 分享蓝图基本知识

在课堂培训中，首先要向学员介绍服务蓝图产生的背景、目的和重要性，服务蓝图的架构和构成要素，服务蓝图的应用范围和功用，以及服务蓝图设计的基本步骤等。讲解这些基本知识后，还可以向学员展示一两个为企业实际开发出来的服务蓝图样例，帮助学员把服务蓝图理论知识与具体业务联系起来，加强对服务蓝图工具的理解。

2. 选择一个简单流程分小组设计

接着就需要学员动手演练如何设计服务蓝图。按照每组 3~6 人分为若干个小组，让每个小组在合作的基础上进行设计。第一份服务蓝图的设计最好不要让学员把他们自己工作中的服务活动作为设计对象，而是为所有小组选择一个统一的比较简单的服务活动，以便于入手，同时也便于后面交流、讨论和矫正。

这个简单的服务活动，可以是一个案例，也可以是参观附近的服务现场。如果是一个案例，那就为学员提供一个案例素材，如快递服务、自助餐厅服务、医疗服务等，让他们通过阅读案例素材来描绘整个服务过程。如果有条件参观服务现场，如自助餐厅、便利店、公园、学校图书馆等，那么让每个小组亲身经历一遍这个服务过程。参观活动可能会给服务提供者的营业活动带来一定的干扰，因此最好事先与其沟通好。

每个小组要在合作和充分讨论的基础上完成服务蓝图设计，设计呈现方式可以使用各种颜色的即时贴，也可以使用一块大白板以便于擦涂修改。如果是去服务现场参观，可以让学员带上纸笔做好记录。

3. 小组分享设计成果并展开讨论

各小组分享自己的设计成果。首先，让各个小组把自己设计的蓝图挂在墙上，先互相参观；其次，找一个设计得比较好的小组详述他们的设计思路，包括他们对服务活动目的、角色及其职责、顾客消费过程和服务提供过程、关键步骤和可能发生的问题等的洞察，并让他们对设计成果做一个自我评价；最后，请其他小组成员就设计中存在的问题和改进思路提出各自的想法，鼓励大家提出创新性解决方案，如果可能的话，努力将这张蓝图做成一张获得普遍认可的服务蓝图。

（二）在工作实践中运用服务蓝图

学员在课堂上接受了服务蓝图设计方法培训后，可以把设计方法带回到工作单位，为单位推广服务蓝图做出贡献。面对现实的服务业务，服务蓝图设计极具实战性和挑战性，会碰到很多意想不到的问题。以下是为学员提供的一些建议。

1. 选择合适的服务活动

为了以后能够在单位全面推广服务蓝图技术，建议学员本着"先易后难、初见成效"的原则，第一次先选择一个自己比较熟悉、比较容易入手的服务活动，如顾客接待、收费、办理托运等。如果自己不熟悉这个服务活动，可以采取暗访（神秘顾客）的方式，亲历一遍服务过程。

如果能够通过设计服务蓝图发现服务过程中存在的问题，而且解决了问题、取得了成效（如加快服务速度、提升顾客满意度、减少用工量、提升员工兴趣等），就会得到领导和同事的认可，为继续推广服务蓝图技术奠定良好的基础。

2. 组建设计团队

得到单位领导和同事的认可后，就可以全面推广服务蓝图技术了。为了推广和应用服务蓝图技术，首先要有几位（建议 3～5 位）有激情、有兴趣、熟悉服务蓝图技术的核心成员。在设计一个具体的服务蓝图时，由至少一位核心成员做牵头人，然后邀请服务流程中涉及的各个角色的工作人员（每个角色至少一位），组建一个设计团队。

设计团队组建后，首先要由牵头人对其他团队成员开展服务蓝图技术培训，做好理论和技术上的准备。

3. 拟定研究计划

牵头人在与团队成员沟通的基础上，拟订好研究计划，包括预期达到的目标、需要完成哪些工作任务、分几个阶段完成、团队成员如何分工等。

4. 绘制现行服务蓝图

在调研的基础上，牵头人亲自或委托某个团队成员把目前的服务活动过程绘制出来，并按照服务蓝图的形式呈现出来；对于一些不太容易呈现出来的内容，可以用文字标注在适当的位置；然后让设计团队其他成员从各自的角色角度，确认服务蓝图是否能够客观反映服务活动的现状。

5. 讨论与调研

在现行服务蓝图的基础上，团队成员进行讨论与调研。这个工作可能经过几次反复。

讨论会要鼓励团队成员进行头脑风暴，避免被权威垄断发言权。讨论的内容包括服务活动的宗旨、目标，为顾客提供的价值所在，问题发生的原因，解决问题的创新性办法等。

调研方式包括记录和统计流程信息、访谈顾客和员工、查阅顾客投诉记录和员工工作日志等。

通过反复的讨论和调研，最终提出一套优化方案。

6. 绘制优化后的服务蓝图

按照提出的优化方案，设计新的服务蓝图和实施办法。

7. 实施服务蓝图与进一步优化

为了按照新的服务蓝图和操作标准开展服务活动，首先，要对服务活动中涉及的相关角色的所有工作人员开展必要的培训；然后，在实施过程中提供指导；同时，还要记录实施过程中的有关流程信息，如顾客意见和建议、时间效率、物料浪费、人工浪费、安全问题等。积累了一定的问题和经验后，再进一步对服务蓝图进行适当的调整。

四、服务蓝图的图形要素

服务蓝图中涉及的图形要素基本上可以分为 3 类：图框、流向线、图标。其中，图框是流程图中的基本符号，不同形状的图框可以表示不同的流程行为；流向线也称连接线，是连接图框的连线，连线的形状变化、箭头方向等可以表示图框之间的关系；图标就是图形标识，或称作图形符号，如小人、笑脸、桌子、路标等，可以形象地表示某一物件或行为，在服务蓝图中通常放在有形展示区域，形象地展示服务证据，如有必要也可以放在流程区域中。

服务蓝图是描绘服务活动的一种图形技术，应该开发一套专门针对服务活动特性的图形要素体系，遗憾的是目前还没有见到。但是，现有的信息流程技术、流程图软件及图形符号国家标准提供了大量的图形要素，可为服务蓝图设计提供参考。

（一）信息流程技术中的图形要素

流程技术在信息、体验和交互 3 个领域都有相关的研究和发展。尤其是在信息领域，随着计算机和网络技术的发展，信息流程技术也获得了很大发展，建立起一些相当完善的流程技术体系，如统一建模语言（unified modeling language，UML）、业务流程建模与标注（business process model and notation，BPMN）、可视化企业建模（line of visibility enterprise modeling，LOVEM）。在图形要素的开发方面，对象管理组（object managment group，OMG）组织开发的 BPMN 2.0 最具有代表性，形成了一套非常完善而又复杂的图形符号。

BPMN 2.0 把图形元素分为 5 类：流对象、数据、连接对象、泳道、工件。每一类元素又细分为多个子类元素，如流对象可分为事件、活动、网关；事件又进一步细分为开始事件、中间事件、结束事件；开始事件又细分为条件开始事件、消息开始事件、信号开始事件、定时开始事件等。至此，为每一类事件都制定了专用的图形符号。以开始事件为例，其图形符号如图 2.1 所示。

开始事件　　　条件开始事件　　　消息开始事件　　　信号开始事件　　　定时开始事件

图 2.1　开始事件的图形符号

鉴于这些图形符号主要用于计算机软件开发方面，描绘的是信息活动，划分过于详细，绝大多数不太适合服务蓝图设计，因此这里不再多做介绍。有兴趣的读者可以通过网络搜索进一步了解。

（二）流程图软件中的图形要素

流程图绘制软件有很多，如 Visio、亿图、迅捷、MAC、Power Designer、SAM、Control、Aris 等。这些流程软件除了提供流程图的各种图形要素外，还提供水平（横向）跨职能流程图的模板和范例；此外，这些软件除了用于流程图设计外，还用于软件、工程、地图、科学、平面设计、工业自动化、服装等方面的设计。这些软件面向多领域的设计功能和丰富的图形要素大大方便了服务蓝图的绘制。以亿图图示为例，从图 2.2 中可以大致看出其功能与图形要素。

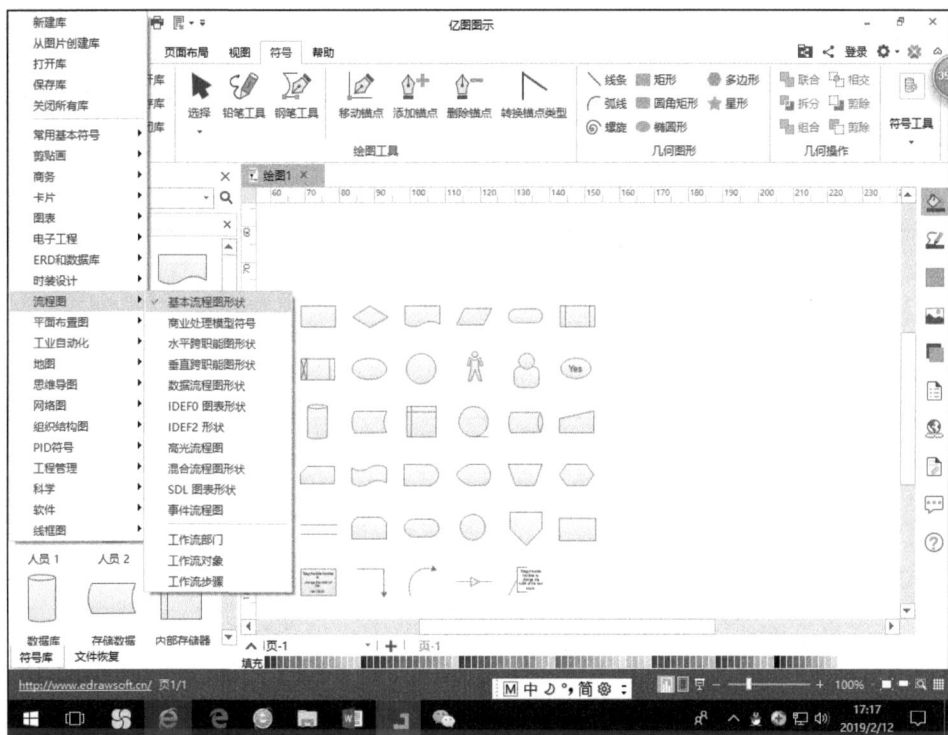

图 2.2　亿图图示的功能与图形要素

（三）国家标准中的图形要素

图形符号形象直观、一目了然，使用范围很广。国家标准化管理委员会等为了规范图形符号的使用，专门制定了 GB/T 10001 标志用公共信息图形符号系列标准。其中，

第 1 部分：通用符号；

第 2 部分：旅游休闲符号；

第 3 部分：客运货运符号；

第 4 部分：运动健身符号；

第 5 部分：购物符号；

第 6 部分：医疗保健符号；

．．．．．．．．．．．．

这些丰富、系统、专业的图形符号为服务蓝图设计提供了方便。

（四）服务蓝图设计中的基本图形要素

为了方便初学者绘制服务蓝图，下面介绍一些常用的图形要素及其使用方法。

1. 图框

图框是用来描绘各种行为的图形要素。表 2.1 列举了亿图图示中部分常用的服务行为图框。

表 2.1 亿图图示中部分常用的服务行为图框

行为	图框
开始与结束	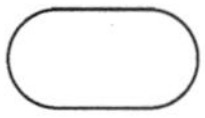
行为/活动/处理	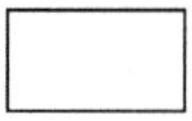
判断/审批	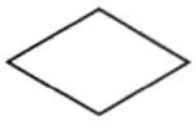
数据输入/输出	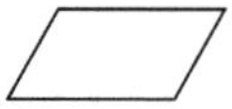
文档/手册	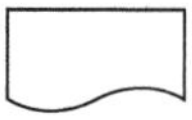
存储数据	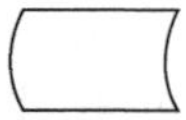
数据库/软件系统	
子流程	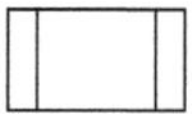

2. 流向线

流向线用于连接各种行为,在服务蓝图中主要涉及"箭头"和"虚实"两种变化。这里提出如下使用建议。

1) 关于剪头的使用

单箭头线或单向线(——→):箭尾连接行为发出者,箭头连接行为接受者。

双箭头线(←——→):表示两个行为主体之间存在互动行为,分不清或者没必要区分谁是行为的发出者,谁是行为的接受者。

无箭头直线(———):没有箭头指向,只表示两个行为主体之间发生行为,而不强调行为方向。通常情况下,在一个简易流程图或示意图中,为了简化流程关系,可以全部使用直线,而不使用带箭头的流向线,读者根据常识就能读懂流程图中的关系。

2）关于实线与虚线的使用

实线（———→）：表示实际行为，包括人与人之间的互动、人对物的操作、物体和文件材料的传递、设备与设备之间的对接等。

虚线（----→）：表示信息流动，以及软件系统、政策、手册等对主体行为的支持或指导。

此外，流向线还有粗线和细线、单线和双线，以及不同颜色的线等多种表现形式。无论是箭头、虚实还是其他表现形式，在设计服务蓝图或流程图时，都可以根据需要灵活使用，但要求描述清楚并具有自明性。如果有必要，可以在图的边缘空白处或设计文本中予以说明。

（五）服务蓝图的图头设计

表格有表头，流程图也要有图头。每个流程图都应该有一个"图头"，用来说明该流程的设计、使用和管理的一些背景信息，具体包括单位名称（或标识）、编制人、业务主管部门、业务参与部门、流程名称、流程编号、最后更新时间和版本号，并且置于流程图的顶端。图头的格式采用表格形式，如表 2.2 所示。

表 2.2　流程图的图头格式

单位名称：	流程名称：
编制人：	流程编号：
业务主管部门：	最后更新时间：
业务参与部门：	版本号：

服务蓝图设计也可以增加这样一个图头，作为服务蓝图的一个构成部分。

第二节　顾客行为设计

服务蓝图是贯彻"以顾客为中心"服务理念的一个技术工具，无论是设计服务蓝图，还是阅读服务蓝图，顾客行为都是切入点。因此，在设计服务蓝图时，首先要搞清楚，在这个服务系统或服务过程中，谁是顾客？他们如何或喜欢如何经历这个服务过程？在这个服务过程中，他们的核心需求（服务包概念中的显性服务所表达的显性利益）是什么？每个步骤上的需求是什么？

顾客行为是有逻辑的。在服务过程中，顾客具有两个角色或身份：消费者和共同生产者。作为消费者，顾客会问："我怎样才能得到我想要的？"此时的顾客行为是受需求和欲望及企业承诺驱使的；作为共同生产者，顾客会问："我的角色是什么？我该怎么演？"此时的顾客行为受到企业服务流程的支配，属于配合行为。顾客作为消费者，其需求和欲望随着服务进展会发生变化，而且随时有可能把一些与流程无关的意外需求插入到服务流程中；顾客作为共同生产者，也常常由于扮演不好角色而完不成任务，打乱服务流程的节奏。前者需要做深入的探究，尽可能想到各种"意外需求"；后者需要做好流程设计，增强流程的鲁棒性。

一、识别顾客

每个服务系统或服务过程都可能会面临不同类型的消费群体，设计者有必要搞清楚哪些是这个服务系统的主要消费群体（目标消费群体），哪些是次要消费群体。例如，医院服务中，有正常看病的，有看急诊的，有体检的，有住院的，等等；再如，餐饮服务中，有家庭消费的，有朋友聚餐的，有生日庆贺的，有商务宴请的，等等。不同类型的消费群体就是不同的细分市场，具有不同的人口特征、性格特征、需求特征和消费偏好，需要通过顾客画像（personas，也译为角色定义）工具对细分市场进行界定[12]。

对于同一个消费群体，不同的人可能扮演不同的角色：谁是决策者？谁是付费者？谁是消费者？不同角色考虑问题的出发点、角度，出现在或参与到服务系统中的时机和需求，以及最终的感受可能都是不同的。那么，不同角色的参与行为如何表现在服务蓝图中？应该更加重视哪个顾客角色的需求、偏好和行为？这些问题在设计服务蓝图时都应予以考虑。

二、识别顾客的消费经历

识别顾客的消费经历是顾客行为设计的基础。"穿着顾客的鞋"、"戴着顾客的眼镜"或"与顾客肩并肩"，亲自"穿越"顾客的消费历程，是最初了解顾客消费经历、理解顾客消费行为步骤的有效手段。除此之外，还可以通过现场观察、顾客访谈、员工访谈等方式进一步澄清整个消费过程及其包含的主要步骤。

这里有几个问题需要注意。

第一，不同细分市场（消费群体类型）可能具有不同的消费需求和偏好，也可能有不同的消费经历，必要时可以针对每个主要细分市场（使用该细分市场的顾客画像）绘制一个服务蓝图。

第二，消费群体中的不同角色是如何参与到服务过程中的也是需要考虑的一个问题。设计顾客行为步骤时，需要考虑是否有必要把顾客行为按照顾客角色进行细化。

第三，无论是概念蓝图还是细节蓝图，都是一个相对独立的服务系统或服务过程，都存在顾客进入和顾客离去的首端环节和末端环节。绘制服务蓝图时，一定要站在顾客的视角，看看顾客的消费是从什么时候开始、到什么时候结束的，要保持服务过程的完整性。例如，理发店服务、餐厅服务、牙科医生服务等，从顾客角度看，很多顾客是从预订开始的，而服务员工往往以为服务工作是从顾客到店后或从接待顾客才开始的。

第四，无论是设计新服务，还是优化老服务，在设计顾客行为步骤时，都需要站在顾客视角，反映出顾客对消费方式、消费步骤的偏好，不能想当然地给顾客设计一个"迷宫"就让顾客钻进来，或者设计一个顾客并不喜欢的"游戏规则"强迫顾客参与进来。

第五，顾客行为步骤并不一定是直线式的，可能会有判断选择。这一点是否体现在顾客行为步骤上，要根据具体需要以及顾客选择的重要性来确定。

第六，顾客行为步骤可以归纳为几个阶段，就像二维流程图中的工作行为通常被划分为几个阶段一样（参考图1.9）。图2.3是顾客修车过程的阶段划分。可以看出，这4个阶段既是顾客经历的4个阶段，也是维修厂维修工作的4个阶段。阶段划分有益于服务人员和管理人员的记忆和沟通。

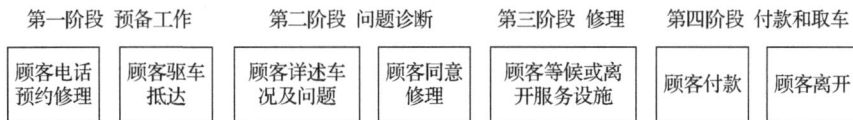

第一阶段 预备工作		第二阶段 问题诊断		第三阶段 修理	第四阶段 付款和取车	
顾客电话预约修理	顾客驱车抵达	顾客详述车况及问题	顾客同意修理	顾客等候或离开服务设施	顾客付款	顾客离开

图2.3　顾客修车过程的阶段划分

三、识别顾客的需求

了解顾客的核心需求、次要需求及其偏好的服务内容和服务提供方式，是设计顾客行为的基础，也是设计前台服务、后台服务、支持功能、有形展示等服务蓝图要素的基础。因此，绘制完顾客的消费步骤后，还要进一步研究顾客在每个步骤上的需求。

了解顾客需求不能单纯依靠经验和猜测，最有效的办法是站在顾客的角度思考问题，也就是"穿上顾客的鞋"走一遍顾客的消费流程，"戴上顾客的眼镜"审视在整个过程中以及每个环节上的顾客需求，甚至"与顾客肩并肩"观察和了解顾客消费过程中发生的事件、遇到的问题和心理感受。

识别顾客需求最常用、最有效的工具就是即时贴和亲和图。假定一个课题小组（通常3个成员比较合适，以便进行三角印证）要了解某项服务的顾客需求，则可按以下步骤进行。

第一步，把识别出来的顾客行为步骤绘制在一张大纸上，并挂在墙上。

第二步，给每个小组成员发一支笔和一些不同颜色的即时贴，以便用不同颜色记录一个细分市场的不同需求。

第三步，小组成员通过亲自"穿越"流程，或者通过现场观察、面对面访谈等方式，在即时贴上记录顾客在每个步骤上的需求和偏好。为了体现顾客视角，要用第一人称，如"我需要……""我喜欢……""我希望……"。

第四步，小组成员把调研完成后的即时贴贴在顾客行为的对应步骤上，如图 2.4 所示。

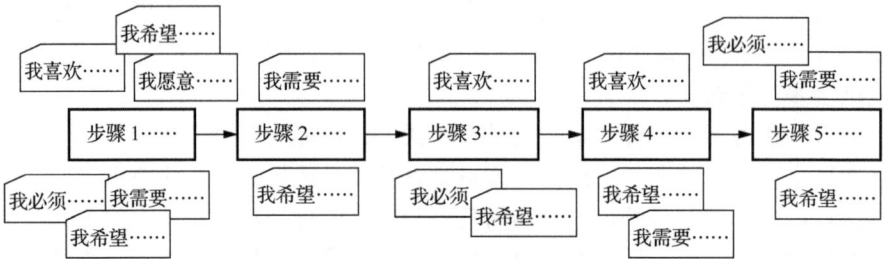

图 2.4　把即时贴贴在顾客的行为步骤上

第五步，从挂图上取下这些即时贴，小组成员一起删除那些重复的内容，并澄清每条想法的含义。

第六步，作为总结，创建一个亲和图。把这些即时贴上的内容合并同类项，即把相同主题的归为一类，并为每一类取一个能代表主题含义的名字，如图 2.5 所示。一般情况下，类别不宜太多，也不宜太少，让·哈维（Jean Harvey）[13]56-57 建议 7～15 个比较合适。当然了，这要取决于具体的消费步骤和具体的业务性质。

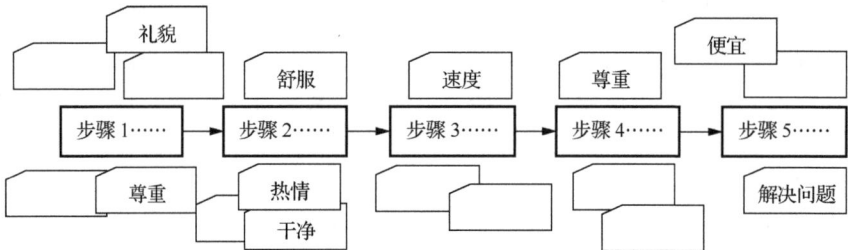

图 2.5　顾客需求的亲和图

四、顾客行为设计中的几个问题

不同的服务业、不同的业态，甚至不同的服务场景，对顾客所扮演的角色及其角色行为可能会有不同的要求。下面先看几个例子。

在酒店、餐厅等传统接待服务业，为了给顾客一种宾至如归的感觉，商家常常把顾客称作"客人"，并努力为顾客营造一种家的氛围。在这种场合下，顾客感受到的是一种"人情"，因而他们也特别愿意跟服务员交朋友、拉家常。

在银行、航空等服务业，对于为企业做出重大贡献的大客户或老主顾，企业会给顾客赠送各种金卡、银卡，顾客常被称作"VIP 顾客"。在这种情景下，顾客通常会希望得到特殊待遇，如在贵宾室休息、走特别的通道、提前登机，以及享受贵宾服务等。

在球赛或演出服务中，顾客被称作"观众"。作为观众的顾客，可以忘乎所以地沉浸在对演出服务的欣赏当中而希望不被打扰，或投入到球赛的助威呐喊当中，试图按照自己的意志改变比赛的结果。

在快餐业，企业为了节省成本，常常采用自助服务模式，让顾客做一些原本由服务员做的事情。例如，在麦当劳店内，顾客常常亲自端盘子、倒垃圾。虽然这类自助餐厅对顾客没有新的称谓，但是顾客已经被当作劳动力在使用。在这种情景中，虽然顾客被要求扮演服务员角色进行自助服务，但是由于已经熟知这种服务模式，同时也因此获得了物美价廉的食品，因此他们也心甘情愿地参与到自助服务当中。

正是由于对顾客的角色及角色行为可能有不同的要求，因此，在顾客行为设计当中，就应该将其准确地表现出来，并通过适当的顾客培训和顾客教育，引导顾客正确地扮演好自己的角色。关于顾客行为设计主要需要处理好如下几个问题。

（一）顾客参与行为的设计

顾客参与行为的设计是顾客行为设计中的核心问题。

让顾客参与的目的主要有两个：一是增加顾客体验价值，二是降低服务的人力成本。但顾客参与还有一个前提条件，就是不存在顾客参与的风险。为此，在顾客参与设计中，必须交代清楚 5W2H：为什么让顾客参与（why）？让顾客参与什么（what）？让哪些顾客参与（who）？顾客在什么时候参与（when）？顾客在什么地方参与（where）？顾客以什么方式参与（how）？顾客参与到什么程度（how much）？

以老北京炸酱面为例。图 2.6 是老北京炸酱面的 3 张图片。笔者多次在课堂上询问学员：假定你在某个老北京炸酱面馆就餐，你愿意为每张图片中的老北京炸酱面［分别用（a）（b）（c）表示］付多少钱？答案基本上是（a）30 元，（b）20元，（c）10 元。

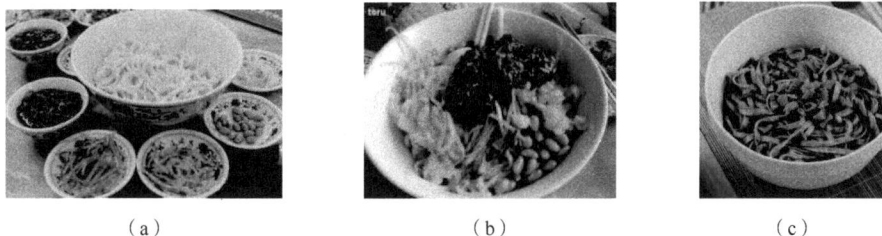

（a）　　　　　　　　（b）　　　　　　　　（c）

图 2.6　同一份老北京炸酱面的 3 种形态

实际上，这是同一份炸酱面的 3 种形态。那么，同一份炸酱面，学员（可以看作是顾客）为什么对于不同形态会给出不同的价格，而且价格相差很大呢？有人可能会说，这是由于感观效果不同引起的：（a）最好看，菜码丰富；（c）最不好看，而且已经看不出菜码了。暂且不管什么原因，至少说明，服务员为顾客端上来的应该是（a），而不是（b），更不是（c）。服务员端上（a）后，应该由顾客亲手完成从（a）到（b）再到（c）的过程。这就是顾客参与的价值——顾客不仅消费餐食，还要消费过程。如果从（a）到（c）的过程全部由服务员完成，直接为顾客提供（c），不但增加了员工的工时，还使炸酱面的价值大打折扣。所以，让顾客参与，完成从（a）到（b）再到（c）的制作过程，体验价值就会大增，劳动成本还会下降。

再回过头来讨论（a）（b）（c）的价值差距究竟是由什么引起的。刚才说到感官效果是一个因素。其实，除了感官效果外，让顾客完成从（a）到（b）再到（c）的这个过程本身是有价值的。为什么呢？因为顾客到餐厅吃饭，特别是比较有特色的高档餐厅，其购买和消费的不仅仅是那份餐食，更重要的是过程。（a）是老北京炸酱面馆通常提供的炸酱面形态，相当于是一套半成品，其中包括：煮熟的白面 1 大碗，炸酱 1 小碗，各色菜码 1 套（如豆芽 1 碟、青豆 1 碟、黄瓜丝 1 碟、心里美萝卜丝 1 碟、香菜 1 碟、糖蒜 1 碟）。顾客完成从（a）到（b）的过程，既是把各种配料一碟一碟往面碗里倒的过程，更是顾客与同伴有说有笑、品味老北京炸酱面独特文化的过程，是对老北京炸酱面留下美好记忆、增强认识的过程。如果这个具有体验价值的增值过程被厨师或服务员剥夺了，仅仅让顾客吃了一碗面，岂不是太可惜了？

类似的，还有过桥米线、火锅等。此外，农家乐提供的采摘、钓鱼等服务活动，顾客采摘的水果和钓上来的鱼都比从菜市场买的价格高，其原因就是农家乐销售的和顾客购买的除了水果和鱼以外，还有采摘或钓鱼的"娱乐"过程。对于很多顾客来说，购买的主要是这个过程给他们带来的乐趣。

需要注意，没有体验价值的活动（如洗黄瓜）、容易产生负面体验的活动（如杀鱼）以及危险的活动（如炸鱼）是不能让顾客参与的。因此，如何设计顾客参与行为，需要认真思考上面所说的 5W2H。

此外，顾客反馈也是顾客参与的一个重要方面。顾客的反馈信息是一种非常有价值的资源，对于改进服务质量具有重要作用。因此，服务企业应该设计多种反馈渠道、反馈方式和奖励政策（有奖建议制度），鼓励顾客多多提供有价值的服务感受和改进建议。

（二）顾客激励行为的设计

顾客激励行为设计是为了引导和鼓励顾客的购买和消费行为，这也是顾客行为设计中的一个重要方面。顾客激励行为设计对设计前台员工行为及服务有形展示都具有直接的指导意义。

管理学中的"激励"通常是指企业对员工的激励，基本上没有顾客激励的说法。在营销学中,按照传统的 4P(product,产品;price,价格;place,渠道;promotion,促销)营销理论,直接针对顾客所采取的措施叫"促销"(promotion),具体做法包括广告、推销、建议销售等,仅带有明显的"推动销售"的色彩,缺少"拉动销售"的思想。"顾客激励"一词正是强调"拉动销售"的思想,即企业或服务员采取一定的措施,引导和激发顾客主动购买或消费的欲望。

顾客和员工一样,都是有需求、有欲望的人,激发他们的主动性(购买或工作),从心理学角度看,没有太大区别。因此,管理学中一些激励员工的理论和方法,经过修正,也可以应用于激励顾客。

行为科学家赫茨伯格于 20 世纪 50 年代提出的双因素理论就是一个非常有代表性的激励理论,用于指导企业如何调动员工的积极性。为了寻找员工满意度与工作效率之间的关系,赫茨伯格及其同事们专门针对员工的工作态度开展了研究,并把最常出现的一个问题——"人们想要从他们的工作中得到什么"作为研究的核心问题。在研究中,他们不仅发现"使人们感到工作愉快的因素"和"使人们对工作感到不悦的因素"并不相同,还发现满意与不满意并不是一对对立的概念,满意的对立面是没有满意,不满意的对立面是没有不满意。进一步的研究使他们得出了两个基本概念"保健因素"和"激励因素"。保健因素是指那些容易使员工产生不悦情绪、与工作环境有关的因素,如人际关系、福利、公平的制度等;激励因素是指对员工具有激励作用的、与工作本质有关的因素,如工作责任、工作兴趣、晋升机会、奖励等。

东京理工大学教授狩野纪昭·卡诺(Noriaki Kano)于 20 世纪 70 年代末提出的卡诺模型(Kano 模型)和伦敦商学院教授希尔(Hill)于 20 世纪 80 年代末提出的"赢得订单理论",就是受双因素理论的启发,细化了产品质量因素,找出了相当于"保健因素"的"必备质量"或"资格标准"(下面称作质量保健因素),以及相当于"激励因素"的"魅力质量"或"赢得订单标准"(下面称作质量激励因素)。如果产品质量达不到质量保健因素的标准,那么必然会招致顾客的不满、抱怨甚至投诉(可看作是顾客的"痛点");如果达到了,那么顾客会认为理所当然,并不会因此激励自己多购买或多消费。如果产品质量达到了质量激励因素的要求,那么顾客会非常兴奋、欣喜,进而会多购买、多消费(可看作是顾客的"爽点");如果达不到,那么顾客一般也不会表示不满或抱怨,更不会就此投诉[14]。

笔者于 2005 年借鉴赫茨伯格双因素理论的基本思想和研究方法,选取大鸭梨、金百万、天外天、郭林家常菜 4 家以经营北京家常菜为特色的餐饮连锁企业为研究样本,对顾客激励问题进行了实证研究,并据此提出了顾客激励因素和顾客保健因素的概念,得出如下结论:顾客激励因素主要包括口味、价格、菜分量、消费环境、优惠、可到达性等;顾客保健因素主要包括质量稳定性、菜品开发、停车场、餐桌摆放、卫生间、包间、服务态度、上菜速度、会员卡制度、上菜顺序、免费茶水等[15]，如图 2.7 所示。由此可以看出，如果想要激励顾客经常来消费，就需要在激励因素上多做文章；如果想减少顾客抱怨和投诉，就需要在保健因素方面下功夫。

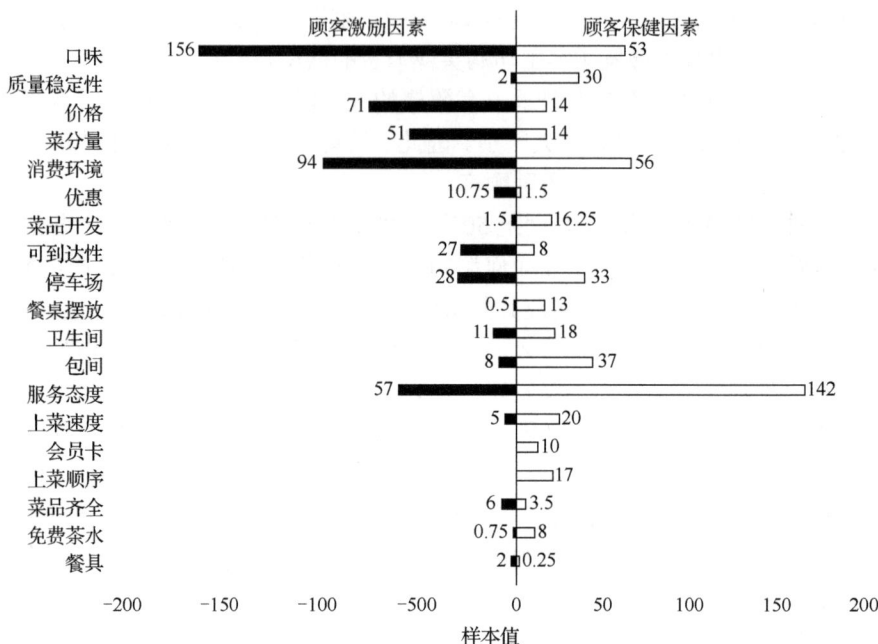

图 2.7　顾客激励因素与顾客保健因素

　　总之，顾客激励设计的关键是要找到哪些是顾客激励因素，也就是顾客的"爽点"（可作为促销关键点）。找到后，就可以对这个"爽点"开展有针对性的设计，包括前台员工行为和有形展示的设计。当然，仅仅关注顾客激励因素而忽略了顾客保健因素，显然是不行的。清醒地认识到哪些是顾客保健因素（痛点），哪些是顾客激励因素（爽点），对于企业的经营管理具有重要的指导意义。找到"痛点"，就可以想办法消除顾客的抱怨；找到"爽点"，就可以有针对性地开展促销活动。

（三）避免顾客冲突行为的设计

　　如果说顾客激励行为的设计是为了激发顾客产生主动行为，那么避免顾客冲突行为的设计就是为了避免顾客产生过激行为。

　　公共消费场所经常会出现顾客之间产生冲突（包括各种相互干扰）甚至打架斗殴的现象，如何避免或减少这些冲突，是服务设计中必须考虑的一个问题。通常情况下，产生冲突的原因可能有如下一些：顾客彼此在身体上非常靠近；顾客彼此在语言上相互影响；顾客从事大量的不同活动；服务企业吸引异质的顾客群；顾客彼此之间需要分享时间、空间或服务设施；顾客需要长时间等待服务。为了避免顾客产生冲突，就要设法减少其在时间、空间和活动上可能产生冲突的机会。

但是，有时不同客群会在同一时间、同一空间参与同一活动，冲突经常难以避免，如足球比赛中双方球迷之间的冲突。关于不同客群参与同一活动产生的冲突，服务提供者在设计服务时，需要充分考虑到客群冲突可能产生的流程环节（冲突点）、冲突的原因，以及规避和化解冲突的措施。为此，不妨开展一些沙盘推演或情景模拟活动。

第三节　前后台行为设计

在服务系统中，前台与后台均属于一线部门，对顾客提出的每一项服务需求都会做出快速及时的响应。相比之下，服务蓝图中的支持部门则属于二线部门，它们的存在通常不是为了及时响应顾客的每一项需求，而是对一线部门的工作进行策划，为一线部门创造条件、提供支持和实施管控。

前台服务行为（简称前台行为）与后台服务行为（简称后台行为）均属于一线部门的服务行为，在服务蓝图设计中，如何区分和设计它们，有时并不是一个特别清晰和容易处理的问题。

一、前后台行为的界定

前台行为是直接与顾客进行互动接触的服务行为，顾客提出需求及满足顾客需求几乎都是通过前台行为完成的。后台行为掩藏在顾客看不到的地方（称作后台），不直接与顾客产生互动接触，是通过响应前台服务工作需求而为顾客提供服务的。例如，在餐厅中，前台行为包括为顾客安排座位、点餐、上菜、倒水、结账等，这些服务行为是由餐厅领位员、餐桌服务员、传菜员等前台服务员完成的；而后台行为是指前台服务员为顾客点完餐下单后及时进行的切配和炒菜等服务行为，这些行为是由厨师、切配员等后台员工完成的。

前台与后台从名称和使用上，实际上有两层含义：一个是从组织分工角度，前台和后台分别指前台部门（员工）和后台部门（员工）；另一个是从物理空间角度，前台就是顾客能够看得见的服务空间，即前台区域，如餐馆的餐厅、商店的卖场、银行的大堂等；后台是顾客看不见的服务空间，如餐馆的厨房、医院的化验室等。

由于服务蓝图是从顾客视角建立的流程图，着眼于顾客服务和顾客感知，因此，在服务蓝图中，前台与后台应该被当作物理空间概念，这也是在服务蓝图中使用一条可视分界线把前台行为与后台行为分隔成两个区域的原因。基于这个原因，有如下3个问题需要进一步讨论。

（一）"前台员工的行为"不一定是"前台行为"

在设计服务蓝图时，经常有人提出这么一个问题：前台行为就是前台员工的行为？后台行为就是后台员工的行为？

初看起来，似乎是肯定的；但如果站在顾客角度看，这种理解是欠妥的。

本质上，服务蓝图中的前台行为，是指与顾客发生直接接触的员工行为。但是，前台员工的行为并不全部与顾客发生直接接触（顾客感知不到），因此前台员工行为不恒等于前台服务行为。例如，在医疗诊断时，医生跟病人面对面交流、诊断等行为属于前台行为，而病人到来之前的事先阅读病历和病人走后的记录病情等行为则属于后台行为。因此，医生的服务行为既可以出现在前台，也可以出现在后台。这时，就不能简单地把医生这个前台员工（组织上是这么分工的）的所有行为都放到前台行为区域内。不妨这样理解，只要他的服务行为出现在前台，此时他就算是前台员工；如果他的服务行为出现在后台，那么此刻他就算作后台员工。总之，鉴定是不是前台行为，关键取决于是不是与顾客产生直接的接触。因此，同一个岗位的员工，就可能既出现在服务蓝图的前台服务行为区域，又出现在后台服务行为区域，如图2.8所示。

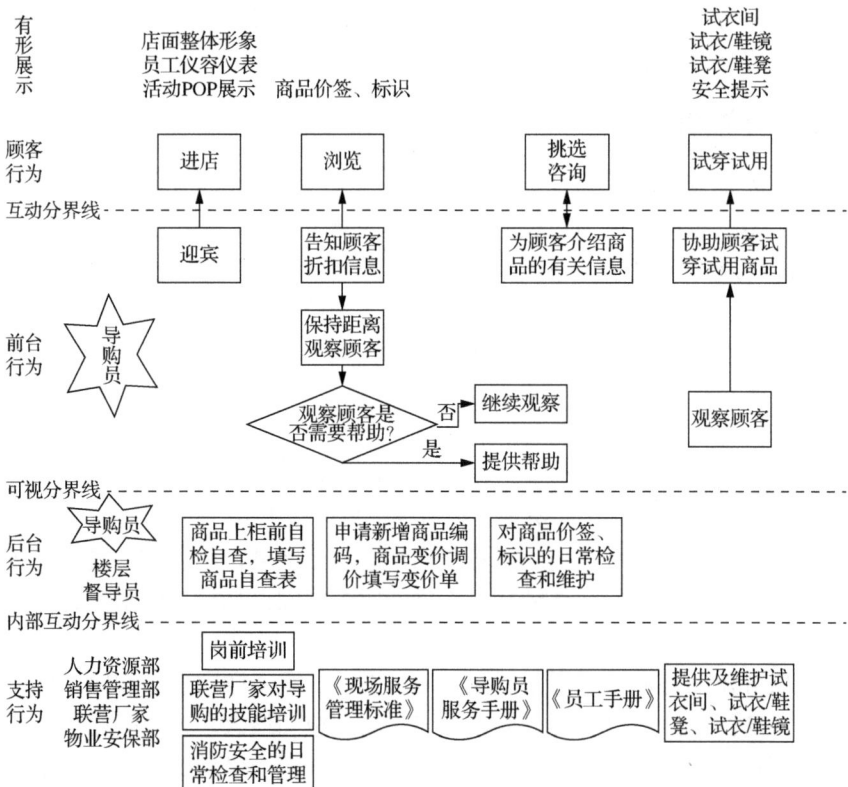

图 2.8　导购员既有前台行为又有后台行为

当前台员工的行为不与顾客发生直接接触时，就变成了后台行为。后台行为虽然不与顾客发生直接接触，但是它所产生的结果往往会以某种方式被带到前台来。例如，酒店卫生间叠好的厕纸和整理好的床铺，在顾客入住房间时，就会以被清理过的房间展现在顾客眼前；再如，餐馆厨师制作的菜肴，以一种美观的造型和扑鼻的香味出现在顾客面前。

（二）"可视"可泛化为"直接与顾客接触"

可视分界线中的"可视"，本意是可以被顾客看得见，也就是顾客用眼睛或视觉可以感知得到。但是，从"前台服务行为"的本意来看，主要是强调与顾客之间的直接接触，也就是说，所有能与顾客产生直接接触的行为都应当算作前台服务行为。因此，我们应该把"可视"概念泛化为"直接与顾客接触"。虽然大多数接触方式是可视化的，但是也有一些接触是靠"听觉"发生的。例如，酒店的电话预订，顾客虽然看不见接线员的面部表情、服务场景和登记过程，但是通过电话交流可以听见他的声音、语气，进而判断出他是否热情、专业和尽职，因而电话接线员的接受预订和咨询行为也应该算作前台服务行为。再如，通过微信、微博、QQ等新媒体与顾客产生直接互动的行为，也可以算作前台服务行为。总之，如果严格按照"有形、可视"的标准来评定，那么这些行为不属于前台行为；如果按照"与顾客发生直接接触"的标准来判定，这些行为就属于前台行为。当然，具体哪些属于前台行为，主要取决于这些行为与顾客直接接触的程度、效用（对顾客和服务事件的影响），以及服务蓝图设计的目的。

（三）并不是所有的前台行为都要放入服务蓝图

每个服务蓝图都是有主题或名称的，如酒店的入住登记服务蓝图、开发票服务蓝图等。服务蓝图具有明确的宗旨或目的，其中的每个步骤都是为实现这个宗旨或目的服务的。也就是说，服务蓝图描绘的实质上是一个为顾客创造服务价值的价值链。因此，与价值创造没有太大关系的服务活动就不需要列入服务蓝图中。例如，清洁工的打扫卫生工作（扫地、打扫卫生间）、维修工的设备维修等，虽然为入住登记提供了干净卫生的环境和设备的安全运行，但与入住登记的价值创造没有直接关系，因此没必要列入入住登记服务蓝图中。如果有人认为打扫卫生和维修这两项服务工作对于入住登记很有必要，那么可以作为保障性服务活动放到系统支持行为区域中。

二、前后台行为设计的要求

前后台服务行为的工作属性和运作要求对服务蓝图设计具有直接的影响。其中，工作属性会体现在服务蓝图中的文字上，服务运作要求会体现在服务蓝图的文字和流程逻辑上。此外，这两方面对于编写服务蓝图的配套说明书具有非常重要的指导意义。

（一）工作属性的要求

前后台行为作为一线服务行为，具有 3 重属性：体力劳动、技术劳动、情感劳动。每一种属性都对一线员工提出了不同要求。

体力劳动——要求员工要勤快，即手勤、腿勤、嘴勤、眼勤，俗称"四勤"。在被称作"勤行"的餐饮业、零售业等传统服务业，勤劳是最基本的要求，懒汉是从事不了"勤行"的工作的。麦当劳的格言"如果你有时间靠着桌子站着，就有时间擦桌子"就是对服务员勤劳的要求。

技术劳动——要求员工的服务工作要及时、准确、规范、专业，一些服务工作要求员工具有专业技术等级证书。为了使员工的专业技术劳动达到高水平，对他们的专业技能培训工作变得非常重要。

情感劳动——要求员工"心、脑、脸、嘴、眼、耳" 并用，六位一体。其中，"心"是指要有爱心、热心、诚心；"脑"是指要灵活应变，有心眼；"脸"是指要学会微笑、有亲和力、坦然、不卑不亢；"嘴"是指要善于沟通，掌握基本话术；"眼"是指要学会察言观色，并要眼观六路；"耳"是指要善于聆听，还要耳听八方。总之，情感劳动属性要求员工具有较高的情商，因此在招聘员工时需要注重这方面的能力。

一项服务工作可能会同时包含体力、技术和情感 3 种成分，但是，前台服务工作与后台服务工作所包含的 3 种成分的比重却不一样。通常情况下，前台服务工作对情感成分要求较高，如餐馆领位员和餐桌服务员的工作、医院护士的工作、保险推销员的工作等。当然，有一些前台服务工作对技术成分和体力成分要求也很高，如医生和咨询师的工作要求最高的还是技术成分，护士和餐桌服务员的工作对 3 种劳动属性的要求都很高。后台服务工作通常对情感劳动的要求较少，而对技术劳动和（或）体力劳动的要求较高，如厨师、化验员等的工作；高档酒店的厨师，虽然从事的是后台服务工作，但是应该具有较高的审美能力和对顾客心理需求的理解力，这一点与情感劳动有一定关系。

首旅集团前任董事长段强在解释服务经济的人力资本时，认为服务产品包含最重要的 3 个要素是智力、心力和体力，这"3 力"正好与一线服务工作的 3 种属性相对应，也可以算作是对服务工作属性解释正确性的一个印证。

（二）服务运作的要求

按照服务系统各子系统的任务分工，位于前台的主要是传递子系统和营销子系统，这两个子系统的任务主要是与顾客沟通与互动，接受顾客订单，并完成服务产品的交付；也包括小部分的操作子系统，把一部分生产任务展示在顾客眼前。位于后台的主要是操作子系统，其主要任务是按照顾客订单及时生产。任务不同，对服务行为设计的要求也不同。

1. 前台运作的要求

在传递子系统的服务行为设计中，传递的地点、时间和方式是 3 个关键设计因素。以餐饮业为例，传统餐馆的传递地点是餐桌，而快餐的传递地点是柜台；传统餐馆一般只经营午餐和晚餐，而快餐有可能 24 小时经营，传统餐馆的"点菜、制作和上菜"是分开进行的（延时比较长），而快餐几乎是在同一时间完成的（现点现取，在柜台上一次完成）；传统餐馆一般在店内就餐，且由服务员负责上菜、结账等，随着互联网和快递业的发展，很多餐馆开始大力推广外卖，订单在线上完成，产品由外卖员送到顾客家里或办公室。速度、准确性和热情是顾客评价传递行为的 3 个关键因素，这也为前台服务行为设计提出了要求。特别需要强调的是，传递方式正在随着电子化而发生深刻的变革，许多高度接触的服务正在转变为低度接触的服务，一些原本需要面对面接触的服务交易和服务传递活动，正在被虚拟市场替代。

在营销子系统的服务行为设计中，由于营销的主要功能是与顾客进行沟通，了解顾客需求，促进销售，增加顾客体验，提高顾客满意度，而营销功能在很大程度上又是在服务传递过程中实现的，各种有形展示是顾客评价服务组织的直接和主要依据，因此，与顾客互动接触的服务员的招聘与培训，服务"接触点"的选择，以及服务员与顾客之间的沟通脚本的设计，就变得非常重要。

延伸到前台的操作子系统一般包含两种行为。一种是可以给顾客带来体验的生产行为，如全聚德的片鸭、兰州拉面馆的拉面。切记，不能给顾客带来良好体验的生产任务，如收拾垃圾桶、杀鱼等，绝不能放到前台展示给顾客。另一种是需要现场及时加工生产的行为，如商场的皮带销售专柜现场为顾客购买的皮带打眼、干洗店现场为顾客缝扣子、医院护士现场为病人配制针剂等。

2. 后台运作的要求

后台服务主要是按照前台服务工作的需求进行的，与顾客并不发生直接接触。因此，后台服务行为对员工的情感付出的要求较少，但是对员工的技术水平和对前台的响应性（满足顾客在交货时间、产品款式、新鲜度等方面的定制需求）有较高的要求。为此，实现后台工作的标准化、机械化和自动化成为提高后台工作质量和效率的主要手段，生产任务科学分工、合理排序、提高责任心、加强与前台的沟通等对后台管理和生产工作提出了较高要求。

三、前后台行为设计中的几个问题

前后台之间存在 3 个层面的关系：业务分工、物理距离、界面区分。业务分工是指前后台的功能不同，前台主要满足顾客需求和增强顾客体验，后台主要响应前台需求，及时组织生产；物理距离是指前台区域和后台区域之间的空间距离，一般情况下，高密度接触的服务（如餐馆、医院），后台与前台往往是连在一起的，低密度接触的服务（如快递、干洗店），前台（门市）可以选择在人流密集区，后台（加工车间）可以选择在偏僻的郊区（房租便宜）；界面区分是指前台是顾客接触的区域，需要有好的装饰设计，后台是顾客不接触的区域，装修时只需考虑生产要求。

在服务蓝图的前后台服务行为设计中，首先要坚持顾客导向，其次要考虑上述 3 个层面关系的要求，具体落实到如下 3 个关键设计内容中：前后台分离设计、前后台联动设计、服务接触点设计。其中，前两个通过可视分界线完成，最后一个通过互动分界线完成。

（一）前后台分离设计

如前所述，前台与后台的工作属性和分工是不同的。因此，如何规划前后台之间的空间布局和功能分隔，是在开展服务行为设计时需要认真对待的一个问题。

前后台分离设计是指，在设计服务流程与空间布局时，需要考虑哪些服务功能应放到前台区域（可视分界线上面），哪些应放到后台区域（可视分界线下面）。把服务功能放到前台，是指把需要与顾客产生直接互动接触的服务活动放到顾客可以看得见的空间位置。把服务功能放到后台，是指把那些不需要与顾客产生直接互动，也不需要顾客看见，而是通过响应前台需求为顾客提供服务工作的服务环节放到顾客看不见的空间位置。

随着业务功能的分离，相应地产生了空间分离和人员分离的设计问题。其中，业务功能分离主要是通过流程、制度和标准的设计来完成；空间分离主要是通过各个功能空间之间的距离、面积大小、前后台空间的界面（装饰）等的设计来完成；人员分离主要是通过专业技术标准、服饰、胸牌等的设计来完成。

前台与后台具有不同的运作特点，因而对前台设计和后台设计提出了不同的要求。前台运作可以增加柔性、提高定制化、提高反应速度、缩短反应时间、增加销售机会，但是由于顾客参与将会给服务系统运行带来不确定性，导致工作效率低下，因此，前台运作对员工的沟通交流技能有更高的要求。后台运作由于没有顾客参与，能够像制造系统一样进行设计，因此应尽可能多地利用标准化和自动化提高系统的效率，减少人力成本。但是，后台运作设计必须充分考虑对前台的响应能力，这是服务系统后台设计与制造系统设计的一个最大区别。

基于前台与后台的特点，前后台分离设计应该遵循如下 4 个原则。

1. 有益于满足顾客需求的原则

"以顾客为中心"是服务蓝图的基本思想。所以在做前后台分离设计时，只有认真分析哪些功能应该放到前台、哪些功能应该放到后台，才能最大限度地满足顾客需求。

2. 有益于增强顾客体验的原则

顾客体验可以分为正面体验和负面体验。顾客需要的肯定是正面体验。因此，通常会把能够增强顾客体验的服务环节放到前台，如全聚德的片鸭环节；把容易给顾客带来负面体验的服务环节放到后台，如餐厅的杀鱼环节。很多年前，拉面馆一般把厨师拉面的环节放在厨房里，顾客是看不见的。随着厨房设备和卫生状况的改善以及对顾客体验的重视，拉面馆逐渐变成了明厨亮灶，厨师拉面环节成为拉面馆展示厨艺、增强顾客体验的重要环节。更有甚者，如海底捞把上火锅面的环节演绎成了"舞面"，大幅提升了顾客的就餐体验。

3. 有益于提高效率的原则

一般把没必要让顾客参与或看见，但需要提高效率、节约成本的服务环节放到后台。在后台，可以通过标准化、机械化来处理这些环节，甚至可以把一些粗加工任务挪到远离服务场所的中央厨房。海底捞创始人张勇认为，未来的餐饮行业，前端肯定是越来越个性化，后端肯定是越来越标准化、统一化。

4. 有益于保障服务生产安全的原则

安全是第一位的，一些容易带来安全风险的服务环节最好远离顾客，更不能让顾客直接参与，因此要放到后台。如医院的化验、X 光、B 超等服务活动要尽量把无关的顾客隔离开。

为了改进服务、提高效率和控制风险，很多银行实施了前后台分离的设计。例如，建设银行从客户、网点的需求入手，对网点业务实施了前后台分离，着重开展了简化环节、分离业务和整合流程等工作，截至 2014 年 8 月，在全行所有分行的 14000 多个营业网点和 425 个信用卡、房贷等业务专柜实现了实时性业务总行集中处理，日业务量达 82.5 万笔，有效缓解了网点交易结算和客户服务压力，明显提升了运营效率、服务水平和风险控制能力[16]。

（二）前后台联动设计

前后台分离后，还要处理好前后台之间的分工协作关系，这就是前后台联动设计。前台服务满足顾客的需求，后台服务则是满足前台的工作需求。因此，后台能否及时、准确、保质保量地满足前台的工作需求，就成为衡量后台服务工作效果的主要指标。所以，前后台联动实则是强调后台要跟上前台的步调和节奏。

在服务蓝图中，如果有流向线垂直穿过可视分界线，表示此处存在前后台工作行为的连接，这提醒我们在设计时需要选择好连接地点，设计好连接地点的环境、衔接程序和前后台联动机制，同时加强前后台员工沟通协作的训练，提倡积极的协作文化。

（三）服务接触点设计

服务活动的根本目的是满足顾客的需求。因此，在设计服务系统或服务流程时，需要考虑在什么服务环节和地点（where）、什么时候（when）、由谁（who）、采取什么方式（how）来满足顾客的需求。

接触点（contact point，touch point）是服务接触（service encounter）研究中的一个重要概念，经常被简称为"触点"。服务接触是一个事件，接触点则是指在这个事件中，顾客与服务提供者（包括员工和企业）发生接触的某个或某些流程环节（节点）。有些节点表现为具体的地点，有些节点表现为具体的时点，因此，为了容易理解、记忆和应用，可以把接触点理解为顾客与服务提供者接触的任何"节点、地点和时点"。由于在接触点上会发生顾客与员工之间的沟通、传递、感情交流等，而且顾客的体验和满意度大多在这里形成，因此接触点是整个服务事件中最重要的地方。因而，接触点应当予以格外重视，并且应专门设计。

接触点实质上是整个服务事件中的一个局部的重要事件，因而可以按照关键事件法、5W2H 等方法开展设计。关于具体的设计方法，由于笔者把接触点设计并入了关键点设计中，将在下一章的"关键点设计"中具体展开，这里只提供一些具有指导意义的设计思想。

1. 珍惜每一次接触机会

按照顾客与企业和员工接触的时间长短、频次、类型多少和复杂程度，服务活动可以分为高密度接触服务（简称高接触服务）和低密度接触服务（简称低接触服务）两种类型。例如，在快递服务和干洗服务中，顾客与企业或员工接触的时间短、频次少、内容简单，属于低接触服务；在酒店、餐饮、医疗、游乐园等企业提供的服务中，顾客与企业或员工接触的次数多、时间长，接触类型比较多、内容比较复杂，属于高接触服务。

对于低接触服务，每一次接触都是难得的赢得顾客满意的机会，一定要格外珍惜。例如，低接触服务的黄色运输公司利用服务蓝图找到了仅有的几个接触点，并通过对司机接触点的研究，找到了问题的症结，最后做出了为顾客提供精准快递的承诺，大幅改善了服务质量[11]。

对于高接触服务，每一次接触也都不能掉以轻心，否则就会造成"100-1=0"的效果，使顾客有可能彻底否定服务质量。例如，高接触服务的宜家家具店通过对顾客浏览及购物的全过程研究，在可能发生的每一个顾客接触点上都进行了很好的设计，如导标、尺子、袋子等，为顾客购物提供了极大的方便。

2. 越靠前的服务接触可能越重要

顾客与企业及其员工之间的接触是一个渐次递进、逐渐深入的过程。例如，顾客入住酒店的消费过程，从入住登记开始，然后到房间、就餐、烫洗衣服、叫醒服务、预订机票等，一直到结账离店结束。通常情况下，在这个过程中，越靠前的服务接触可能对顾客对企业服务质量的评价的影响越重要。根据马里奥特酒店的调研，在5项最重要的服务质量因素中，4项发生在顾客出现的头10分钟内。这是符合"先入为主""第一印象""一见钟情"的心理认知规律的，心理学上称之为首因效应。

3. 核心接触点最重要

当然，并不是所有的服务活动都是越靠前越重要。以医疗服务为例，在顾客从挂号、分诊、诊断治疗、化验、交费、取药到离开的整个过程中，顾客最看重的并不是发生在头10分钟的挂号服务，而是医生提供的诊断治疗服务。按照服务包概念，其实顾客最看中的是显性服务，因为这是顾客购买服务的实质利益。至于，酒店服务、旅游服务等体验性比较强的服务活动，顾客寻求的是对整个过程的体验，因此发生在开始阶段的服务环节就显得特别重要。

4. 最后的告别也很重要

按照心理学家丹尼尔·卡内曼（Daniel Kahneman）的峰终定律（peak-end rule），人们所能记住的主要是高峰时与结束时的体验，而对于过程中的体验没有太多记忆。由此看出，服务结束时与顾客的告别很重要。由谁、在什么地点、什么时间、以什么方式跟顾客告别，都是需要设计的。特别是对于VIP客户，告别仪式（仪式化的告别）很重要，它很可能会决定这个顾客是成为自己的回头客，还是跑到竞争对手那里。

5. 做好配套设计

从流程角度看，接触点是服务流程的一个环节。但是，服务接触作为一个事件，涉及这个事件发生的 5W2H。为了圆满达到服务接触的目的，接触点设计中的每个方面都要围绕这个目的展开，时间、地点、人物、方式、程度等方面都要相互配套，不能顾此失彼或避重就轻。特别是在当今的信息化时代，在接触方式设计上需要合理选择人际接触、物理接触和数字化接触 3 种接触方式；在数字化接触方式中，又需要选择好人机接触（如自动提款机）、电话接触、电子邮件接触、网站接触、微信接触、微博接触、QQ 接触、微信公众号接触、手机 App 接触等方式。

总之，对于接触点的设计，首先要按照顾客的消费过程找到所有可能的接触点，然后分析每个接触点的性质、复杂程度、重要性等，最后从系统的角度，并按照 5W2H 思想，对它们展开设计。在图形设计、用户体验设计、产品设计、交互设计、信息构建和消费体验设计等设计学科都会谈及接触点设计，也有很多好的设计方法，有兴趣者可以参阅相关资料。关于比较重要的接触点（即关键点）的设计与管理，将在第三章专门论述。

第四节　支持行为设计

在第一章中，我们把支持行为拓宽为"为前后台一线服务行为提供运营支持和管理支持的行为"。服务蓝图一个很大的特点就是把运营支持和管理控制行为纳入描绘服务行为的流程当中，使得自身成为描绘服务系统的一个完美工具，而且能够使处于一线的服务人员清晰地看到有哪些部门和岗位在支持或管控他们，以及提供什么样的支持或管控。同时，它也告诉相关运营支持部门（后勤、物业、安保等）、管理支持部门（人力、财务、信息等职能管理部门），其在服务系统中的角色，及其相关支持、管理工作对于服务系统正常运行的重要性和意义。

在服务系统中，顾客感受到的更多的是前台员工的服务行为和后台员工加工的产品，对支持行为的感知机会相对来说比较少。但是，这并不意味着支持行为在服务系统中的地位不重要。按照美国著名质量管理学家戴明的观点，85%的质量问题是由管理引起的。这就是说，真正应该让服务员工承担的质量责任应该不足 15%。因此，遇到问题时，我们不应该过多地责备服务员工，而应该从系统上寻找彻底解决问题的办法。仔细分析可以发现，由管理引起的质量问题表现出一定的经常性和规律性，这些问题基本上是由流程设计或操作标准设计不合理引起的。

　　由此可以看出，支持行为对于保障服务系统运行和服务质量稳定发挥着决定性的作用。服务蓝图技术的描绘，使支持行为与一线行为联系得更加紧密，使支持行为更接地气，使其作用更加凸显，也使各层次员工更能明晰这一点。

一、支持行为的识别

　　支持行为是指为前台和后台的一线员工的服务工作创造条件、提供支持和实施管控的行为，其主要作用在于为服务系统运行提供保障。金曼进一步把支持行为分为两部分，并用一条执行线（line of implementation）分隔开，参考图 1.4。执行线上面的支持行为称作运营行为，主要为一线员工（前台和后台）的服务行为提供直接支持；执行线下面的支持行为称作管理行为，主要为一线员工的服务和运营行为进行规划设计、配备资源、创造条件和实行必要的监控。让·哈维[13]88-90把服务过程分为 3 种类型：增值过程、促成过程和支持过程。其中，增值过程对应于一线服务行为，促成过程对应于运营行为，支持过程对应于管理行为。这两位学者的观点是一致的，即支持行为可以分为两个层面：一是在服务过程中的运营支持，包括后勤、物业、安保、信息等，主要是维护硬件设施的正常运行，为顾客消费和一线员工工作营造一个卫生、安全、舒心的设施环境和完好、高效、实用的营业设备，以及数据、报表、报告等信息支持，以便一线员工取得更好的业绩；二是管理支持，包括现场管理和各种职能管理，确保服务业务有计划、有秩序、安全、高效和高质量地进行。

　　管理支持是相对复杂的一部分。由于现场管理人员的主要职责是为一线员工的服务工作提供支持和管控，解决顾客投诉和纠纷，偶尔扮演服务员角色，直接为顾客提供服务，因此人们常把现场管理部门称作一线管理部门，相应地，常把职能部门称作二线管理部门。二线管理部门负责设计服务流程、设计表单工具、制定制度标准、维护系统软件等（一些供一线员工使用，一些供一线管理人员使用），并从专业管理角度对服务工作效果进行分析，进而达到优化服务工作流程、提高服务效率和服务质量等目的。可以说，二线管理部门是服务系统"运行规则"的制定者，一线管理部门和一线员工是"运行规则"的执行者。服务工作效果的好坏，不仅取决于一线员工和一线管理人员执行"运行规则"的好坏，更取决于二线管理部门"运行规则"制定的好坏。

二、支持行为设计的几个问题

　　支持行为作为服务蓝图中的一个有机组成部分，涉及运营支持和管理支持两个方面。因此，支持行为的设计关键在于如何发挥这两个方面的作用，为一线服务提供帮助。

1. 如何区隔服务行为和支持行为

服务蓝图使用内部互动分界线分隔了一线服务行为（前后台行为）和系统支持行为。前面讲前后台行为设计时提到，可视分界线具有"前后台分离"和"前后台联动"两个功能。实际上，内部互动分界线也具有类似可视分界线的两个功能：使服务行为和系统支持行为分离和联动。

按照服务行为与系统支持行为的功能定位，后者是为前者提供服务的。这就是服务导向——二线为一线服务，一线为顾客服务。因此，当碰到一些具体工作不确定应该由一线员工做还是由系统支持部门的管理人员做时，应该本着服务导向原则来处理。例如，在营业过程中，餐馆后厨的地面清洁问题应该由专门的保洁人员来做，而不应该由厨师来做，因为在营业过程中厨师的任务是及时为顾客炒菜；再如，如果餐厅没有采用现代化的收银设备，那就存在一个销售票据的统计和分析问题，这个就不应该由一线人员来做。合理的分工应该是：销售人员（作为一线人员）在营业时间主要负责接待顾客和完成销售任务，在销售的过程中开出和收回很多销售票据；所产生的票据应该在营业结束后由现场管理人员负责统计，并把统计数据每月提交给职能管理部门；最后由职能管理人员利用统计数据开展销售分析，撰写销售报告。之所以这么分工，一是因为销售人员的时间是跟着顾客需求走的，不应该分出时间做票据统计工作；二是因为管理部门做票据的统计分析工作更专业。

除了合理分工外，还需要管理部门与一线员工联动起来，及时为一线员工排忧解难，提高一线员工的服务质量和服务效率。因此，在进行服务蓝图设计时，要把系统支持行为与一线服务行为作为一个完整的系统来思考，以保证分工明确、协作高效。

2. 什么情况下需要把支持行为细化为运营支持行为和管理支持行为

服务蓝图是一个多功能工具。如果用服务蓝图开展营销研究或顾客体验研究，着重关注顾客消费体验和一线服务行为，就没必要细化系统支持行为，如泽丝曼尔提供的服务蓝图模板（图1.5）。如果把服务蓝图作为服务系统和服务管理的研究工具，需要进一步关注系统支持行为对一线服务行为的支持和管控，就有必要把支持行为细化为运营支持行为和管理支持行为，如金曼提供的服务地图模板（图1.4）。

3. 什么情况下需要把管理支持行为细化为现场管理行为和职能管理行为

现场管理行为主要是指现场管理人员（一线管理人员）对一线服务人员的工作进行计划安排、监督控制并提供服务支持，同时负责处理顾客投诉、意外事件等。因此，现场管理部门人员一般比较多，主要靠人员的现场巡视来完成任务，比如一个比较大的商店，现场督导员可能会有 20 多人，每个人负责一个小区域。因此，现场管理人员与一线服务员工及后勤、物业、安保等部门员工的互动非常多，偶尔也会与顾客开展互动接触。

职能管理行为是指各个职能管理部门（财务、人力资源、质量、信息技术等）对业务部门的专业指导和专业管理，主要包括服务业务设计、绩效评价，以及专业检查等。服务业务设计包括组织架构设计，制度、流程、标准设计，表单工具设计，信息系统设计等；绩效评价包括服务质量调查、员工意见调查、销售业绩统计分析等；专业检查是各个职能部门按照职能要求对业务部门开展的检查活动，并针对存在的问题给予指导。这些职能管理行为都需要事先设计好，并在经营管理实践中不断迭代优化。职能管理人员通常与现场管理人员和支持部门沟通，很少直接与一线员工发生互动接触。

那么什么情况下需要进一步分离这两部分管理行为呢？如果需要优化服务系统，或者从管理上解决服务系统中存在的问题，就有必要把支持行为进一步细分为现场管理行为和职能管理行为，并利用服务蓝图技术，使它们与支持行为和一线服务行为连接起来，分析服务系统的互动机理和问题根源。

此外，需要特别强调的是，在设计和分析支持行为，特别是职能管理行为时，信息技术是需要优先考虑的一个选项。信息技术和大数据经常会改变企业的经营管理架构，大幅度提升服务系统的运行效率，降低运营成本。这需要相关专业人员予以合作，甚至可以外请一些专业公司提供帮助。

第五节　有形展示设计

由于服务是一个无形的、动态的过程，不像有形的、静态的物质产品那样容易被顾客感知，因此，在服务营销中如何让顾客感知服务企业提供的服务，或如何尽可能地让顾客感知到服务产品的特色和优势，是一个很大的难题。于是，"无形服务有形化"成为服务营销的一个基本策略。体现在服务蓝图上，就是在顾客的每个消费步骤上设置有形展示。

一、从有形展示到服务证据

有形展示（physical evidence）的本意是物质证据、有形证据或物证。既然有形展示的目的是通过证据（evidence）让顾客感知到服务产品的特色和优势，那么仅仅依靠物质证据是不够的，还应该包括所有能被顾客的五官感知到的非物质证据，如听到的音乐、嗅到的气味等。因此，可以从更广阔的视角来审视证据问题，用含义更广泛的概念服务证据（service evidence）来替代有形展示。

其实，肖斯塔克在 1982 年提出服务蓝图的概念时，也提出了服务证据的概念。她认为，服务证据是消费者寻找服务的线索和确认（或否认）服务价值的凭证，同时也是企业塑造形象和开展广告促销活动的核心，因此服务证据必须像服务本身一样被精心设计和管理[1]。

基于以上原因，后面我们将用服务证据设计来代替有形展示设计。

二、服务证据的分类

服务证据是指服务企业（或服务提供者）可以证明其服务产品特征和价值的凭证，是顾客可以通过五官感知到服务产品特征和价值的线索。因此，在有形展示的设置中，可以突破"有形"或"物质"的范围，使用一些"无形证据"或"非物质证据"。

按照人的五官及对应的五种感觉，冯俊和张运来[17]68 对服务证据进行了细化梳理，如图 2.9 所示。

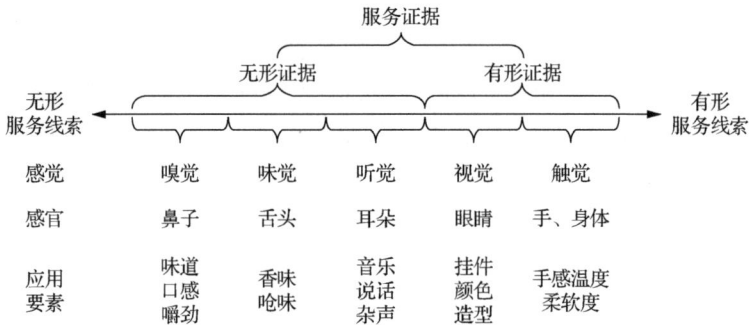

图 2.9　服务证据的分类

服务证据从无形到有形是一个连续谱，在图 2.9 中，越往右越有形，越往左越无形；从右往左看，用手触摸到的比用眼睛看到的更真实，因为人有眼花看错的时候，高科技手段也容易制造一些虚幻的东西。例如，在农展馆看到的三维成像的红红的大苹果，犹如镜中花水中月，只能看到，却拿不到。俗话说："耳听为虚，眼见为实。"所以，视觉比听觉感知到的更为真实，证据力更强。用耳朵听到的比用鼻子嗅到的证据力更强，因为听到的声音可被录音、可重复播放。用鼻子嗅到的气味比用舌头品尝到的味道证据力似乎更强，因为人们对嗅到的气味的看法具有比较高的一致性，闻到臭味大家都会说臭，而用舌头品尝到的味道可能因人而异，有的人说好吃，有的人说不好吃。当然了，舌头的记忆更深刻、更久远，但是作为证据来说，其一致性差导致证据力不强。

可以通过触觉（手或身体）触摸到或用眼睛看到的证据，被称作有形证据或"物证"；不能被触觉触摸到或被视觉看到，但是可以被人们用耳朵听到、用鼻子嗅到、用嘴（舌头）品尝到的线索被称作无形证据，可作为"人证"。显然，有形证据比无形证据更可靠，更值得信赖。从这里我们可以看出，有形展示对应的实际上就是有形证据，不包括无形证据。

据有关研究，人们用视觉感知到的信息能够占全部感知信息的83%，其次是听觉（11%）、嗅觉（3.5%）、触觉（1.5%）、味觉（1%）。因此，在服务证据设计中，要格外重视视觉证据的设计。当然，对每类证据的重视程度还与服务行业及服务产品属性有关。

三、服务证据的应用与设计

服务证据体现在 4 个方面，即服务设施、物质产品、人和过程[17]68-70，如图 2.10 所示。因此，服务证据的设计也主要从这 4 个方面着手。

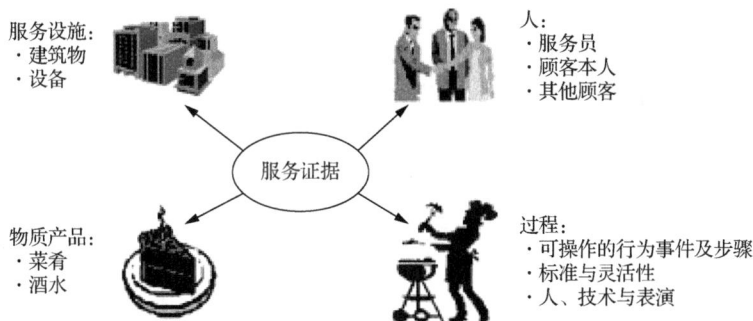

图 2.10　服务证据的应用

（一）服务设施的服务证据设计

服务设施、设备本身就是有形的服务证据，顾客能够看得见、摸得着。服务店堂中的空间大小、结构格局、墙壁颜色、吊灯、壁画等，服务设备的现代化程度、干净卫生程度等，都是顾客评价服务企业档次、业务类型和服务水准的直接证据。服务企业通过布局设计和装饰设计两种手段对服务设施进行包装的目的是创造一个良好的顾客消费环境和员工工作环境。

（二）物质产品的服务证据设计

物质产品是指顾客购买的商品或消费的物品。前者如在商场购买的衣服、首饰、篮球、手机等；后者如在餐馆中消费的菜肴、酒水、醋，以及使用的餐具、筷子、餐巾纸等。这些物质产品也是明显的服务证据，为了证明其产品的价值、特性、档次、使用要求等，需要进行专门的设计，使顾客能够通过全部的 5 种感觉感知到这些证据，并对其质量做出评价。

以餐馆的菜肴为例来说明服务证据设计的价值。同样的一盘菜，如果装在一个普通的白瓷盘中，顾客觉得值 20 元；如果装在一个漂亮的花瓷盘中，顾客可能会觉得值 30 元；如果再在菜肴的旁边雕上一朵漂亮的巧克力花或萝卜花，顾客可能会觉得值 50 元。所以说，服务证据的设计会使物质产品的附加值大幅度提升。换言之，服务证据是有很大价值的。

（三）人的服务证据设计

服务过程中活动着的人也是明显的服务证据。站在顾客角度看，其中包括 3 类人员：服务员、顾客本人和其他顾客。服务员和顾客之间的互动接触形成了服务活动过程；服务员、顾客本人和其他顾客在一个特别设计的店堂内的互动接触形成了一个特别的、活生生的消费氛围。顾客可以通过视觉、听觉、触觉等感官来感知由"众人"形成的服务过程和消费氛围。

对服务员的服务证据设计包括工作服、胸牌、仪容仪表（首饰与头饰要求、指甲和化妆要求）、行为举止、服务用语规范等。

其他顾客也是一个重要的影响因素，他们的着装、行为举止、语言等也是证明服务类型和档次的一种服务证据。服务企业可以通过如下方式设计顾客身上的服务证据：①通过宣传，吸引某种类型的顾客群体；②引导顾客参与到服务项目中，使他们创造出某种活力，形成服务特色，如游乐场的游乐项目；③为顾客提供专用的服装或道具，形成服务特色，如篮球俱乐部为啦啦队提供统一的服装和荧光棒，火锅店为顾客提供统一的围裙。

（四）过程的服务证据设计

服务活动的过程本身也是一种服务证据，可以通过视觉和听觉来感知，如超市的收银过程、医院的挂号过程、全聚德的片鸭表演等。服务活动过程包括服务行为事件及操作步骤，服务操作技术、操作标准及灵活性，服务操作者及其表演，参与服务活动的顾客。服务企业主要通过名片、文具、收费单、报告、员工着装、胸卡、手册、网页、表演等手段来有形展示其服务活动过程，目的是与顾客进行良好的沟通，告诉顾客：服务活动的目的是什么，可以为他们提供哪些服务，服务的特色是什么，哪些服务员可以为他们提供服务，下一个服务步骤是什么，要求顾客如何参与等。

在顾客接触服务企业的过程中，服务证据无处不在。服务证据对于顾客理解服务、建立顾客对服务的满意度，以及形成顾客对服务质量的评价发挥着关键的作用。正因为如此，服务组织需要按照服务蓝图中的顾客消费过程，很好地分析、设计和管理服务证据，积极创造顾客可以感知的因素，以便使无形服务变得更易于感知、体验和记忆。

通过服务证据使无形服务有形化是一种积极的营销策略。在上述 4 类服务证据中，每一个证据要素都不应该被忽视，都应该能够恰到好处地发挥凭证和线索的作用，帮助服务企业实现服务主题，增强顾客的美好体验和记忆。同时，由于顾客是在接受服务的过程中一步一步地接触并感知这些服务证据的，因此服务证据的设计必须依据顾客接受服务的过程。

四、服务证据在服务蓝图中的呈现

通常情况下，服务证据（或有形展示）在服务蓝图中可以通过短语或词汇来呈现。但是，为了更加直观和生动，也可以使用各种图形符号来呈现。例如，系列标志用公共信息图形符号，Office 办公软件（Word、Excel、PowerPoint）和制图软件（Visio、亿图图示专家）等，都提供了非常丰富的图形符号，都可以帮助人们选择合适的图形符号来呈现或表达服务证据。此外，还可以直接利用搜索引擎（如百度）搜寻各种类型的图片，在取得使用权后，将其作为服务证据的图标。如果想要特定的、比较规范的图片，也可以请美术方面的专业人士设计。如果想做这方面的咨询服务工作，还可以建立自己的图片库。

对于连锁企业而言，服务证据的设计与管理尤其重要。因为各个连锁店的服务证据主要是对"母版"的复制，所以，如果"母版"的服务证据设计好了，形成了一套标准化的"服务证据包"，那么再开新的连锁店时，就可以结合新连锁店所在地理位置、客群特点和建筑结构等因素，从"服务证据包"或"图片库"中选择合适的服务证据进行组配。一次成功的设计可以被无数次地复制，设计的价值就会因连锁店数量的增加而数十倍甚至成百倍地放大。

第六节　服务蓝图的整合设计

顾客行为、前台行为、后台行为、支持行为及有形展示设计完成后，还需要对这些基本要素进行整合设计，以协调各类要素及各个体要素之间的关系，优化服务系统的整体功能，使服务系统达到预期定位目标和最佳运行状态，避免各部门"各吹各的号，各唱各的调"。

服务蓝图的整合设计可以从如下 6 个角度来思考：服务定位、战略战术、功能协同、信息管理、商业需求、顾客体验。

一、基于服务定位的整合

服务定位主要涉及两个方面：一是消费价值定位，二是业务结构定位。设计每个服务蓝图时，都应该首先考虑这两个问题。

（一）消费价值定位

消费价值定位主要用于概念蓝图设计，因为概念蓝图描绘的是为顾客提供独立消费价值的系统，而细节蓝图描绘的是完成某种服务功能的服务细节。以餐馆为例，首先要确定是打算做正餐、火锅、小吃还是快餐。如果做快餐，那么为顾客提供什么消费价值，即拿什么吸引顾客或者给顾客一个来消费的理由。例如，庆丰包子铺的经营理念就是"品质、服务、清洁、实惠、体验、健康"，并在每个连锁店的墙上都挂了宣传板，告知顾客在这里所能获得的消费价值。

只有清楚了消费价值定位，其他的服务要素才能围绕这个价值定位进行设计。从服务包概念来看，价值定位就是显性服务的定位，只有清楚了显性服务，才能设计隐性服务、支持设施和辅助物品。从服务蓝图看，只有清楚了顾客的消费价值定位，顾客行为、前台行为、后台行为、支持行为和有形展示才能围绕消费价值定位开展设计。

（二）业务结构定位

服务蓝图是对服务系统的呈现。但是，服务系统的组织结构和运作流程取决于服务业务本身的复杂性和发散性。也就是说，服务业务的复杂度和发散度会决定服务系统的组织结构和运作流程，因而也决定服务蓝图的复杂度和呈现难度。

对于服务系统的复杂性和发散性问题，肖斯塔克[18]曾有过精辟的论述。

复杂性是指一个服务过程中所包含的步骤数目，包含的步骤越多，服务就越复杂。复杂度是量化复杂性的概念。A 过程比 B 过程包含的步骤数多，就可以说 A 比 B 复杂，或者说 A 的复杂度更高。例如，酒店客房服务，服务员从打扫房间到离开房间需要经过一系列步骤。复杂性也体现在与服务业务相关的表单数量，涉及部门之间的关系和业务规则的多少，但步骤、表单、关系和规则都是明确的、确定的。

发散性是指一个服务过程中的不确定性或判断模糊性。有些服务步骤无法依据标准执行，甚至没有标准可以执行，而是需要人员依据自己的经验或智慧做出判断（判断的结果也未必是最好的），这种情况就认为该流程具有发散性。发散度是对发散性的一个度量，这种不确定性或模糊的步骤越多、难度越大，发散度越大。例如，卖场督导员在对各销售专柜进行巡场检查的过程中需要执行的任务很多，包括员工到岗情况、销售服务、商品陈列、设施设备、安全卫生、顾客投诉、促进销售等，而督导员的巡查过程基本上没有固定的顺序，各个专柜又有各个专柜的具体情况，无法按照统一流程和统一标准去处理，许多工作是可以并行的。因此，督导员的巡场检查流程就是一个发散度非常高的流程。

在设计服务系统时，需要在复杂性和发散性两个维度上进行定位，以确定复杂度和发散度。对于一项服务业务来说，既可以增加复杂度，也可以降低复杂度；既可以增加发散度，也可以降低发散度。不同的定位选择会获得不同的益处，同时也会带来不同的困难。

服务业提供了大量改变复杂性和发散性及怎样影响市场定位的例子。

在增加复杂性和发散性方面，理发服务业是一个典型例子。理发服务原本是一项很简单的服务，但是随着社会的发展，一些理发店增加了染发、烫发等服务内容，重新定义了其使命——从"剪发"到"做发型"，店铺名称也从"理发店"改为"美容美发"或"发型设计中心"等，使得以理发服务为核心的服务产品结构变得更具有复杂性和发散性，也使得服务产品的附加值大幅增加，顾客也愿意支付更高的费用。

在降低复杂性方面，快餐店就是餐饮业降低复杂性的一个例子，它把传统的餐桌式服务和大量的菜品选择改造为柜台式服务和有限的产品，大大简化了服务流程，提高了服务的标准化水平。类似的例子还有便利店、经济型旅店，它们像快餐店一样，都是对传统经营模式的简化改造。再如，很多专业性服务领域可以通过降低复杂度和发散度来找到独特的细分市场。以法律服务为例，以前法律服务既具有高复杂性，也具有高发散性，顾客需要法律帮助时，喜欢挑选非常专业、知名度很高的律师，依赖该律师聪明而灵活的临场表现。后来，一些具有商业头脑的企业家逐渐发现了法律服务当中的一些细分市场，它们需要复杂度和发散度都很低的服务，如房地产交易中的融资法律服务，并据此重新定位了法律服务——以明确而低廉的价格提供一些有限且标准化的服务项目。这种重新定位不仅为法律服务打开了一个新市场，而且对传统法律公司定位策略产生了深远影响。

总之，在开展概念性服务蓝图设计之前，首先需要从复杂性和发散性两个方面对服务业务结构进行定位设计，这是概念性服务蓝图设计的基础。同时，设计出概念性服务蓝图和诸多细节性服务蓝图以后，还要重新对其进行审视和调整，使其复杂度和发散度符合业务结构定位。

二、基于战略战术的整合

服务企业在同时开发概念蓝图和细节蓝图时，需要考虑各个细节蓝图与概念蓝图之间的关系是否吻合和衔接。概念蓝图是对一个服务概念的描述，它从总体和战略角度反映服务系统的基本结构和主要活动；而细节蓝图是对概念蓝图中的某一项服务活动的描述，它从顾客经历或体验的角度，从战术层面，反映这个活动过程中的各种服务接触。当概念蓝图和细节蓝图全部设计完成后，需要重新审视它们之间的关系：细节蓝图是否全面、有效地解释了概念蓝图的目标和功能？细节蓝图能否较为完整地落实或支持概念蓝图的宏观指导思想？细节蓝图之间是否匹配和衔接？有无交叉之处？它们之间的接口在什么位置？在概念蓝图中是什么因素触发了细节蓝图的运行？

概念蓝图与细节蓝图之间关系的整合，实质上也是战略与战术之间的整合。不同功能部门和岗位被迫结合在一起，通过参与蓝图编制及各个蓝图之间的关系整合，可以发现不同流程之间的衔接与冲突，发现跨职能领域的战术挑战。这种跨职能、跨功能的协作使各级管理人员认识到，服务蓝图技术对于解决组织系统内所有级别的问题都是非常有用的。

三、基于功能协同的整合

服务系统就像一部汽车一样，只有保证它的发动机、传动系统、转向系统、控制系统、悬挂系统、油路电路系统等各部分协同运作，才能保证其安全、高速行驶。在设计服务蓝图时，当把顾客行位、前台行为、后台行为、支持行为和有形展示等各要素设计完成后，必须对这些要素进行整合，理顺各要素之间的相互协作和支撑关系，做到无缝连接，确保服务系统安全、高效运行。

服务蓝图的功能协同整合主要体现在如下两大方面。

（一）行为之间的整合

服务系统是一个行为系统，各部分行为必须协同运作，才能保证系统的功效最大化。

1. 顾客行为与企业行为的整合

服务系统设计要坚持"以顾客为中心"的服务理念。在顾客行为和企业行为（前台行为、后台行为、支持行为）设计完成后，需要进一步检视所设计的企业行为是不是能够顺利高效地实现"以顾客为中心"。站在顾客的角度看，碰到的问题可能会是以下几种。

（1）前台员工在与我的互动接触中，能否顺利高效地满足我的需求？

（2）后台员工虽然不直接与我接触，但是他们生产的产品会不会满足我的要求？如餐馆厨师设计和制作的菜肴是不是符合我的口味？航空公司的地面员工在搬运我的行李时，会不会摔坏我行李当中的物品？

（3）系统支持行为虽然主要是为一线员工服务行为（前台行为、后台行为）提供支持的，但是作为系统支持中的软件系统也会延伸到前台，直接让我使用，如医院或旅游景区的查询系统、机场和火车站的订票系统、银行的自动提款机等。

也就是说，我所获得的服务不是一线员工提供的，而是通过支持系统自助获得的。那么自助服务系统是否易学？界面是否友好？是否方便使用？是否存在安全问题？

2. 企业行为之间的整合

在企业行为中，前台行为、后台行为与支持行为之间是不是能够协同运作？具体来说，三者之间的分工是否明确？后台对前台的响应是否及时？前后台联动是否顺畅？支持系统能否为一线部门提前做好软件系统、制度、表单、培训、设备、环境卫生、安保等方面的准备？能否在服务现场提供及时的监督指导，并协助解决现场中发生的各种突发事件？这些都是整合设计中需要进一步检视的问题。

（二）服务证据与行为之间的整合

服务蓝图中的有形展示或服务证据分布在顾客的每个消费步骤上，是为顾客设计的。但就证据本身而言，可以分为两类：一类是给顾客感知的（或顾客能感知到的），另一类是给员工感知的。也就是说，证据对顾客行为和员工行为都有影响。因此，可以把有形证据泛化为所有的证据，考虑证据与顾客和员工两方面行为的整合问题。

首先是服务证据与顾客行为的整合。按照服务蓝图的思想，服务证据的设计应当体现"以顾客为中心"的思想。也就是说，服务证据（包括服务设施、物质产品、人、过程4个方面的服务证据）的设计要有助于达成如下目的：让顾客了解服务定位、服务特色，感知到服务价值，引导顾客行为，强化顾客体验。服务证据设计的好坏最终是以顾客满意度来评价的。其次是证据与员工行为的整合。其实，为了规范和引导员工的行为，企业也使用了很多证据，如服务动线和物流动线的设计，悬挂在墙上的各种规章制度、流程、工艺标准、排班表，安全生产标志，质量口号等。这些证据主要出现在后台，也可能出现在前台。关于这个问题，可参考目视化管理理论。

体现在服务蓝图上，可以把服务蓝图地理化，即将顾客的消费路线和员工的服务路线按照消费场所的实际位置图和路径图来柔性地展示，形成服务地图[①]。然后，在服务地图上标注各种证据，给人以一目了然的感觉。服务地图的使用有助于对各种证据的管理。

2014年，燕莎奥莱专门开展了一项研究——商场的景区化管理。燕莎奥莱在天津建了一个小镇式的奥特莱斯，国外很多奥特莱斯都是这么建的。这种奥特莱斯占地面积很大，里面就像是一个小镇，其经营理念就是为顾客提供一个"集购

---

① 这里的服务地图含义是基于地理特征而讲的，与金曼提出的服务地图概念有所不同。

物、餐饮、休闲、娱乐、旅游"为一体的场所。所以，顾客来这里购物消费，就像到了一个旅游景点一样。这就是燕莎奥莱提出景区化管理的原因。景区化管理的实质，就是要使设施环境设计更符合顾客（游客）的消费需求和员工服务与管理的需求（如清洁绿化、设备维护、安全保卫、游客指引、零售餐饮娱乐等功能的匹配、督导管理等）。国家有专门的 A 级景区标准（5A 级为最高标准）可供参考。因此，景区化管理也就成为整合行为与设施环境的一个典范。

四、基于信息管理的整合

服务系统中具有价值流、信息流、货币流、物流、人流等多种流动，其中信息流是服务系统中的重要活动，它像神经系统一样控制着整个服务系统的运作，包括计划信息和指挥信息的自上而下的传递、销售数据信息的统计分析和反馈、经营过程中的各种信息沟通和报批等。随着信息化技术的发展，大多数服务企业引入了诸如电子收款机（point of sale，POS）系统、办公自动化（office automation，OA）系统、客户关系管理（customer relationship management，CRM）系统等。

在设计服务蓝图时，一定要梳理清楚本服务系统或服务过程中所涉及的信息活动，包括每个信息活动的目的、数据信息的来源、数据信息的加工处理，以及信息活动输出（统计数据和分析报告）的去向和用途。一是要保证信息渠道畅通无阻，避免障碍、断裂或延误时间；二是确保信息的产生、统计处理和分析报告都是有价值的活动，避免产生多余的信息和重复收集信息，避免统计数据和分析报告没有送达合适岗位并用于指导经营决策和改善营业活动。

在服务蓝图中，为了清晰显示信息流动情况，所有的信息活动都可以统一使用带箭头的虚线来表示。服务蓝图设计完后，就可以按照上述指导思想审视这些信息流情况，若有不妥，则可查明原因并予以修改。应采用集成化的思想使信息处理流程尽量简化、科学、合理，并进行固化。一个信息流完备清晰的服务蓝图，有助于信息软件开发的建模，甚至可以直接作为软件开发的模型。

五、基于商业需求的整合

服务企业属于商业性组织，其服务系统必须实现商业的目的和功能，因而对应的服务蓝图也应该能够体现这种商业需求。

服务蓝图主要通过如下几个部分来体现商业需求。一是前后台员工和支持系统中各个具体参与者角色（部门或岗位）的设置和服务流程的设计（如角色名称、流程顺序等），都应该符合商业运作的要求。二是在有形展示中，主要通过视觉识别系统（visual identity system，VIS）来表现商业特色。VIS 的要素包括 LOGO、公司名称、吉祥物、标准色、标准字等，如消费者一看到 M 就知道是麦当劳。三是通过对外的宣传口号。宣传口号实际上就是对顾客的承诺，无论是通过条幅、手册、网络，还是路牌广告，都可以将宣传口号设计在服务蓝图上。对外宣传或对顾客的承诺，既要体现商业特色和优势，又要实事求是，给顾客一个合理的消费预期。

在完成服务蓝图各要素的设计后，需要从商业需求角度对各要素进行检视，看看各要素部分的商业导向是否一致，是否符合 VIS 设计规范，是否能够达到商业需求的目的和功能。同时，要把一些表达商业需求的关键环节或位置，通过关键点（如促销点）的形式标注出来。

六、基于顾客体验的整合

顾客体验就是顾客通过五种感官所感知到的来自产品、环境、过程、人等服务证据所带来的各种刺激。虽然每一个应用要素都可能会被顾客感知，但是，顾客在评价服务质量时，往往不是依据单一应用要素，而是对整体服务要素的综合感知。这就提醒我们，服务证据设计完成后，必须基于顾客体验对这些服务证据进行整合设计，形成"体验点链"，给顾客一个精准、完整、清晰的感知印象。所以，基于顾客体验的服务整合设计，就是希望通过整合设置在服务设施上及服务过程中的各种类型的服务证据，给顾客形成一种预期的感知体验。

第七节　服务蓝图的注释文本设计

服务蓝图设计应该做到图形直观清晰，文字简洁明了，具有较好的自明性，这也是所有流程图设计的基本要求。同时，服务蓝图所包含的要素（4 类行为、有形展示、3 条分界线、图框与流向线）并不能涵盖所有与服务活动有关的信息。因此，一张服务蓝图所能表达的信息是有限的。为了让服务蓝图使用人员能够全方位了解这张图的背景、目的、要求和操作规范等，通常会配套性地设计一个注释文本，以表格或文字形式说明这张服务蓝图所没有呈现的其他相关信息。

注释文本通常包括如下一些内容。

1. *服务蓝图宗旨*

服务蓝图宗旨说明这张服务蓝图所描绘的服务活动的重要性或意义，以及所要达到的目的。例如，"接受顾客投诉"服务蓝图的宗旨可以描述为：合理解决顾客投诉对于提升企业形象、顾客满意度和忠诚度都十分重要，须认真聆听顾客诉求，帮助顾客解决问题。

2. 顾客需求描述

设计服务蓝图需要深入了解每一个顾客行为步骤上的顾客需求，只有这样才能很好地设计前台服务行为和后台服务行为。但是，我们很难在服务蓝图上把顾客需求呈现出来，因此，为了弥补这个不足，在注释文本中要专门对顾客行为步骤上的顾客需求加以说明。

3. 一线员工服务操作规范

服务蓝图上只用很简练的语言说明了前台和后台的服务行为。但是，对于一个服务行为的描述，用简练的语句是很难做到全面和精准的。因此，有必要在注释文本中对一线服务行为做进一步解释，以便使用者或操作者能够进一步了解有关规范和要求，包括他们的行为举止和沟通要领（脚本或话术）。

4. 有形展示要求

有形展示是对服务证据的刻意设计。因此，对于为什么要设置这些有形展示，要达到什么目的，设置这些有形展示有什么要求，是否还有其他可替代的有形展示等问题，都需要做进一步的说明。

5. 支持行为配置说明

服务蓝图中的支持行为实际上是支持部门和管理部门对一线服务的支持，是服务系统不可缺少的一部分，对整个服务系统的运作起到支撑作用。那么，在一个特定的服务蓝图中，为了支持一线服务员工的服务行为，支持顾客的自助服务行为，甚至支持有形展示的维护，整个服务系统涉及哪些管理部门、应该配置哪些资源（如软件系统）、制定哪些管理制度等，可以在注释文本中给出合理的解释。

6. 关键点控制要求

关键点，顾名思义，就是服务系统中的关键环节，通常可以分为失败点、等待点、判断点、体验点等。在服务蓝图中把关键点用特定方法标注出来，有益于对这些关键点实施重点管理（第三章将对关键点管理做进一步的详述）。除了在服务蓝图中把关键点标注出来外，还有必要在注释文本中做进一步阐释，说明关键点的产生缘由、可能带来的结果和控制方法等。

第三章　服务蓝图在管理中的应用

服务蓝图作为一种思想和技术工具，不仅可以用于服务设计，还可以用于服务系统分析和管理，极大提高自身的应用价值。一般流程图也具有一些分析功能，但是由于服务蓝图从过程（时间）、组织、管理、空间和感知 5 个维度刻画服务系统，远比一般流程图的视角广阔，因而具有更强的应用分析功能。

比特纳应用服务蓝图为很多服务组织提供咨询服务，解决了很多服务管理中的问题，包括强化员工服务意识、改造服务系统、服务质量提升、触点与关键点管理、客户保留、服务效率提升、服务创新等。笔者在服务蓝图的应用方面也做了大量的推广工作。一方面是培训工作。例如，中国质量协会每年举办面向全国的服务现场管理培训和优质服务大赛培训时都会邀请笔者为学员讲授服务蓝图技术。另一方面是咨询工作。例如，2012—2016 年，笔者利用服务蓝图技术为燕莎奥莱提供了一系列咨询服务，内容涉及服务蓝图设计、服务质量测评与提升、服务现场管理流程设计等，帮助燕莎奥莱建立了一套完整的服务体系，同时也使入驻燕莎奥莱的很多品牌零售商受益匪浅——不仅增强了服务的规范性，提升了服务质量，还取得了良好的销售业绩。

服务企业可以根据需要灵活应用服务蓝图。只要正确领悟了服务蓝图的思想并应用于服务实践，就一定会取得成绩。如果能够站在战略高度和全局视角构建或完善企业的服务体系，就能够充分发挥服务蓝图的价值，取得卓越的绩效和实现可持续发展。

第一节　服务体系建设

服务蓝图是对服务系统的结构化描述，它不仅可以用于描绘某一个服务流程，还可以描绘整个服务体系。一个服务组织一旦形成了一套结构明晰、适用易用、效果卓著的服务体系，就可以继往开来，使服务企业或服务组织的服务工作越做越好。

一、关于系统和体系

为了构建服务体系，有必要先区分体系与系统两个概念之间的关系。体系和系统是两个密切相关的概念，既有相同的含义，又有不同的倾向和使用场合。我们先看看词典上是怎么解释的：

现代汉语词典[19]：

系统：同类事物按一定的关系组成的整体，如组织系统、灌溉系统等。

体系：若干有关事物或某些意识互相联系而构成的一个整体，如防御体系、工业体系、思想体系等。

牛津现代高级英汉双解词典[20]：

System：

1.系统：如神经系统、消化系统、铁路系统等；

2.（思想、理论、原则等的）体系：体制、制度、方式、方法；

3.秩序、规律。

系统与体系这两个词在英文中是同一个单词 system，可见其相同度很高，主要是指由若干个相关事物按照一定关系组成的一个整体，但系统倾向于指具体的事物，而体系更倾向于指更宏观或"与某些意识"相关的事物。

（一）系统

系统主要是指具体的事物，它具有明确的目的、功能和结构，通过"输入—转化—输出"的过程获得其维持生命力的能源。大到生态系统、国家军事系统、文化系统等，小到生产系统、人体系统、信息系统、机械系统等，都是强调系统的功能、结构和生命属性。对于系统的研究，主要关注系统的功能和效率（投入产出的转化率），以及系统内各个要素之间的互动状态等。系统有母系统和子系统之分，如国家教育系统是一个母系统，各省市的教育系统就是子系统，因而有母系统、子系统、孙子系统、重孙系统之说，或者一级子系统、二级子系统、三级子系统之说。

（二）体系

体系可以分为两类：一是更为宏观的事物，二是意识领域的一套思想方法。作为宏观的事物，体系实际上就是指一个更为庞大的系统。例如，工业体系、环境管理体系、职业健康与安全管理体系、服务管理体系、质量管理体系等，它们都有明确的主题，由不同功能的系统构成，如组织系统、生产系统、服务系统、监控系统、财务系统等，各功能系统在体系中分工不同，通过协作共同完成体系的使命。因此，作为一个庞大的系统，体系是由若干个功能不同、相互关联的小系统构成的复杂系统，它们通过协作完成体系的使命。作为一套思想方法，体系具有鲜明的主题，并在鲜明主题的指引下，由概念、原理、原则、制度、方法等构成，如思想体系、学科体系、制度体系、薪酬体系、作战体系等。

总之，系统和体系这两个词的界限并不十分清晰，因此在实际应用中经常交叉使用。对于同一个事物，有的人称之为系统，而有的人称之为体系。即使是同一个人说同一件事，在不同的情景或语境下，也有可能一会儿称之为系统，一会儿称之为体系。

二、关于服务体系

系统与体系应用于服务中，就形成了服务系统和服务体系两个概念。

关于服务系统，按照洛夫洛克的解释，任何一项服务业务都可以被看作是一个系统，即服务系统。按照功能构成，服务系统可以分为3个相对独立的子系统：服务操作系统、服务传递系统和服务营销系统[10]。因此，服务系统概念主要是从服务业务角度提出的，强调的是功能、结构、流程和效率等。

我们用服务体系描述企业中承担服务业务的大系统，它不仅包含上述的直接运营服务业务的服务系统（操作、传递和营销3个功能），还包含直接的运营支持（后勤、物业、安保、信息、采购等）和必要的管理支持（人力、财务、质量等），同时还包含一整套用来指导服务系统运营的理念、哲学、原则、制度和规范等。

多层次服务设计（multilevel service design，MSD）方法为我们构建服务体系提供了视角和思路[21]，从服务设计角度看，服务体系设计包含3个层次的设计，如图3.1所示。

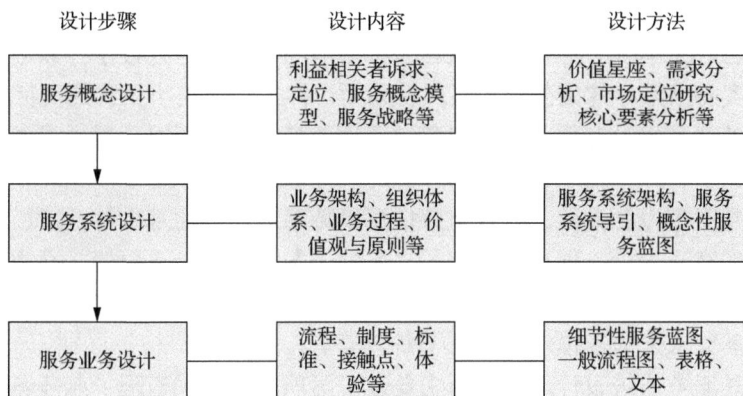

图3.1　服务体系设计

首先是服务概念设计，即确定利益相关者诉求、服务业务定位、服务概念模型、服务战略等根本问题，可以采用价值星座等方法；其次是服务系统设计，即确定系统的业务架构（服务活动、运营支持和管理支持三者之间的关系）、组织体系和业务过程，以及业务运营的价值观和原则，可以采用概念性服务蓝图等方法；最后是具体的服务业务设计，具体内容包括流程、制度、标准，以及接触点和体验等，核心方法包括细节性服务蓝图和一般流程图及各种表格、文本等。这 3 个层次的设计是一个逐步细化和展开的过程，即从上至下、从概念设计到系统设计再到具体业务设计；但同时，也需要由下至上的不断反馈，以便随时矫正上一步骤的偏差或错误。只有通过这种循环往复的设计和纠偏过程，才能使服务企业进入良性的循环状态。

服务体系可以使服务企业的规划和运营具有全局观和系统思维，可以使各个服务功能整合为一个有机整体。服务体系构建的好坏，直接关系到服务企业的运行质量和效率，关系到服务企业的特色和竞争力。现阶段，很多服务企业仍然采用直线职能制的组织体系，行政权力在组织中发挥核心作用，各部门各岗位的工作都在围绕领导意志进行，部门之间的业务协作流程被组织壁垒阻断，造成服务工作碎片化、部门协作不畅、整体服务力不强。要解决这些问题，必须优化或重构服务体系。

三、基于服务蓝图构建服务体系

下面以燕莎奥莱为例，说明如何基于服务蓝图构建服务体系。

燕莎奥莱是由燕莎友谊商城于 2002 年开设的第一家直属分店，也是我国第一家奥特莱斯业态的零售企业。燕莎奥莱位于北京市朝阳区东南四环内，拥有 A、B、C 3 个卖场。卖场内拥有众多国际国内知名品牌，销售的商品涉及男装、女装、运动休闲、皮鞋皮具、钟表眼镜、童装家居等多个品类；同时，卖场内还有众多餐饮品牌店。2014 年，燕莎奥莱又在天津空港经济开发区开设了一家分店——天津新燕莎奥特莱斯，像国外的很多奥特莱斯一样，是一座小镇式的奥特莱斯。

在服务体系建设方面，燕莎奥莱邀请笔者带队的课题组开展了很多有意义的实践探索。

首先是服务概念设计。燕莎奥莱依据奥特莱斯业态的基本特征，经过对国内消费市场的客观分析，很早就确定了"名牌＋实惠、轻松＋便捷、品类＋规模"的经营理念。这个经营理念不仅包含了顾客价值定位和企业需要坚守的核心要素，也为燕莎奥莱未来的连锁发展确立了概念模型。

其次是服务系统设计。课题组主要做了两项工作。①梳理了燕莎奥莱的服务组织体系。燕莎奥莱有北京的 A、B、C 3 个卖场和天津的小镇式卖场。每个卖场都是一个服务系统，每个服务系统又包含服务提供体系和现场管理体系两部分。其中，服务提供体系的任务是围绕销售业务由各类服务人员（一线人员）提供一系列服务，包含咨询、销售、包装、收款、开发票等；现场管理体系的任务是由现场管理人员（二线人员）为服务提供体系提供支持和管控，包括员工培训、督导检查、班前会、制定营业计划、撰写营业分析报告等。②设计了燕莎奥莱的概念性服务蓝图。概念性服务蓝图系统地反映了燕莎奥莱的主要业务构成和主要业务过程。

最后是服务业务设计。针对服务提供体系的 21 个核心流程和现场管理体系中的 17 个核心流程开展的服务蓝图（或流程图）和注释文本（包含宗旨、操作步骤、操作标准、关键点、有形展示等内容）的设计，对增强服务和管理的规范性、提升服务质量和管理效率，发挥了重要作用。

四、真正落实"以顾客为中心"的服务理念

服务组织一般都有服务理念，并将其归纳成一句口号，虽然表述方式不同，但是核心含义基本上都是"以顾客为中心"。就我国目前的情况来看，服务理念口号在服务组织的口头上和文件上都喊得很响亮，但是很少有真正做到的，这是一个根本性问题，也是一个非常突出的问题。主要有 3 个方面的原因：一是并不理解服务理念的真正含义；二是当顾客利益与企业利益发生冲突时，企业往往会毫不犹豫地维护自己的利益而放弃顾客的利益；三是不知道该怎么落实。

对于第一个原因，有些服务组织是为了赶时髦，或者是为了好听随便抄袭了其他服务组织的服务理念，而并没有真正理解或根本就没有打算去理解其中的含义。实际上，"以顾客为中心"就是站在顾客的立场去思考问题，想顾客之所想，急顾客之所急。进一步理解，它包括两个层面的含义：一是以顾客需求为中心；二是要用爱心去对待顾客。其中，"以顾客需求为中心"就是要了解顾客需求并满足顾客需求。例如，有的宴请朋友需要讲究面子，因此餐馆的档次就很重要。站在餐馆的角度来看，如果档次定位比较低，就只能吸引讲究实惠的家庭聚会，或者消费水平比较低的朋友聚会，对于讲究面子的宴请是没有吸引力的。关于"用爱心去对待顾客"，说起来容易，做起来难。例如，有一次笔者带着孩子去口腔医院看急诊，孩子牙疼得厉害，急需冰块缓解疼痛，所以笔者去到附近一家非常有名的国际品牌的餐厅，服务员说店内有规定，不卖冰块，只能在销售的饮料中加冰块，即使笔者说明买冰块主要是为了给孩子镇痛，服务员仍冷酷地拒绝了。后来，笔者找到附近的一家快餐连锁店，一位员工却送了两桶冰块。又如，海底捞是以优质服务而闻名全国的，仔细观察会发现，在他们的服务过程中，到处都充满了爱心。由此可见，优质服务的核心是爱心，没有爱心的服务不可能成为优质服务。但需要特别提醒的是，以爱心为幌子实施诈骗的例子也不少：有一些专门欺骗老年人的组织，他们打着关爱老年人的幌子为老人提供各种名目的保健产品或消费项目，表面上充满了爱心，实则是通过深入了解老年人的家庭情况和心理需求，哄骗老年人高价购买他们的产品或消费项目。如果以欺诈而不是以爱为出发点，那么越了解顾客需求对顾客的伤害就越大，这是有违公德和违法的行为，坚决不可取。虽然这是一些令人不齿的行为，但是也从另一个侧面印证了爱心对于顾客（特别是老年顾客）是多么重要，多么有诱惑力。

对于第二个原因，服务组织不是不理解，而是发自内心不想去做。不想做的理由主要有 3 个：一是它们拥有行政权力，如税务局、行政事务大厅，或者单位内部的会计报销、领导机关，主动权掌握在服务提供者手里；二是它们处于垄断行业，顾客没有选择，如自来水公司、电力公司、煤气公司等，主动权也掌握在服务提供者手里；三是个别企业的领导人存在着"空手套白狼"的思想，常常利用信息不对称赚取高额利润，这种企业就没想着长期发展。无论哪种情况，若不能建立"以顾客为中心"的服务理念，受伤害的不仅是顾客，也包括服务组织的形象。因此，为了推行"以顾客为中心"的服务理念，对于第一种情况，服务组织只能通过制定流程规范来约束办事机构和办事人员的权力；对于第二种情况，服务组织或行业管理机构只能通过引入竞争机制来改变服务提供者的服务态度；对于第三种情况，只能加强市场监管，增强顾客的识别能力，鼓励顾客投诉举报，消除欺骗行为。总之，这样的服务组织如果想真正贯彻"以顾客为中心"的服务理念，必须改变自己的立场，改变自己的价值观，不能说一套做一套，更不能存心骗人。

对于第三个原因，主要是因为服务组织缺乏落实"以顾客为中心"的工具，这是大多数服务组织面临的困境。很多服务组织制定了服务规范、服务流程，但是其中关于"谁是顾客""顾客需要什么"的很少，基本上是对员工的要求和规定。当服务组织不了解"谁是顾客""顾客需要什么"时，它怎么能做到"以顾客为中心"呢？

总之，对于上述 3 种原因应该采取不同的对策。对于第一种原因，需要服务组织加强学习，正确、深刻地理解"以顾客为中心"服务理念的内涵和价值；对于第二种原因，需要通过外力（如政府政策、竞争机制、监管制度等）督促服务组织落实"以顾客为中心"的服务理念；对于第三种原因，建议服务组织利用服务蓝图技术构建服务体系，这样"以顾客为中心"的服务理念自然会得到落实。

第二节　服务员工管理

通过服务蓝图的结构可以看出，服务员工（包括前台员工和后台员工）在服务系统中起着承上启下的作用：一方面要接待顾客、承接订单、满足顾客需求，另一方面要得到信息、后勤、设备、仓库等部门的支持，同时还要执行管理部门制定的政策规范、接受管理人员的监督考核。因此，加强服务员工的管理，发挥其核心作用，具有重要意义。

要做好服务员工管理工作，必须搞清楚服务工作的性质（劳动属性）和员工的思考逻辑（员工逻辑）。服务工作具有体力、技术和情感 3 种劳动属性。对于不同的工作岗位，每一种劳动属性的重要性是不同的。在服务蓝图中，各个岗位所处的位置、与顾客的接触程度、与其他岗位之间的协作关系等，都被展现得非常清楚，因此通过服务蓝图就可以大致判断出每个岗位 3 种劳动属性的比重；再通过服务蓝图配套说明书，可以进一步了解各个岗位的具体工作要求。因此，服务蓝图及其配套说明书为服务员工管理和培训提供了很好的参考标准。员工逻辑是驱动员工行为的基本原理[4]，可以通过询问"员工试图做什么？为什么？"来了解员工逻辑。在工作程序和工作标准不明确时，员工必须做出自己的判断和选择，这会导致服务质量的不一致和不稳定。员工逻辑对于评估员工对工作角色的理解、完成工作的能力和工作动机等方面具有重要作用。因此，了解员工逻辑对于培训和管理员工具有重要的指导意义。

应用服务蓝图开展员工管理，在强化服务意识、加强团队协作和提升培训效果方面能够发挥积极作用。

一、强化服务意识

服务蓝图本身就是对"以顾客为中心"服务观念的一个系统性落实，因此学习服务蓝图可以使员工把"以顾客为中心"服务观念扎根于服务过程中，而不仅仅停留在一句空洞的口号上。服务蓝图中的系统观、分工协作关系、有形展示、关键点等，能够使员工掌握很多有价值的概念，给予员工思考问题的起点和方向，赋予员工从细节上提升服务质量和增加销售的抓手。如果没有服务蓝图中的这些概念，员工就会一如既往地凭着习惯和经验去工作，难有创新的动机和动力。同时，这些概念也能够进一步强化员工主动服务顾客的意识，使"用心服务"落到实处，真心为顾客利益着想，成为顾客购物消费的顾问和助手。

真正能做到"以顾客为中心"服务理念的企业很少，关键原因是缺乏把口号落地的指南或操作工具。一家卖游泳圈的专柜为我们提供了一个失败的案例。有一次，专柜来了一名顾客，他非常生气地对导购员说："你们的游泳圈质量太差了，不但吹不进去气，还漏气。"导购员检查了游泳圈，发现是因为顾客使用不当导致吹嘴漏气。这个游泳圈是用打气筒打气，而不是用嘴吹的。现在学习了购物过程服务蓝图，导购员知道了在顾客付款后的"验货"环节专门设置的一个失败点，就是为了提醒导购员在把商品交给顾客时，需要告知顾客商品的使用注意事项或保养知识，避免顾客因为错误使用商品而导致对商品的不满意。这位顾客很生气地找上门来，就是因为导购员当时没有及时向顾客说明正确的使用方法。如果当时导购员按照服务蓝图中的失败点提示，提醒顾客必须用专业的打气筒才能打气，就不会导致这样的失败点发生，而且还可以多卖出一个打气筒，产生连带销售。

通过学习服务蓝图提升服务意识并获得成功的案例还有很多。一家鞋店的导购员为我们提供了一个这样的成功案例。7 月的一天，北京下了场大雨，商场里没有多少顾客，这时一对夫妻来到店里，导购员迎上去说："您好，欢迎光临！"女士对导购员笑了一下说："没事，你忙你的，外头雨下大了，我们出不去，又逛累了，在你家休息一会儿。"导购员也以微笑点头回应了顾客。导购员看到他们装着商品的购物袋已经湿透了，就从专柜拿了一个大的无纺布购物袋递给了那位女士，说："我们专柜的购物袋是无纺布做的，还能防水，把您的购物袋换一下吧，别把您的东西弄湿了。"女士接过购物袋连声道谢。在女士更换购物袋时，导购员跟她聊起了当天的天气。导购员发现他们都穿着一双布面的运动鞋，已经湿透了，于是对女士说："您要不要看看我们家新到的防水休闲鞋？一会雨停了您可以穿着这个鞋回去，既防水又透气，还舒服，不用担心把脚弄湿了。"女士怀疑地问道："哦？防水的鞋？雨鞋吗？"导购员说："不是雨鞋，这是咱们品牌采用的一种新科技，您别看它是皮面的，但是是由特殊防水材料制成的，防水又透气。您穿多大的？我给您拿一双试试。"女士回应道："37 码，拿一双来我试试。"这一试不要紧，女士觉得这个防水鞋质量很好，于是同时给自己、老公和孩子各买了一双，并且对导购员的服务给予了高度评价。通过这个案例可以看出，一些微不足道的服务细节不仅可以增加顾客对品牌的信任，还能增加销售业绩。

二、加强团队协作

所谓团队，就是有明确的任务和明确的目标，通过协作取得绩效的团体。在服务业务中，前台员工和后台员工虽然有分工，但是他们之间的团队协作常常更为重要。

服务蓝图中不仅刻画了前台员工和后台员工各自的职责，而且通过可视分界线及流程线把他们之间的协作关系描绘得清清楚楚。可视分界线不仅在空间上对前台和后台进行了分离，而且在协作关系上确定了"后台响应前台、前后台联动"的协作原则。

一家女装专卖店的导购员在学习了服务蓝图后，为了提升导购员团队的推销能力和顾客满意度，创新性地推行了主辅配合销售模式。所谓主辅配合销售模式，是指在顾客进店时，同时由两名销售人员负责接待，一名是主销，一名是辅销。其中，主销直接与顾客沟通，通过良好的沟通能力及谈资延长顾客的逗留时间，全程陪同顾客并深度发掘顾客需求。辅销主要配合主销完成销售任务，要多干活、少说话，快速响应主销的思路，甚至明白主销眼神所要表达的意思，把所需要的产品第一时间拿到顾客面前试穿，有时还要快速去库房（后台）找到所需款式和尺码的服装，以免出现时间上的耽搁，引起顾客不耐烦；或者为顾客（包括等待的顾客同伴）递上杂志、饮用水，帮助顾客关注商场的微信平台，拉近与顾客的心理距离，增加顾客的体验感。这种模式能够培养团队意识，提高团队成员间的默契程度，减少顾客等待时间，大大提升销售成功率。

三、提升培训效果

员工培训是劳动密集型服务企业（如商场、医院、酒店、酒楼等）的日常工作。特别是在员工流失率比较高的时代背景下，对员工培训的效果和效率提出了更高的要求。传统的员工培训，从培训组织、培训内容设计、培训教师聘请、培训过程控制等方面，都显得难度大、成本高、效率低，效果也不一定很好。

服务蓝图是一个图形化工具，比一般的文字培训资料更容易理解、记忆和传播，而且具有自明性，容易自学。因此，服务蓝图加上配套的注释资料（其中也有很多是图表），可以极大地提升培训效果和效率。原本一天的培训，有了服务蓝图后，可能只需要一小时就能完成，而且效果更好。燕莎奥莱之所以能够在服务质量和经营业绩方面取得很好的绩效，与使用服务蓝图技术开展员工培训是密不可分的。

为了使设计完成后的服务蓝图能够顺利实施，需要对员工开展有组织的培训活动。通常情况下，可以开展如下一些培训工作。

1. 制定服务蓝图培训计划

运用服务蓝图打造服务体系是一个系统工程，需要得到领导层的高度重视。因此，从服务蓝图的设计到实施，都应该由公司高层领导组织，而且要制定详细的工作计划，其中包括培训计划。在服务蓝图设计阶段，要对参与设计的员工给予设计方面的培训；在实施阶段，要对每个细节性服务蓝图中涉及的岗位员工实施培训。培训的重点，一是提升观念，要求所有员工重视服务蓝图技术；二是学习服务蓝图技术，学会设计服务蓝图、使用服务蓝图描绘自己的服务工作；三是学会应用服务蓝图开展分析和创新工作。

2. 拍摄服务蓝图培训短片

服务蓝图设计完成后，为了加强员工培训，可以选择比较核心的一些细节性服务蓝图，拍摄一些"标准化"的服务蓝图培训短片。短片可以采取情景模拟形式，由员工扮演顾客和服务员角色，来演绎整个服务蓝图描绘的服务过程（如处理顾客投诉）。短片中，可以同步展示服务蓝图，也可以有旁白解释，还可以在关键点处配上详细的文字注释，甚至插播一些真实的服务案例。

培训短片既可以用于集体培训学习，也可以用于服务员工个人自学，对于提升培训效果和效率，最终提升服务质量，都会发挥重要作用。

3. 设立服务蓝图教员

为了带动、推动员工学习和运用服务蓝图，可以在每个服务部门设立服务蓝图教员，让他们起到先锋模范作用。为此，首先，要对教员开展服务蓝图理论和技术培训；其次，要让他们参与公司的服务蓝图设计项目，深化对服务蓝图的理解，提升服务蓝图设计水平；最后，还要鼓励他们在日常工作中不断总结经验，相互讨论和交流学习心得，使其具备应用服务蓝图发现问题、分析问题和解决问题的能力。总之，要让教员在推广服务蓝图技术方面发挥核心骨干作用。

教员的任务主要是培训和辅导其他员工，带领大家应用服务蓝图技术解决服务中遇到的问题，改善服务工作。例如，利用早班会为服务员讲解服务蓝图，剖析前一天发生的小案例，也鼓励服务员分享他们的学习心得和应用经验。再如，将新进员工集中起来进行培训，帮助他们学习服务蓝图，为全员应用服务蓝图技术奠定基础。

一位教员通过发生在一个商品专柜的小案例介绍了他们的培训和辅导工作的成效：

五月初我在巡视货场时，看到一位中年女顾客在主营琥珀等天然饰品的专柜前浏览商品，并询问售货员近期是否有新款到店，售货员很干脆地回答："没有。"这位顾客什么也没说，转身就走了。事后我在给售货员培训服务蓝图时引用了这一案例，"顾客购物"服务蓝图中在顾客挑选咨询这一接触点上要求售货员介绍商品有关信息，并在此处标注了两个关键点——体验点和促销点，这是要求售货员特别注意的地方。服务蓝图注释文本（应用规范）中明确说明，此处作为体验点，顾客最期望的是挑选到适合自己的商品；此处作为促销点，最重要的是要了解顾客需求。在刚才的案例中，由于售货员忽视了体验点和促销点，没有了解顾客需求，失去了一次销售机会。时间到了六月底，专柜售货员告诉我，那位老顾客再次来到他们专柜，售货员这次充分把握住了体验点和促销点，主动了解顾客需求，在提供了近两个小时热情、耐心的服务后，顾客一次性购买了九万多元的商品。我欣喜地看到我们的售货员在接受各种服务蓝图培训后对体验点和促销点的良好把控，并成功地将体验点转化为促销点，促成了一单大额销售。

通过这个案例分享，我们认识到教员在推广服务蓝图技术过程中不可替代的骨干作用。

4. 树立标杆部门和先进个人

为了鼓励全员学习应用服务蓝图，每年都可以评选出服务蓝图标杆专柜和先进个人（服务蓝图小能手），以便起到示范作用，营造服务蓝图学习氛围。

某专柜连续两年荣获蓝图标杆专柜。该专柜员工通过学习和应用服务蓝图，一方面使专柜整体形象和其全部员工的精神面貌发生了明显变化，给客人一种亲切感，留下了很好的第一印象；另一方面，他们也创新了服务，每位进入专柜的顾客在试穿试用时，都能享受到蹲式服务的待遇，享受到对鞋子的免费保养，并获得合理的推荐建议。作为回报，他们的销售业绩获得了大幅度提升。

该专柜每次在早班会上分享成功经验时，店长和导购员都能获得一种无比自豪的感觉。同时，标杆专柜的特色服务和创新，也能让其他专柜得到启发，带动其他专柜活学活用服务蓝图，起到以点带面的作用。

5. 鼓励各部门自我训练

鼓励各部门自我学习和运用服务蓝图，强化员工的学习动机，营造良好的学习氛围，往往比被动接受培训的效果更好。

某专柜店长利用服务蓝图技术，组织员工在熟知货品、销售技巧、客诉处理等方面进行了重点培训。在培训方式上，该专柜店长打破原有的宣讲形式，采用了情景模拟和角色互换的方式，开展员工间的学习互动。该专柜店长把员工分为两组，其中一组充当顾客，另一组作为导购员为其提供服务，然后进行角色互换，并请两组人员对自己在服务中的表现进行自评和互评，最后由店长结合服务蓝图进行专业的分析指导。这种生动活泼的培训方式大大激发了员工的参与积极性，使员工在学习别人优点的同时发现了自身的不足，从而更有针对性地改善服务中的不足之处，使自身服务技能得到有效提升，为提高销售业绩打下了良好的基础。

第三节　关键点管理

服务系统是一个开放系统，顾客置身其中，其需求驱动着服务系统的运营。因此，服务管理工作实质上远比单纯的生产管理要复杂得多，这也是造成服务管理计划性弱而经验性强的主要原因。为了提升服务管理的效果和效率，管理工作不能"眉毛胡子一把抓"，而应该抓住关键点，实施重点管理。因此，理解什么是关键点，找出关键点，并对关键点开展设计，是对关键点实施重点管理的基础。

服务蓝图是对服务系统的描绘，它为服务系统实施关键点管理提供了很好的可视化平台。

一、关键点的含义

关键点是一个使用频率很高的词汇，既被当作日常用语，又是很多学科领域的专业词汇。在管理领域的流程管理研究（流程优化、流程再造、流程设计等）

中，关键点是指对事情具有重要影响、能有效解决问题的关键所在，可能是位置、时间、环节或要素等，也可能是它们的综合。

在管理领域，关键点主要包含两大类：第一类是关键控制点（critical control point，CCP）；第二类是服务接触中研究的关键点，主要涉及关键时刻（moment of truth，MOT）和接触点（contact point，touch point），这里把二者合称为关键接触点。

关键控制点的核心含义在于控制，目的是避免失败、防范风险，主要源自制造业背景和风险控制的管理理论。食品行业已经建立起专门的应用体系——危害分析及关键控制点（hazard analysis and critical control point，HACCP）体系，这套体系已经成为全球食品行业应用的标准化体系，同时也延伸至水处理、医院、航空、职业病防控等行业的卫生安全控制。HACCP 的相关研究对于人们理解关键控制点的含义及控制方法具有很大的启发和借鉴意义。

关键接触点的核心含义在于"接触"。服务接触是服务营销与服务管理学科领域使用的一个概念，主要研究顾客、员工、组织三者之间的互动关系，被称作服务接触三元组合（service encounter triad）。接触点是服务接触研究中的一个重要概念，专指顾客与服务提供者（包括员工和企业）发生的接触，包括事件发生的节点、地点、时点和人物等。"关键时刻"一词最早来源于斗牛士术语，是指斗牛士在结束战斗前刺出最后一剑的决战时刻。"关键时刻"作为一种观念在全球服务行业流行，与北欧航空公司前总裁詹·卡尔森（Jan Carlzon）[22]于 1986 年出版的一本同名著作有关。他认为"任何时候，当顾客和企业的任何一个层面发生接触，无论多么微小，都是形成印象的一个机会"。按照卡尔森的观点，顾客与企业的每一次接触都很关键，都是关键时刻。由此可见，接触点与关键时刻本质上是一个意思，都强调服务接触的重要性。虽然很多人强调，服务过程中的任何一次接触失败都可能会给顾客留下不良印象（即所谓的 100-1=0），但实际上并不是每次接触对顾客都具有同等的影响。心理学家洛钦斯（Lochins）于 1957 年通过实验证明了首因效应，认为交往双方形成的第一次印象对今后交往关系具有重要影响，也就是具有"先入为主"的效果。心理学家丹尼尔·卡纳曼于 2002 年提出了峰终定律，认为人们所能记住的主要是高峰时与结束时的体验，而对于过程中的体验没有太多记忆。由此看出，"始""峰""终"3 个环节往往比其他环节具有更重要的影响，更为关键。因此，我们把具有重要影响的接触点称为关键接触点。

二、关键点的类型

关键点研究是服务蓝图的主要应用研究方向之一。肖斯塔克[23]曾指出服务蓝图作为一种服务过程控制工具，能够识别服务失败点并隔离失败点。后来有学者[24-25]针对服务业的特点，提出了决策点、等待点。笔者针对顾客的体验性需求，于 2007 年提出了体验点，2012 年为零售业提供咨询服务时提出了促销点。但是这种零零散散地提出关键点的方法不是一个可取的方法，而应该是基于严谨的、系统化的研究方法。

前面基于服务活动的特征把关键点分为关键控制点和关键接触点两大类，我们可以以这两大类为基础，再进一步细化。从控制角度来看，服务系统管理都会建立管控指标，如质量、效率、成本、安全等，以便对主要影响因素实施综合控制。因此，我们可以依据这些管理指标，去分类和识别对其构成有重要影响或发挥重要作用的关键点（关键控制点）。从服务接触角度看，按照服务接触三元组合理论，在服务接触中，组织、员工和顾客三方（利益相关者）都有自己的利益诉求，都希望按照自己的期望来支配接触过程，如表 3.1 所示。理想的情况是，服务接触的三方要通力协作，相互制衡，各取所需：顾客获得期望的利益和良好的体验，员工获得权利并充满工作热情，企业兑现承诺并获得经济利益。

表 3.1　服务接触三方的利益诉求

利益诉求方	接触方		
	组织	员工	顾客
组织		组织对员工的利益诉求：产品质量、生产效率、生产成本、安全生产和员工士气	组织对顾客的利益诉求：通过向顾客做出价值承诺或服务承诺，赢得顾客满意和忠诚，进而达到增加销售和利润的目的
员工	员工对组织的利益诉求：希望被赋予必要的自主权以便做出合理判断和灵活自如地处理，并获得组织的认可和奖励；同时还希望在必要的时候能够得到组织的技术支持		员工对顾客的利益诉求：希望通过控制顾客的行为获得顾客配合，使其服务工作易于管理并轻松自如，同时也希望获得顾客的好评
顾客	顾客对组织的利益诉求：希望能够获得组织承诺的服务价值	顾客对员工的利益诉求：希望能够按照自己的感知影响服务员工的行为，并获得良好的体验	

基于以上在控制和接触两方面的考虑，可以提炼出如下几类对服务系统构成重要影响的管理指标：质量、效率、成本、安全、授权、员工士气、营销、顾客体验。其中，前 6 类指标基本上是组织面对员工的管理指标，属于内部管理问题，但也与顾客有一定关系；后两类指标属于组织和员工面对顾客的指标，属于对外营销问题。这些指标是基于服务接触三元组合理论提出来的，具有一定的合理性

和逻辑性，但并不完备，重要的是一种研究思路，因此在实际应用中，可以根据应用目的增加或更换相关管理指标类型。对这些管理指标构成重要影响的关键点可能发生在服务系统的不同部位（服务蓝图的不同区域）。结合服务实践，我们可以找出这些关键点类型，如表 3.2 所示。同样的道理，这些关键点并不完备，读者可以根据实践需要举一反三，开发出其他类型的关键点，或使用不同的关键点名称。

表 3.2　关键点类型

服务蓝图区域	服务系统管理指标							
	质量	效率	成本	安全	授权	员工士气	营销	顾客体验
有形展示	质量提示点	效率提示点	成本提示点	安全提示点	责任提示点	鼓舞士气点	促销点、承诺点	体验展示点
顾客行为	失败点	等待点	浪费点	安全事故点	顾客授权点	顾客表扬点、打赏点	价值点、信任点	体验点
前台行为	失败点	滞缓点	浪费点	安全事故点	判断点	自我激励点	促销点、承诺点	关怀点
后台行为	失败点	滞缓点	浪费点	安全事故点	判断点	自我激励点	承诺点	体验制作点
支持行为	监控点、技术支持点、投诉反馈点	监控点、技术支持点	监控点、技术支持点	监控点、技术支持点	授权点、审批点	激励政策、现场鼓励点	承诺点、技术支持点	体验设计点、体验测评点

　　其中，对质量指标构成重要影响的关键点通常被称为"失败点"，也就是容易造成顾客投诉或者产品质量不合格的环节。在顾客行为区域，失败点主要是指顾客投诉或不满意的环节；在前台行为区域，失败点是指前台员工为顾客提供服务或与顾客互动的过程中容易出现问题的环节；在后台行为区域，失败点是指为顾客加工产品时容易出现错误的环节。为了避免质量事故的发生，支持部门除了要优化服务设计外，还要给予一线人员必要的技术支持并对其进行监督检查，给予顾客投诉反馈的渠道。在一些由于顾客不理解或不配合导致服务失败的环节，可以在有形展示区域为顾客设置一些提示符号或引导符号。

　　对效率指标构成重要影响的关键点是指效率低下的环节，在顾客区域的表现就是顾客等待，在前台和后台区域的表现就是服务生产活动滞缓，而服务滞缓是导致顾客等待的直接原因。可在有形展示区域通过提示符号引导顾客正确实施其角色行为，以免延误进程；为了提升服务效率，前后与后台要加强协同联动；支持部门除了需要优化服务设计外，还要加强监控和技术支持。

　　对成本指标构成严重影响的关键点是指容易造成浪费的环节，这种浪费现象在顾客行为、前台行为和后台行为 3 个区域都可能发生。在精益思想中，消除浪费是实现价值流增值的主要手段。为了避免或减少浪费，可在前台和后台导入 5S 管理或其他精益管理措施，也可在有形展示区域通过设置"注意节约"或类似的提示符号以减少顾客浪费，支持部门则需要加强监督和技术支持。

对安全指标构成严重影响的关键点是指容易产生消费安全问题或生产安全问题的环节。在顾客行为区域的表现是消费安全或人身伤害，如火锅店烫伤顾客；在前台和后台区域的表现是生产安全事故。在有形展示区域，安全提示是必要的。为了避免安全事故，支持部门除了改进生产消费的环境和设备外，还要加强对员工的培训，加强监控和技术支持，在顾客消费的环节上增加"注意安全"提示符号或正确的操作流程图。

为了让一线员工能够灵活应对服务过程中出现的问题，如顾客特殊需求、意外事件等，支持部门有必要赋予一线员工适当的权限，使其可以在权限范围内做出适当的判断和处理。

员工士气直接关系到服务质量、服务价值和顾客的满意度，因此组织应当建立能够激发员工士气的文化和制度，并通过有形展示彰显出来。顾客对员工的表扬和打赏（给小费）对于提振一线员工的士气也是非常重要的，同时员工与顾客之间的互动不顺利容易导致员工士气受挫，需要格外注意。

营销指标的主要目的是在了解顾客需求的基础上开展促销活动和增加销售。对于顾客而言，最重要的是能够感受到价值所在。为此，支持部门要制定出价值承诺或服务承诺的政策，然后通过前台员工向顾客传达承诺并兑现承诺，赢得顾客信任，进而达到促销的目的。同时，还可以在消费环节通过宣传口号等有形展示向顾客传递服务承诺；后台员工主要是配合前台员工向顾客兑现承诺。

顾客体验来自对产品、环境和前台员工的接触。因此，前台员工要主动给予顾客关怀，利用有形展示让顾客感受到热情；后台能对产品体验做出贡献，如蛋糕造型的设计制作；支持部门能对环境体验建设做出贡献，如婚宴环境设计，同时还要定期测评顾客体验并提出改进方案。

需要注意的是，有些关键点的位置可能是重合的。例如，由于在某一个等待点等待的时间太长，顾客出现不满和投诉，那么这个等待点就成了失败点。所以，在服务蓝图中，经常会出现在一个位置同时标注不同关键点名称的现象。

三、关键点的识别

能否识别出关键点是实施关键点管理的基础。在不同行业，针对不同流程可能需要不同的关键控制点识别方法。通过文献研究和笔者的实践体会，下面提出五种比较有代表性的关键控制点识别方法。

（一）现场观察法

现场观察法是最简单的一种方法，即通过现场观察发现可能存在的问题，如顾客排起长队的地方（等待点），顾客犹豫不决不知该如何处置的地方（失败点），顾客兴高采烈产生兴趣的地方（体验点）等。

（二）逻辑推理法

关键控制点是对服务运营某类管理指标构成危害或重要影响的关键环节。一旦确定了某类关键指标存在"危害"或"重要影响"，就可以借鉴 HACCP 体系中的判断树进行逻辑推理，发现可能存在的关键控制点[26]，如图 3.2 所示。这个方法虽然是针对失败点或风险点提出来的，但同样适用于识别其他类型的关键控制点。

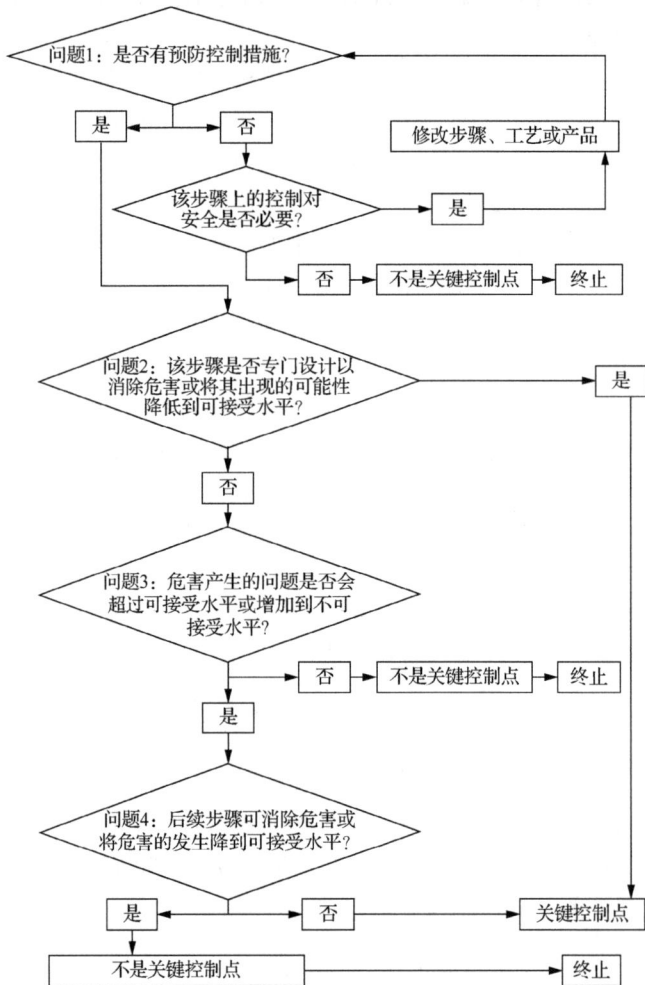

图 3.2　确定关键控制点的判断树示例

（三）流程排查法

所谓流程排查法，是指针对某一类管理指标，按照流程步骤一步一步地查找可能存在影响的"点"。例如，利用服务蓝图并结合防错程序（Poka-yokes），按照汽车维修步骤逐步排查顾客造成的服务失败和员工造成的服务失败[27]。此外，还有学者[28]使用触点轮（contact wheel）按照流程顺序（售前、售中、售后）查找接触点。这两种方法均属于流程排查法，可以找出具有影响的流程环节，在此基础上，再结合其他方法找出关键控制点。

以识别商场购物过程中的体验点为例。顾客体验主要来自对商品、环境和员工的接触，因此，我们首先可以按照购买前、购买中和购买后的流程顺序，利用触点轮找出可能存在的触点，它们是形成顾客体验的环节，如图 3.3 所示。然后，利用上述几种方法，找出对顾客体验带来重要影响的接触点，这就是要找的体验点。

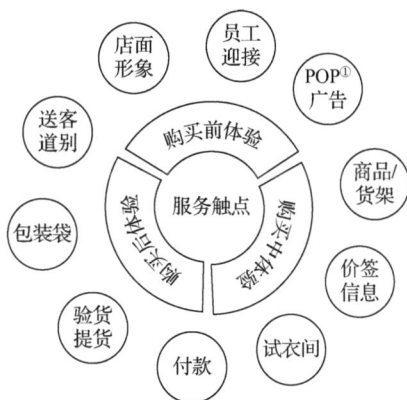

图 3.3　商场购物触点轮示意图

（四）统计分析法

按照二八原理，经常是 20% 的原因引起 80% 的问题，那么这 20% 的原因所在的环节就是关键控制点。为了找到这 20% 的原因，可以对相关数据进行统计，如果条件允许，还可以利用大数据技术进行挖掘。

（五）规律法

首因效应、峰终定律和卡诺模型揭示了人们认识和感知事物的规律。首因效应指出人们交往时第一印象的重要性，峰终定律指出人们容易记住高峰时（感受

_____

① 即 point of purchase，卖点。

最强烈）与结束时的感觉。这两个理论指导我们主要在"始""峰""终" 3 个环节寻找体验点。卡诺模型是由日本东京理工大学教授狩野纪昭·卡诺发明的对顾客需求分类的一种工具，他把用于员工激励的赫兹伯格的双因素理论用于顾客需求分析，把顾客需求分为兴奋型需求、基本型需求和期望型需求。其中，兴奋型需求如果得到满足，顾客就会产生强烈的购买欲望和体验满足感，因此，可以从兴奋型需求中找到促销点和体验点；基本型需求如果得不到满足，顾客就会产生强烈的不满情绪，甚至会投诉，因此，可以从基本型需求当中找到失败点（图 3.4）。总之，按照这些规律寻找关键点能够起到事半功倍的作用。

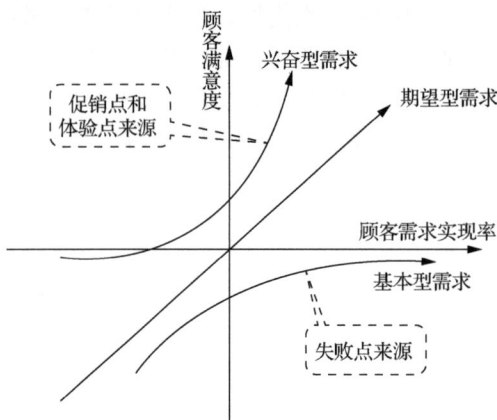

图 3.4　从卡诺模型中寻找促销点、体验点和失败点

四、关键点的标注

关键点被识别出来后，需要采取适当的方式将其直观地标注在服务蓝图上。通常情况下，关键点标注可以采取以下 3 种方法。

1. 采用黑体字突出重点

这种方法是在关键点部位的文字描述中，找出能够表达主要含义的核心词汇，用黑体字将其重点突出出来，让人一目了然。在 3 种标注方法中，这是最简单的一种标注方法。

2. 采用字符或图标

在关键点部位的旁边使用特殊符号进行标注。常用的标注符号有两种：一种是采用关键点英文单词的首字母，如失败点（F）、体验点（E）、等待点（W）、判断点（D）；另一种是把英文首字母改成更为直观的图标，如体验点用笑脸（☺），失败点用哭脸（☹）等。在 3 种标注方法中，这是最直观的一种标注方法。图 3.5 是采用英文单词首字母标注关键点的一个图例。

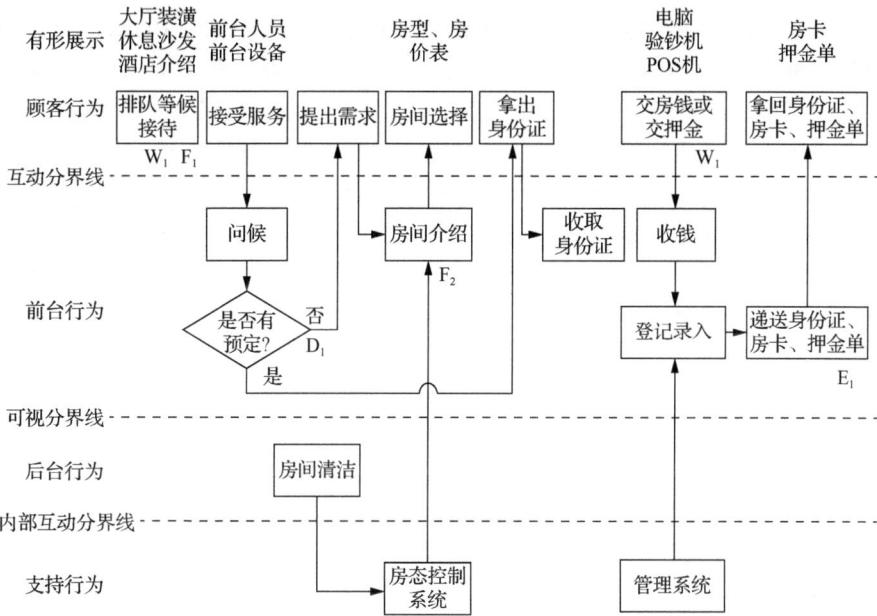

F—失败点；D—判断点；E—体验点；W—等待点。

图 3.5 某经济型酒店入住登记服务蓝图中的关键点标注示意图

3. 采用属性标签

在电子化的服务蓝图文档中，可在每个关键点部位增加一个属性标签，标签内容相当于操作指南，鼠标移到标签处时，标签内容就可以直接显示出来，或用鼠标单击链接，直接链接到标签文件。标签内容最好采用格式化描述，具体内容可包括问题描述、问题产生原因、解决方案、目标效果、图片展示等。

五、关键点的设计

关键点设计主要是为关键点提供解决方案。对于质量、效率、成本、安全等管理指标，其主要目的是把相应的关键点的指标值控制在可以接受的范围内，如一些超市规定顾客排队等待收银（等待点）的时间不能超过 5 分钟，否则前台人员必须再开启一台收款机或加快收银速度；对于营销、顾客体验、员工士气等指标，可以通过创新设计来设置相应的关键点，如全聚德给顾客上烤鸭时增加了片鸭演示环节（体验点）。

（一）关键点设计的方法

关键点设计方法可以借鉴关键事件法和 5W2H 分析法。

关键事件法是由美国学者弗拉纳根（Flanagan）和巴拉斯（Baras）在 1954 年提出的，通用汽车公司在 1955 年运用这种方法获得成功。在关键点设计中，可先把已经识别出来的关键点看作一个关键事件，通过观察、记录和数据统计，对"好的服务表现"和"坏的服务表现"进行比较分析，发现导致事件发生的原因和内在规律、员工的有效行为和无效行为、关键行为的后果、员工对事件的控制能力等，然后在此基础上，设计出一套能够优质高效实施关键点的方案。

5W2H 分析法是一套简单易行、避免疏漏的思考方法，可以帮助人们系统分析关键点的运行规律，有效设计关键点的操作方案。

在关键点设计中，可以交叉使用这两种方法，也可以利用其中一种方法。

（二）关键点设计的链路思想

对于很多类型的关键点设计，应该具有链路思想。下面以承诺点为例来介绍如何设计承诺点链。

从顾客进入到顾客离开的整个消费过程中，企业应该按照 5W2H 的思路，考虑为什么要对顾客承诺，承诺什么，在哪些环节上设置承诺，总共设置几个承诺点，由谁来承诺，在哪些环节兑现承诺，如何兑现……例如，西贝莜面村设置了一个承诺点和若干个承诺兑现点，承诺点设置在顾客点餐结束时，承诺内容是"绿色食品""口味好吃"和"服务效率"，承诺方式是服务员手按住胸口，表情严肃地向顾客郑重承诺食品原材料是绿色的，任何菜品不合口味都可退可换，25 分钟内上齐一桌菜，如果上不齐，延时的菜品可以免单。服务员说完后就把沙漏倒扣在桌上开始计时。承诺兑现点就是顾客品尝菜肴味道的时刻，上完最后一道菜品的时刻，以及一旦在 25 分钟内没有上齐菜品顾客结账免单的时刻。这种仪式化的、有形化的承诺方式，极大地强化了顾客对企业服务质量的信任。

此外，承诺不仅仅是组织或员工对顾客的承诺，也包括组织对员工的承诺、员工之间的相互承诺。也就是说，承诺点不仅可设置在员工对顾客的服务环节，也可以设置在员工之间的相互配合环节，出现在支持管理部门对一线员工的授权和支持上，这样才能真正使承诺点形成完整的、不会断裂的承诺点链。让·哈维对内部团队成员之间的承诺展开了研究，认为业务过程是团队成员之间相互做出承诺的一个过程，如果一个团队内部不能相互做出承诺，那么失败是注定的。承诺既包括对结果的承诺，也包括对过程（时间、方式、相互协作等）的承诺。这种承诺将转化为一种"推与拉"的做事方式（也就是说，在遭遇困难的时候，以"拉一把"的方式帮助内部供方或以"推一把"的方式帮助内部顾客）、一种创造力以及团队一起解决问题的工作模式。过程可以被看作是一个按照一定逻辑关系分布的承诺点链。承诺点链的强度是由链上最脆弱的那个环节决定的，任何一个参与者缺乏承诺都会构成过程的薄弱环节。任何不准备对自己所应该负责的中间结果做出承诺的参与者，都只是在装装样子，以便保护自己，这是典型的官僚主义的做法。任何一个参与者如果只对自己的那一环节负责，而不考虑与上下环节的协作，都将会使整个过程变成一连串脱节、连接松散的固定活动。就像在奥运会中美国男女队 4×100 米接力赛中的表现一样，每个选手都是一流的，可是在比赛的交接棒环节会出问题，要么掉棒，要么延误时间[13]79-86。关于承诺的研究还有很多，如德鲁克对承诺的认识上升到了更高的层面，他认为管理就是承诺，有了承诺，管理才能够真正具有有效性。这些研究都有助于对承诺点和承诺点链的构建。

显然，除了承诺点可以做系统研究外，其他关键点也可以做类似的系统研究，如体验点。体验点也可以设计成完整的体验点链。体验点是指顾客体验点，考虑的范围是从顾客搜寻企业开始，然后到企业消费，再到离开企业，以及离开后的后续回访或联系等完整的消费过程。只要在顾客消费的整个流程中恰当地设置一条体验点链，就可以极大地提高顾客的体验价值。此外，企业如果想建立人性化的企业文化，也可以把员工体验纳入整个体验设计中。海底捞或许可以算作一个考虑员工体验的企业，否则的话，它的员工不会那么认真、投入、真心地为顾客提供服务。

每类关键点链都应当按照逻辑顺序设计，最终达成这类关键点应有的目的。所有关键点链呈现在服务蓝图上，就形成了以关键点为节点、以关键点链为线条的一张关键点网。各类关键点链相互关联，总体上覆盖整个服务系统（服务蓝图），形成一张关键点网，最终通过重点管控这些关键点链或关键点网，就可以达到系统管理的目的。

六、关键点的动态调整

服务蓝图上的关键点并不是一成不变的，随着顾客消费兴趣与消费偏好的转移，以及企业经营活动的变化和管理水平的提高，一些关键点可能会消失，而一些新的关键点可能会产生，因此需要对关键点实施动态调整。例如，笔者在为燕莎奥莱提供的服务蓝图开发咨询项目中，专门设计了一个"寻找关键点活动"和一个"消灭失败点活动"。"寻找关键点活动"的目的，就是让初学服务蓝图的服务员工加深对服务蓝图和关键点的理解，使其结合自己的工作经验，发现一些关键点，如体验点、促销点、判断点、等待点等，然后自己标注在服务蓝图上。"消灭失败点活动"的目的，是分析和改进目前存在的每一个失败点，消除导致顾客不满的因素，让顾客由不满意转变为满意。一旦这个失败点不存在了，就应该在服务蓝图上注销。通过这个活动，争取消灭每一个失败点，进而系统性地提高顾客满意度。

此外，对关键点的管理也应该具有系统思想，从总体上把控各种类型的关键点在服务蓝图（服务系统）上的分布状况，使各种关键点不能太多且都在可控范围内。各种关键点相互关联，形成一个关键点网，最终使服务系统成为一个良性运作的生态系统。

　　总之，基于服务蓝图的关键点管理为服务企业改善服务系统提供了一种方法，值得借鉴和推广。服务系统是一个开放系统，顾客置身其中并参与服务过程是其区别于制造系统的最大特征，因而也使服务系统的运营更为复杂，管理难度更大。要想有效地管控服务系统并发挥顾客参与的积极作用，达到价值共创的目的，需要服务企业选择科学的管理工具，并对服务系统实施重点管理。服务蓝图很好地贯彻了"以顾客为中心"的服务理念，很好地表达了服务系统的结构，因而是对服务系统开展分析和管理的理想工具。关键点是对服务系统运营构成重要影响的关键环节，基于服务蓝图开展关键点的识别、标注、设计和动态管理，既有科学性，又有可操作性，因而可以作为服务系统提升服务管理效果的重要技术手段。服务企业应该加强关键点管控意识，使关键点成为管控重点；制订关键点监控计划，设定关键点监控目标，设置关键点触发器；在对关键点动态管理的基础上，识别和删除不必要或冗余的监视，节约监管成本；强化服务质量意识，增强顾客体验。

七、应用案例

　　燕莎奥莱根据零售服务的特点和实用性，在购物服务蓝图中确定了 5 类关键点：促销点、失败点、判断点、等待点和体验点。数百个品牌专柜员工（包括男装、女装、运动休闲、高尔夫系列、皮鞋皮具、钟表眼镜、童装、家居等）学习服务蓝图后，对关键点概念有了深刻认识，发现服务蓝图及关键点的价值在于为他们建立了思考和分析问题的概念和框架，以及改进问题的"着力点"和"方向"。每一个关键点都是一个改进方向，都会引起员工的思考、努力和创新。在销售服务中，他们能够活学活用，结合专柜自己的品牌文化、商品特点和个人经验，对关键点开展识别和管控活动，提出很多创新性的方法，极大地提升了服务质量和销售效果。

　　零售企业以销售为主，最后拼的是销售业绩，因此促销点成为所有关键点中的核心关键点。根据燕莎奥莱的应用实践，失败点、判断点、等待点和体验点最终都要转化成促销点，也只有促进了销售，才能体现出关键点管理的绩效。

（一）促销点

　　促销点始终是各品牌专柜员工最感兴趣的概念，也成为他们服务创新工作的着力点。

　　了解顾客需求是促成销售的重要一环，利用攀谈技巧了解顾客需求、增强顾客信任是促销点中常用的手段。随着夏季的到来，网球、羽毛球用品成为热销商品。每到周末，很多顾客会在燕莎奥莱的专柜挑选网球和羽毛球用品。一天，一位男顾客特意来到专柜为自己的网球拍穿线，导购员小郭在和顾客攀谈时，得知该顾客曾经在北京体校专业学习过网球，虽然因为其他原因未能从事网球相关工作，但一直把网球作为自己的业余爱好并坚持到现在。该顾客去过很多地方穿线，但都觉得效果一般，直到最近来燕莎奥莱发现小郭的手法和别的地方不同，而且速度也很快。听到顾客的夸奖，小郭马上意识到迎来了一个促销点，于是他发挥攀谈技巧，告诉顾客，自己以前曾多次参加"中网"赛事，为许多运动员的网球拍穿过线，自己的技术和速度都是练出来的。通过温馨交流，顾客和小郭成了好朋友，介绍了很多球友来此穿线，为专柜带来了一笔又一笔的收入。回顾这个案例，小郭感叹道，学习服务蓝图之后，才知道促销点概念，而且通过督导员的培训以及与其他专柜员工的经验交流，学习到了很多抓住促销点的技巧。这次不失时机地与顾客攀谈，就是促销点概念给予自己的启发，为专柜赢得了一批忠诚顾客和可观的销售收入。

（二）失败点

失败点就是容易给顾客带来不满意甚至招致顾客投诉的环节。造成失败的原因多种多样。例如，服务员缺乏耐心，不善于沟通和不善于倾听顾客需求，服务技术不过关，疏忽大意，商品准备不到位，处理不好政策与顾客需求之间的冲突，等等。如何消除失败点，甚至把可能的失败点转化为信任点和促销点，是对服务员的极大考验。

售后服务是容易出现失败点的关键一环。一天，一对40岁左右的夫妻拿着眼镜盒来到了一个眼镜专柜，导购员小高及时上前招呼顾客，询问是否需要帮助。男士十分气愤，情绪激动，原来是他前段时间买的眼镜没戴几天螺丝就掉了。小高十分友好耐心地向顾客解释有关眼镜配件的相关常识，在安抚顾客情绪的同时从配件盒100多个螺丝中挑选与这款眼镜相符的配件，最终找到一个相近的螺丝，并向顾客耐心解释容易造成螺丝松动的原因，提醒顾客佩戴眼镜时需要注意的事项，并建议顾客定制原厂配件，带好购物小票下次来取原厂配件，并留下联系方式。顾客通过这件事情的处理结果，看到小高的细心和耐心，对小高的服务态度非常满意，于是在该专柜又购买了一只光学镜架。这一过程中小高不急于强调是因为顾客使用不当而造成的螺丝松动和丢失，本着为顾客提供优质服务的态度，急顾客之所急，也没有强调没有票就不能维修，而是让顾客发完脾气，倾听他的抱怨，为顾客做好售后服务，然后在服务过程中慢慢让顾客明白问题的原因，同时强调大品牌的售后有严格的流程，一定要有相应的凭证才能定制到原厂配件。最后，顾客消除了对货品真假的质疑。导购员小高在早会上分享他的成功经验时，强调"消灭售后失败点时，最重要的就是倾听，不要急于与顾客辩解，即使自己是对的，也不要强调顾客是错的，要用更细心、周到的服务缓解顾客的情绪，从而得到不一样的结果"。

（三）判断点

判断点也称决策点，就是需要员工根据具体情况做出判断，做出最佳选择。在服务过程中，学会对顾客行为的观察是及时做出正确判断的基础。在购物过程服务蓝图的顾客"浏览"阶段，位于前台的导购员要保持距离观察顾客，并且观察顾客是否需要帮助。既然观察是导购员做出正确判断的前提，那么导购员应该观察什么呢？

导购员经过学习、实践和交流，大致总结出如下一些需要观察的内容：顾客的年龄、顾客的穿着风格、顾客的眼神、顾客的举止等。通过观察这些要素，导购员可以判断出顾客的消费水平、个性与消费偏好、对眼前商品是否感兴趣，揣摩出顾客的性格和此时的消费心理，从而提高向顾客推荐商品的正确率。

一个休闲服装专柜的店长分享了一个成功案例。一天早上商场刚开门，进来一位穿着朴素的女顾客，戴宽边眼镜，一身运动装。导购员很积极地迎接客人："您好，欢迎光临！需要什么可以帮您介绍一下，商务休闲的套装连衣裙，您可以选选。"顾客淡淡一笑说随便看看。接待的导购员快速为顾客找了几件畅销款的休闲连衣裙，但顾客没怎么理会，还是自顾自地翻看货品。笔者当时正好在场，通过观察发现，该顾客应该比较喜欢西服套装，她看的不是衬衣就是很正式的套装，于是笔者示意导购员给顾客找几套比较经典的西服套装，鼓励顾客试穿。顾客看了后决定试试，在她从试衣间出来后照镜子时，可以从眼神中看出她对衣服的喜欢。导购员把握住这一判断点，与顾客进行进一步交流，通过聊天知道顾客是一家银行的高管，穿着商务款服装的机会比较多，这次来北京出差没想买衣服。在取得顾客信任之后，导购员从专业角度出发，为顾客选了几件比较休闲的商务款，并介绍道："您看您都是选的西服，亮色的连衣裙也应该来几件，万一出席非正式的场合，看着没有那么死板。"顾客抱着试试看的心态又试了几套比较活泼明快的款式，并且说道："没想到我还能穿这么明快的颜色而且这么漂亮，你们真的很专业。"最后导购员促成了一单 21 件共计 23000 的销售业绩。顾客说："经常来北京没想到在燕莎奥莱有这么优惠的价格，价格打折服务不打折，还能选到自己这么合心意的商品。"顾客的认可就是工作动力，这位顾客最终成为该专柜忠实的客人。仔细的观察、准确的判断、热情的服务、专业的商品介绍，是促成高额联单销售的基础。该专柜在人员考核中非常重视联单率（units per transaction，UPT），员工通过服务蓝图的学习提升了综合能力，当年店铺最高一笔联单高达 45000 元。

（四）等待点

等待点是指需要顾客等待的地方。造成顾客等待的原因有很多，主要是服务能力跟不上。通常情况下，顾客在等待时是很无聊的，因而心理感知时间往往比实际时间长，实际等待 3 分钟可能感觉等了 5 分钟。因此，服务员在加快速度以减少实际等待时间的同时，让顾客在等待时感到愉悦，也会减少顾客的心理等待时间（等待时的心理感知时间）。如果能把等待点转化为促销点，在顾客等待时能够增加销售，也是一件很令人开心的事情。

一个眼镜专柜的导购员小高分享了她的一个案例。一位大约 40 岁的男顾客漫不经心地走到柜台前，她微笑着主动问好，顾客回答随便看看。小高发现顾客看起来很累，于是把店里的椅子推出来让顾客坐下休息一会儿。刚开始顾客有些不自在，坐了一会儿后，开始看身边的其他顾客挑眼镜，于是小高告诉他那是新款男士超轻系列的太阳镜，戴起来很舒适。顾客一下来了兴趣，开始试戴，小高还为他选了几款其他的样式来搭配平日不同场合的服装，顾客非常满意，于是决定购买。在顾客等待调眼镜时，小高拿出店里的促销杂志给顾客看，顺便给他介绍，顾客后来又配了一副渐进眼镜，还给他的爱人和孩子买了太阳镜。顾客对小高的服务很满意，说她很细心，还说逛商场是很累人的事，但在这里购物很开心。

导购员小高的细心服务，不但使顾客消除了等待时的无聊，还使等待点转化成了促销点，带来了收益，也提升了品牌知名度。小高说："任何时候都有可能增加销售，尤其是在顾客等待时，会给人留下很好的沟通时间。关键是要抓住这个时间去积极地观察和探求顾客心理，站在顾客的角度去思考问题，这样才有可能在顾客等待时增加销售机会。"

（五）体验点

体验点是指最有可能增加或强化顾客美好感受与记忆的地方。体验是顾客的一种心理感受，当服务员为顾客提供的服务超出了顾客的预期时，就会给顾客带来感动和惊喜。体验点是天然的促销点，服务员只要隐去促销锋芒，让顾客感受到关心、爱心和诚心，让顾客实实在在地体验到产品（服务）的实质利益，就有可能获得回报。

一个销售按摩器具的专柜通常只有一台按摩机供顾客试用体验。学习服务蓝图之后，导购员深刻认识到体验点对于销售按摩机的重要性，于是决定把体验机增加到 3 台，并于次月引进了一款新型动派塑身机。由于体验机增加到了 3 台，增加了顾客体验的机会，减少了顾客排队等待体验的时间，大大促进了销售，该专柜后半年的销售额同比增加了 79%。通过这些数据可以看出，增加顾客体验机会，让顾客真实感受到产品的价值，可以大幅提升销售业绩。

第四节　服务质量管理

　　无论是制造企业还是服务企业，质量都是企业的生命线，因而质量管理是企业的重中之重。现代质量管理的理论与方法产生于产业革命后的大规模制造活动。在现代质量管理理论引入服务业之前，服务质量管理实践基本上处于不自觉的状态，跟着感觉走。结果是，在特定的一次服务中，质量可能是很好的，但就整个服务企业的运营而言，服务质量是不稳定和难以预期的。现代质量管理理论的出现，为科学的服务质量管理实践提供了有力的理论支持。

　　在现代质量管理理论中，从全面质量管理到卓越绩效准则，都特别强调质量活动的系统性、过程控制、顾客导向和测量分析。其中，系统性是指质量管理的着眼点不在于产品本身的特点，也不在于生产过程中的某些环节和特点，而在于对生产系统的整体运营情况的关注，希望通过对生产系统整体状况的不断优化，使系统产出质量达到要求；过程控制就是希望打破部门之间的壁垒，加强部门之间的合作，甚至加强与供应商的合作，把过程划分为价值创造过程和支持过程并分别对其进行专门设计；顾客导向越来越受到重视，以顾客为中心的经营思想备受推崇，顾客满意度、忠诚度及市场占有率成为重要的质量评价指标；测量分析从全面质量管理中大量的质量统计分析工具的使用，泛化到卓越绩效准则中对绩效分析和信息知识管理的重视。

　　服务蓝图是专门用于描绘服务活动和服务系统的工具，具有非常好的系统性、过程性和顾客导向特征，而且以结构化、图形化的方式呈现出来，因此在分析和改进服务质量方面具有独特的优势。

一、服务蓝图作为质量管理工具的适用性和应用方法

　　目前，系统性的服务质量管理理论和方法，仍然是来自制造业的全面质量管理（total quality management，TQM）及在 TQM 基础上发展起来的 ISO 9000 系列和六西格玛（6σ）体系等。因此，为了使服务蓝图能够得到广泛的推广使用，应该考虑将其融入 TQM 中，作为 TQM 的一个辅助工具专门来解决服务管理的问题。因此，有必要分析服务蓝图对于不同类型及不同发展阶段的服务企业的适用性和应用方法。

（一）服务蓝图作为 TQM 的辅助工具

　　TQM 起源于制造业，是一种旨在提高产品质量的系统性管理思想和方法。TQM 可以帮助企业极大地提高质量管理水平。随着服务业的快速发展，TQM 也被广泛应用于服务业。但是，在服务业中，真正能够科学实施 TQM 的服务企业

仍然是少数。在制造企业中，产品性能和生产过程中的各种指标和参数具有相对稳定性，因而 TQM 的各种质量统计工具可以发挥很好的作用。但是，服务具有四个显著特性（异质性、无形性、易逝性、生产和消费的同时性），大多数服务工作处于随机发生和经验处理状态中，导致 TQM 的实施很困难。

TQM 在制造业实施中面临的困难，被总结为 5 个关键因素（critical factors，CFs）[29]：

CF1：缺乏高层管理人员的支持和对质量的领导力。

CF2：人力资源管理实践与 TQM 的原则不一致。

CF3：公司对顾客缺乏关注。

CF4：公司缺乏质量规划。

CF5：缺乏控制系统和财务资源来支持 TQM 的实施。

在此基础上，有学者[30]又提出了克服前 4 个困难的解决方案，并认为解决好控制系统和财务资源支持（CF5）有助于不断克服前 4 个困难；然后，对应地提出了服务蓝图在每个解决方案中可以发挥的作用，如表 3.3 所示。

表 3.3　服务蓝图支持克服 TQM 执行中的 CFs

CFs	含义	提出克服 CFs 的解决方案	服务蓝图支持克服 TQM 执行中的 CFs
CF1	缺乏高层管理人员的支持和对质量的领导力	使业务流程和程序标准化；培训员工使其全面了解整个业务系统；使服务过程和信息流对员工而言是可知的、有用的；使公司关注流程	支持业务流程的标准化；能够提高员工对整体服务体系的理解和支持；绘制流程并使服务公司的主要信息流对员工来说是可得到的；根据顾客感知绘制服务流程
CF2	人力资源管理实践与 TQM 的原则不一致	支持员工理解他们工作的目的；依靠良好的内部沟通；授权给员工	以图形展现员工的角色及其相互依赖性；结果是一个地图，传达员工对整个服务的主要信息；支持员工授权
CF3	公司对顾客缺乏关注	根据顾客感知设计策略和操作计划；关注顾客的感知质量	从顾客的角度展现服务流程；基于顾客视角，通过设计公司流程提高顾客感知质量
CF4	公司缺乏质量规划	制订专门的质量计划；开展质量测量；建立质量测量的工具；使业务流程和程序标准化；培训员工使其全面了解整个业务系统	支持操作计划的分析开发；能够提高质量测量水平；便于与其他竞争对手所提供的服务流程进行比较；支持业务流程的标准化；能够提高员工对整体服务体系的理解和支持

表 3.3 显示，针对 TQM 实施中的每一个困难因素（CFs），服务蓝图都有对应的解决方案或支持措施，因此服务蓝图是帮助 TQM 克服实施障碍的一个有效工具。

实际上，服务蓝图通过建立顾客导向观念和系统化的运作流程，从组织愿景、信息系统、员工授权、组织沟通、岗位之间的相互联系，以及通过培训使员工深入理解服务系统的复杂性和相互协作关系等方面，全面支持 TQM 的实施，并激励员工参与质量改进工作。

（二）服务蓝图在不同类型服务企业质量管理中发挥的作用

服务企业是否适合使用和如何使用服务蓝图，主要取决于服务企业的业务性质和发展阶段两个方面。

1. 从业务性质看

服务蓝图是一种体现顾客导向和交互特征的服务流程，因此，它特别适合市场竞争比较充分、流程性比较强、互动接触比较多的服务企业，如很多店铺式服务企业或组织（如商场、酒店、餐馆、医院等），以及一些专业性服务，如售后服务、贷款服务等。相反，对于顾客处于弱势地位的服务活动（如很多政府审批服务），以及交互很少（如快递服务、干洗服务）、流程性差（如心理咨询）的服务活动，服务蓝图虽然也可以用，但功效会差一些。

2. 从发展阶段看

按照著名质量管理学家克罗斯比（Crosby）的质量管理成熟度方格理论，企业质量管理成熟度分为 5 个阶段：不确定期、觉醒期、启蒙期、智慧期和确定期。在每个阶段，服务蓝图的适合性和应用程度是不同的，如表 3.4 所示。

表 3.4 克罗斯比的质量管理成熟度方格

测量类别	质量管理发展阶段				
	阶段 1： 不确定期	阶段 2： 觉醒期	阶段 3： 启蒙期	阶段 4： 智慧期	阶段 5： 确定期
管理层的认识和态度	不理解质量是管理的一部分	认识到质量管理有价值	比较支持开展质量活动	制订质量计划，了解质量管理基本原则	质量管理是公司管理系统的基本部分
质量管理在组织中的地位	组织内可能没有检验部门	设有质量管理责任人	设有质量功能部门	报告和预防行动	预防和期望
问题处理	问题出现时无质量标准，头痛医头、脚痛医脚	由工作小组来解决重大问题	用有序的方式解决问题	问题能被及早发现，相关部门能按照统一行动建议实施改进	除了极少数外，问题都能被有效预防
质量改善行动	无组织行动	临时努力	质量程序	质量程序的持续和优化	质量提高是一个持续的活动
服务蓝图应用程度	不适合应用，但可灌输顾客导向的服务质量观念	可以培训服务蓝图知识，从观念和系统上认识服务质量	可以尝试用服务蓝图设计服务业务、提升服务质量	把服务蓝图作为描述和分析服务的基本手段	把服务蓝图作为描述和分析服务的基本手段

二、服务质量的测量

著名管理学家德鲁克曾经说过："你不能测量它，就不能管理它。"如果不能对服务质量进行测量，就无法管理好服务。因此，测量服务质量是服务企业组织改进服务质量的前提。

从组织形式上看，服务企业可以采用专职人员（如督导）亲自检查、打分，也可以让顾客填写服务质量调查问卷，还可以委托第三方公司（或人员）以神秘顾客的形式进行暗访打分。无论以何种组织形式开展服务质量测量，服务企业都应该事先设计一个服务质量调查表作为评价工具。

服务质量调查表基本上可以分为 3 类：一是按照服务内容测量，这是企业常采用的一种方法；二是按照服务质量维度测量，这是学术研究常用的方法，也被广泛应用于企业实践；三是按照服务流程（服务蓝图）测量，这是笔者在咨询项目中开发的一种服务质量测量方法。

（一）按照服务内容设计的服务质量测量方法

服务企业为了测量它的服务质量，通常会设计一些顾客满意度调查表(问卷)。为了直接反映企业服务在各个方面的表现，其中的调查项目基本上是按照服务内容展开的。表 3.5 是一家餐饮连锁企业的服务质量调查表。

表 3.5 某餐饮连锁企业的服务质量调查表

项目类型	序号	调查细目	得分				
礼貌礼仪	1	顾客进门时有问候语	1	2	3	4	5
	2	顾客所到之处有问好、微笑或点头致意	1	2	3	4	5
	3	服务过程中使用礼貌用语	1	2	3	4	5
	4	顾客离店时礼貌相送并有欢送语	1	2	3	4	5
服务态度	5	服务人员工服整洁，发式利落，个人卫生好	1	2	3	4	5
	6	服务热情、主动，语气和蔼	1	2	3	4	5
	7	一喊即应，没有不搭理现象	1	2	3	4	5
	8	耐心回答顾客提出的问题	1	2	3	4	5
服务过程	9	顾客点餐前先问茶水或提供白开水	1	2	3	4	5
	10	点餐后复述菜单，问忌口	1	2	3	4	5
	11	上菜时报菜名并介绍菜品特色	1	2	3	4	5
	12	上齐菜品后主动核单，并告知菜品已上齐	1	2	3	4	5
	13	餐间及时清理台面	1	2	3	4	5
	14	询问是否会员，能够清楚介绍会员权益	1	2	3	4	5
	15	结账时先与顾客核对账单，得到顾客的确认后结账	1	2	3	4	5
	16	顾客用餐结束离开餐桌时，提示其带好随身物品	1	2	3	4	5
	17	现场能看到管理组人员（穿西服人员）	1	2	3	4	5

续表

项目类型	序号	调查细目	得分				
服务效率	18	上菜速度正常，在顾客能接受的限度之内	1	2	3	4	5
	19	服务操作熟练	1	2	3	4	5
	20	结账快速，无错误	1	2	3	4	5
食品质量	21	菜肴可口，色香味俱佳	1	2	3	4	5
	22	原料新鲜，择洗干净	1	2	3	4	5
	23	装盘美观	1	2	3	4	5
设施卫生	24	店面敞亮、干净，空气新鲜	1	2	3	4	5
	25	餐桌干净，餐椅舒适安全，无破损	1	2	3	4	5
	26	洗手间无异味，地面干燥，纸篓无过多纸	1	2	3	4	5
餐具用具	27	碗碟、筷子等餐具器皿干净整洁，无破损	1	2	3	4	5
	28	菜单干净，图片清晰	1	2	3	4	5
	29	餐巾纸感觉好，供应充足	1	2	3	4	5

这种调查方法的优点是设计思路简明易懂，调查内容（项目类型与细目）直白明了，这种调查表也常常用作管理人员的检查表。但是，它有两个明显的缺点。一是调查细目的设计带有明显的检查标准性质。这些检查标准常常来自管理人员的拍脑门、想当然，而不是站在顾客角度设计的。这种调查表虽然也可以用于顾客打分，但并不能真正反映顾客的期望。二是没办法说清楚哪个项目类型或细目对顾客更重要，哪些是核心要素。因而，即使调查结果出来了，也只能就事论事、哪项不足补哪项，并不能把资源投放到最重要的质量要素上，对于提升顾客满意度和销售绩效的效果并不明显。

（二）按照服务质量维度设计的服务质量测量方法

国际上对服务质量的研究始于 20 世纪 70 年代后期，最初集中在营销领域，后来逐步开展到服务运营和人力资源等领域。1982 年，北欧学派代表人克里斯蒂安·格伦罗斯（Christian Gronroos）率先提出了感知服务质量（perceived service quality，PSQ）的概念，认为服务质量是顾客对服务期望和实际感知之间的差距。如图 3.6 所示，如果感知服务超过了预期服务，顾客就会感到喜出望外；如果相反，顾客就会感到失望；如果二者一致，那么顾客既不会感到惊喜，也不会感到失望，只是觉得满意。

1988 年，帕拉苏拉曼（Parasuraman）、泽丝曼尔（Zeithaml）和贝里（Berry）3 位学者（简称 PZB）开始对服务质量决定因素和顾客如何感知服务质量等问题开展研究，提出了后来产生广泛影响的服务质量的 5 个维度：可靠性、响应性、安全性、移情性、有形性。这 5 个维度就像一个立方体的 5 个侧面，系统全面地反映了服务质量。

```
┌──────────┐          ┌──────────────────────────────────┐
│          │          │ 感知服务质量：                   │
│  预期服务 │          │ 1. 超出期望：                    │
│          │──┐       │ 预期服务<感知服务（惊喜的质量）☺│
└──────────┘  │       │ 2. 满足期望：                    │
              ├──────▶│ 预期服务=感知服务（满意的质量）☺│
┌──────────┐  │       │ 3. 低于期望：                    │
│          │──┘       │ 预期服务>感知服务（失望的质量）☹│
│  感知服务 │          │                                  │
│          │          │                                  │
└──────────┘          └──────────────────────────────────┘
```

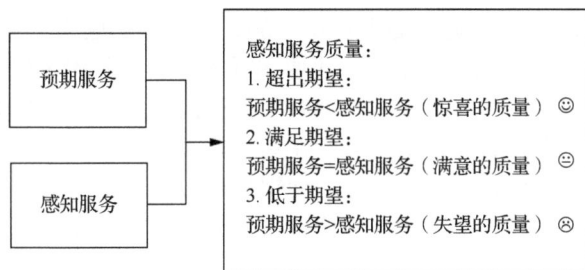

图 3.6　服务质量差距

（1）可靠性，是指准确可靠地执行所承诺服务的能力。它意味着企业是否能够按照其承诺办事。承诺出现在服务的每一个环节，如送货、提供服务、解决问题、定价等。许多研究显示，在 5 个质量维度中，可靠性是服务质量感知中最重要的决定因素。顾客喜欢与信守承诺的企业打交道，因此要求企业做的和说的一样，并且在做广告时要格外慎重，不能言过其实。

（2）响应性，是指对顾客请求、询问、投诉、处理问题时的专注、快捷和自发性。它意味着企业（或服务员）能否主动帮助顾客，能否急顾客之所急、想顾客之所想。响应性一般表现在顾客获得帮助、答案或关注之前的等待时间上，以及为满足顾客需求所提供服务的柔性和能力上。建立有效的响应机制或系统是非常重要的，包括电话应答、一线人员和特别服务小组等。

（3）安全性，是指服务人员让顾客感到放心安全并赢得顾客信任的能力，也称作保证性、信任性。当顾客感知到服务包含高风险或自己感觉无能力评价服务产出（如在保险、证券交易、医疗、法律服务等方面）时，该维度特别重要。在服务环境不是很好的地区或行业，顾客特别害怕被欺骗，因此能否让顾客放心购买或接受提供的服务是非常重要的。此外，在大额交易及会员服务中，能够赢得顾客信任也是非常重要的。然而，信任是非常脆弱的，它的建立可能需要非常长的时间，但是摧毁却是顷刻之间的事情，顾客一旦感到被欺骗就不会再信任。在业务关系形成的早期阶段，学位、奖励、特别证书等有形证据，员工所表现出来的专业性、专业技能和专业知识，员工的自信和谦恭态度，以及能够站在顾客角度为顾客着想的服务理念，对赢得顾客的信心和信任特别重要。安全性与可靠性有点相似，但可靠性是依据履行承诺的结果来评价的，而安全性是通过各种履行承诺的前置条件来评价的。当然，可靠性也是安全性的重要影响因素。

（4）移情性，是指企业给予顾客的热情、关心和体贴。所谓的人性化和个性化服务，主要是指这个维度。该维度的目的是让顾客感觉到他是唯一的、特殊的和重要的。首先，用"心"（发自内心）为顾客着想，用"爱"去关怀和温暖顾客，移情性就有了根基，剩下的就是具体表现了。其次，服务态度要热情，微笑服务是餐饮业、酒店业、零售业等服务行业对服务员的最基本要求。再次，服务用语要体现出热情和欢迎，"您好"是服务用语的开始，特别重要；如果顾客是熟客，还要有称谓，如"王总您好"。最后，还要掌握顾客的特殊需求和偏好禁忌。酒店行业通常会建立顾客档案，对顾客的偏好掌握得比较好，值得其他行业借鉴。时下，很多企业为了提高服务效率，喜欢使用机器人替代服务员，如餐厅中和飞机上的机器人服务员。但是在很多场合，使用机器人替代人工服务是受质疑的。例如，一位经常乘坐飞机的乘客就这样评价机器人服务员：顾客不仅追求速度，还追求温度，如果用机器人代替空姐提供服务，就失去了温度，希望航空公司提供有温度、有味道的服务。

（5）有形性，是指设备、工具（有形的）、人员和书面材料等能够证明服务的物质证据或有形证据。有形证据是顾客评价服务质量的重要依据和线索，因此，企业要做好无形服务的有形化工作。

在此基础上，PZB 进一步提出了一套测量服务质量的方法——SERVQUAL（service quality，服务质量）调查法，其中列出了所谓的普遍适用的 22 个标准问题。表 3.6 是参照 PZB 的 22 个问题开发的一个调查问卷[17]189-190。调查问卷发放并收回后，经过统计，用顾客感知得分减去顾客期望得分，就可以得出顾客对每一项的评价，以此反映顾客对服务质量的评价。

表 3.6　SERVQUAL 调查问卷

第一部分　顾客期望调查

说明：这项调查旨在了解您对这类服务的看法。您认为提供这类服务的企业应在多大程度上满足下列服务特征。从每个陈述后面的 7 个数字中选出您认为最适合的。完全同意选 7，完全不同意选 1。如果认为适中即可，请选择中间的数字。您的回答没有对错，我们最关心的是您对这类服务的看法。

可靠性	分值						
1. 它们承诺在某一时间要完成的事情，应该基本不出差错	1	2	3	4	5	6	7
2. 当您碰到麻烦时，它们应该真心实意地为您解决	1	2	3	4	5	6	7
3. 它们第一次为您服务应该基本不出错	1	2	3	4	5	6	7
4. 它们应该总是按照承诺实施服务	1	2	3	4	5	6	7
5. 它们应该推崇零失误服务	1	2	3	4	5	6	7
响应性							
6. 它们的员工应该会告诉您实施服务的准确时间	1	2	3	4	5	6	7
7. 它们的员工应该向您提供快捷的服务	1	2	3	4	5	6	7
8. 它们的员工应该时刻准备为您提供帮助	1	2	3	4	5	6	7
9. 它们的员工应该从不会以"忙不过来"为借口拒绝您的请求	1	2	3	4	5	6	7
安全性							
10. 它们员工的服务应该让您感到放心	1	2	3	4	5	6	7
11. 它们应该让您感到安全和踏实，使您乐于与其打交道	1	2	3	4	5	6	7
12. 它们的员工应该始终对您礼貌有加	1	2	3	4	5	6	7
13. 它们的员工应该有问必答	1	2	3	4	5	6	7

续表

移情性	分值						
14．它们的服务应该体贴周到	1	2	3	4	5	6	7
15．它们应该为所有客人着想，经营时间以客人的需求为重	1	2	3	4	5	6	7
16．它们的员工应该乐于满足您的特别需求	1	2	3	4	5	6	7
17．它们应该时刻把您的利益放在心上	1	2	3	4	5	6	7
18．它们的员工应该时刻注意了解您的特别需求	1	2	3	4	5	6	7
有形性							
19．它们的设备应该式样新颖	1	2	3	4	5	6	7
20．它们的服务设施应该赏心悦目	1	2	3	4	5	6	7
21．它们的服务人员应该衣着得体	1	2	3	4	5	6	7
22．它们所有的服务用品应该美观大方	1	2	3	4	5	6	7

第二部分　顾客感知调查

说明：下列陈述与您对×××公司的看法有关。请表示您对某个陈述同意的程度。完全同意选 7，完全不同意选 1。您的回答没有对错，我们想了解的是您对该公司的看法。

可靠性	分值						
1．该公司承诺在某一时间要完成的事情，基本不出差错	1	2	3	4	5	6	7
2．当您碰到麻烦时，该公司会真心实意地为您解决	1	2	3	4	5	6	7
3．该公司第一次为您服务基本不出错	1	2	3	4	5	6	7
4．该公司总是按照承诺实施服务	1	2	3	4	5	6	7
5．该公司推崇零失误服务	1	2	3	4	5	6	7
响应性							
6．该公司的员工会告诉您实施服务的准确时间	1	2	3	4	5	6	7
7．该公司的员工向您提供快捷的服务	1	2	3	4	5	6	7
8．该公司的员工时刻准备为您提供帮助	1	2	3	4	5	6	7
9．该公司的员工从不会以"忙不过来"为借口拒绝您的请求	1	2	3	4	5	6	7
安全性							
10．该公司员工的服务让您感到放心	1	2	3	4	5	6	7
11．该公司让您感到安全和踏实，您乐于与它打交道	1	2	3	4	5	6	7
12．该公司的员工始终对您礼貌有加	1	2	3	4	5	6	7
13．该公司的员工有问必答	1	2	3	4	5	6	7
移情性							
14．该公司的服务体贴周到	1	2	3	4	5	6	7
15．该公司为所有客人着想，经营时间以客人的需求为重	1	2	3	4	5	6	7
16．该公司的员工乐于满足您的特别需求	1	2	3	4	5	6	7
17．该公司时刻把您的利益放在心上	1	2	3	4	5	6	7
18．该公司的员工时刻注意了解您的特别需求	1	2	3	4	5	6	7
有形性							
19．该公司的设备式样新颖	1	2	3	4	5	6	7
20．该公司的服务设施赏心悦目	1	2	3	4	5	6	7
21．该公司的服务人员衣着得体	1	2	3	4	5	6	7
22．该公司所有的服务用品美观大方	1	2	3	4	5	6	7

该方法的优点有两个：一是利用质量维度能够比较系统、科学地对服务质量开展测量，因而在理论研究中被广泛采用；二是PZB归纳的质量维度只有5个，问题只有22个，都相对比较少，容易调研，也容易进行统计分析。

此外，在应用研究中，针对该方法存在的不足，学者们也进行了一些补充或改进。

（1）对调查方法的改进。有两个改进版本。一是把"顾客期望"调查问卷改为"对标杆企业的质量感知"调查问卷。"顾客期望"往往代表着行业平均水平，但是顾客对行业服务质量的期望往往很好，因而调查出来的"顾客期望"通常无法反映真正的行业平均水平，而是最佳水平，与其这样，不如选一家标杆企业，与之做比较，调查结论还可以直接反映与标杆企业的差距。二是直接调查顾客的质量感知，被称作SERVPERF（绩效感知服务质量模型）法，因为一些学者认为顾客在填写"感知"分值时，实际上已经在心里面做了与"期望"的比较，因而没必要费那么大劲再去做顾客期望调查。

（2）对质量维度的改进。在实际应用中，可以结合行业的特殊性，对质量维度及调查细目做出适度调整。例如，在零售行业，为了体现客户关系的重要性，可以增加"关系性"维度；在移动通信行业，根据移动服务的特殊性，可以把"有形性"和"安全性"整合为"客户化"。

（3）对质量维度重要性的调查。如果不知道哪个质量维度对顾客更重要，企业只能平均使力，浪费资源，或者依据顾客评分弥补短板。PZB提出的5个维度和22个问题相对比较少，因而比较容易调查出各个维度和各个细目对顾客的重要性。对于不同行业，顾客对质量维度重要性的看法可能存在差异。

（三）按照服务蓝图设计的服务质量测量方法

按照服务内容和质量维度两种调查方法可以了解企业在每个方面、每个维度上的质量表现，以及对总体服务质量的评价，但不能测量服务员在每个服务环节上的表现，以及顾客对每个服务环节的感知。对于企业而言，以上两个角度的评价固然重要，但是企业更希望知道的是，在服务工作的每个环节存在哪些问题或顾客不满意的地方，以便采取更为直接和有针对性的措施来改进服务质量。这就是笔者提出基于服务蓝图测量服务质量的理由。实际上，詹姆斯·菲茨西蒙斯（James Fitzsimmons）提出的步行穿越调查法（walk-through-audit）就是依据这种思想开发的一种服务质量调查方法。他在为一家餐馆提供咨询服务时提出了这种方法。依据此方法，按照顾客就餐过程的整个经历，他为该餐馆归纳出9类共42个问题，并实施了质量调查。按照他的观点，这种方法特别适合作为评估顾客、服务员和管理人员对服务质量感知差距的一种诊断工具[2]114-117；三者对服务质量感知的不一致反映出各自关注的重点，也间接地反映出管理人员的官僚主义，有益于调整质量管理策略。

　　服务蓝图是依据顾客消费过程构建的一个服务过程图。在设计服务蓝图时，首先要对顾客的消费过程和消费需求开展仔细的研究。因此，按照服务蓝图中顾客的消费步骤设计服务质量调查表，可以很好地考察顾客在每个消费环节上的体验和满意度，进而指导企业审查服务传递过程中每个步骤上存在的问题。

　　以购物过程为例。首先，绘制购物过程服务蓝图[31]。由于该服务蓝图比较长，这里只截取了前面一个片段，如图 3.7 所示。其次，依据购物过程服务蓝图中所列示的服务步骤来设计顾客调查表。由于顾客对每个服务步骤上的感知来自有形展示和服务行为（包括服务态度和服务技能）两个方面，因此，调查内容（问项）应按照这两个方面进行设计。表 3.7 是针对购物过程服务蓝图开发的一个调查问卷的部分内容（对应于图 3.7）。

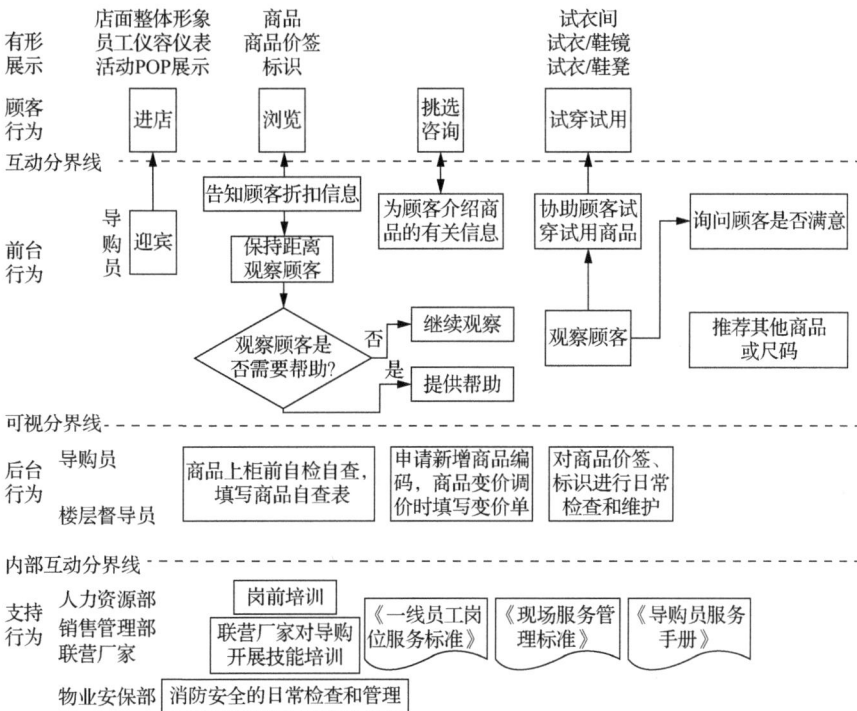

图 3.7　购物过程服务蓝图（片段）

表3.7　基于服务蓝图购物过程的服务质量调查表

服务阶段	环节	类型	子类型	序号	调查项目	打分
迎宾	进店	有形展示	环境	3.1.1	店铺内地面干净卫生	
				3.1.2	店铺内空气清新、无异味	
				3.1.3	店铺内灯光亮度适中	
				3.1.4	店铺内温度适中	
				3.1.5	店铺内背景音乐音量适中、无噪声	
			促销	3.1.6	品牌位置布局适中、醒目	
				3.1.7	促销信息（活动POP展示）位置适中、醒目	
		服务	态度	3.1.8	导购员热情友好、积极主动	
接待顾客	浏览、挑选咨询	有形展示	商品	3.2.1	货架和橱窗表面清洁	
				3.2.2	商品表面清洁	
				3.2.3	商标价签及促销信息清晰	
				3.2.4	商品陈列整齐、有序、美观,无杂物	
			柜台	3.2.5	柜台整洁,无灰尘、杂物	
		服务	技能	3.2.6	主动告知顾客折扣信息	
				3.2.7	保持距离观察顾客,以便判断顾客是否需要帮助	
				3.2.8	及时为顾客介绍商品有关信息	
			态度	3.2.9	热情友好,积极主动	
				3.2.10	耐心讲解,实事求是	
	试穿试用	有形展示	试衣间	3.4.1	试衣间干净、整洁、安全、私密性好,无破损	
				3.4.2	挂钩、衣架、拖鞋等配套齐全,干净、无破损	
			衣镜、鞋凳	3.4.3	衣镜干净、适用、无破损	
				3.4.4	鞋凳干净、适用、无破损	
		服务	技能	3.4.5	观察顾客,了解顾客心理	
				3.4.6	提供商品及时	
				3.4.7	整理商品专业	
			态度	3.4.8	推荐时,诚实负责	
				3.4.9	协助时,热情、友好、积极	
				3.4.10	顾客不买时,也能保持友好礼貌的服务态度	

（略）

注：请根据您的购物经历，为每个服务环节打分，5分为最好，0分为最差。

　　该方法的优点有 3 个：一是可以直接发现顾客对哪个服务环节不满意，进而采取有针对性的改进措施；二是可以针对任何一个服务流程设计一套调查表；三是该调查表作为服务蓝图的配套用表，督导人员或暗访人员可以通过检查、暗访，敦促服务人员严格按照服务蓝图及其配套的服务规范为顾客提供服务。

　　该方法的缺点是不太容易衡量哪个环节对顾客更重要，因而只能依据调查结果，发现哪个环节弱就弥补哪个环节。

　　以上 3 种方法各有优缺点。按服务内容设计的测量方法和按服务蓝图设计的测量方法比较类似，针对性、实战性较强，容易理解；按服务质量设计的测量方法科学性、系统性更强一些。但是，按服务蓝图设计的测量方法具有独特的优点，它可以针对每个服务流程（如购物过程、咨询服务、开发票、借童车等）设计专门的调查问卷，而其他两种方法只能针对整个服务业务。同时，服务蓝图调查表作为服务蓝图的一个配套工具，对于落实服务蓝图设计方案具有重要作用。

三、应用服务蓝图开展服务质量的控制与改进

　　服务蓝图用于服务质量的控制与改进，可以通过两种方法来实现：流程排查法和关键点法。

　　（一）流程排查法

　　流程排查法作为识别关键点的方法之一，在前面已经介绍过。它的基本思想是按照流程顺序逐步识别对某类管理指标具有影响的因素，因此，可以应用这种思想排查对服务质量构成影响的因素，进而达到控制和改进服务质量的目的。

　　理查德·B.蔡斯（Richard B. Chase）等[27]把服务失败（服务质量问题）分为两类：一类是由顾客引起的，一类是由员工引起的。然后，他按照流程排查法的思想，利用服务蓝图查找汽车维修过程中分别由顾客和员工造成的服务失败，并提出了服务质量改进措施，如图 3.8 所示。

　　服务质量问题的含义不仅包括服务失败，还包括顾客体验。因此，在控制和改进服务质量时，既可以从避免服务失败方面做工作，也可以从提升顾客体验方面做文章，而这两种情况，都可以使用流程排查法。例如，可以按照流程步骤，逐步识别可能会给顾客带来良好体验的机会和因素，并采取适当的改进措施。

由顾客错误造成的服务失败

失败：顾客忘了预约电话 措施：给顾客发优惠卡

失败：顾客难以讲清问题 措施：安排检修员，帮助顾客澄清毛病

失败：顾客不明白修理的必要性 措施：发给顾客关于修理项目、理由、细节的图文资料

失败：顾客不在现场或难以忍受无聊等待 措施：给打手机，在等待区提供台球、电视等服务

失败：顾客不知道是否完全修理好 措施：在交车钥匙给顾客时，请修理师讲明修理结果

由员工错误造成的服务失败

失败：未接听顾客的电话 措施：电话铃响三声必须有专人接听

失败：未按顺序接待顾客 措施：按顺序给顾客排号

失败：问题诊断错 措施：配备高科技检测设备

失败：费用估计错 措施：设计修理项目的费用核对表

失败：问题修理结果不理想 措施：对修理技师进行技能培训

失败：车辆没有正确清洗 措施：取车人检查，必要时重新清洗，并对洗车人进行培训

失败：未付款离开 措施：严格执行流程，先付款，后取车

顾客行为

互动分界线

前台行为

可视分界线

后台行为

内部互动分界线

支持行为

第一步——预备工作

顾客电话预约修理

安排预约

顾客驱车抵达

接待顾客

获得车辆信息

顾客车辆档案系统

第二步——问题诊断

顾客详述车况及问题

初步诊断，弄清原因？

是／否

细节问题诊断

费用和时间估计

顾客同意修理

第三步——修理

顾客等候或离开现场

为等候顾客提供其他服务

安排技师进行必要的修理

检查工作

通知顾客

清洗车辆

准备顾客账单

把维修信息存入车辆档案系统

第四步——顾客付款和取车

顾客付款

取车

顾客离开

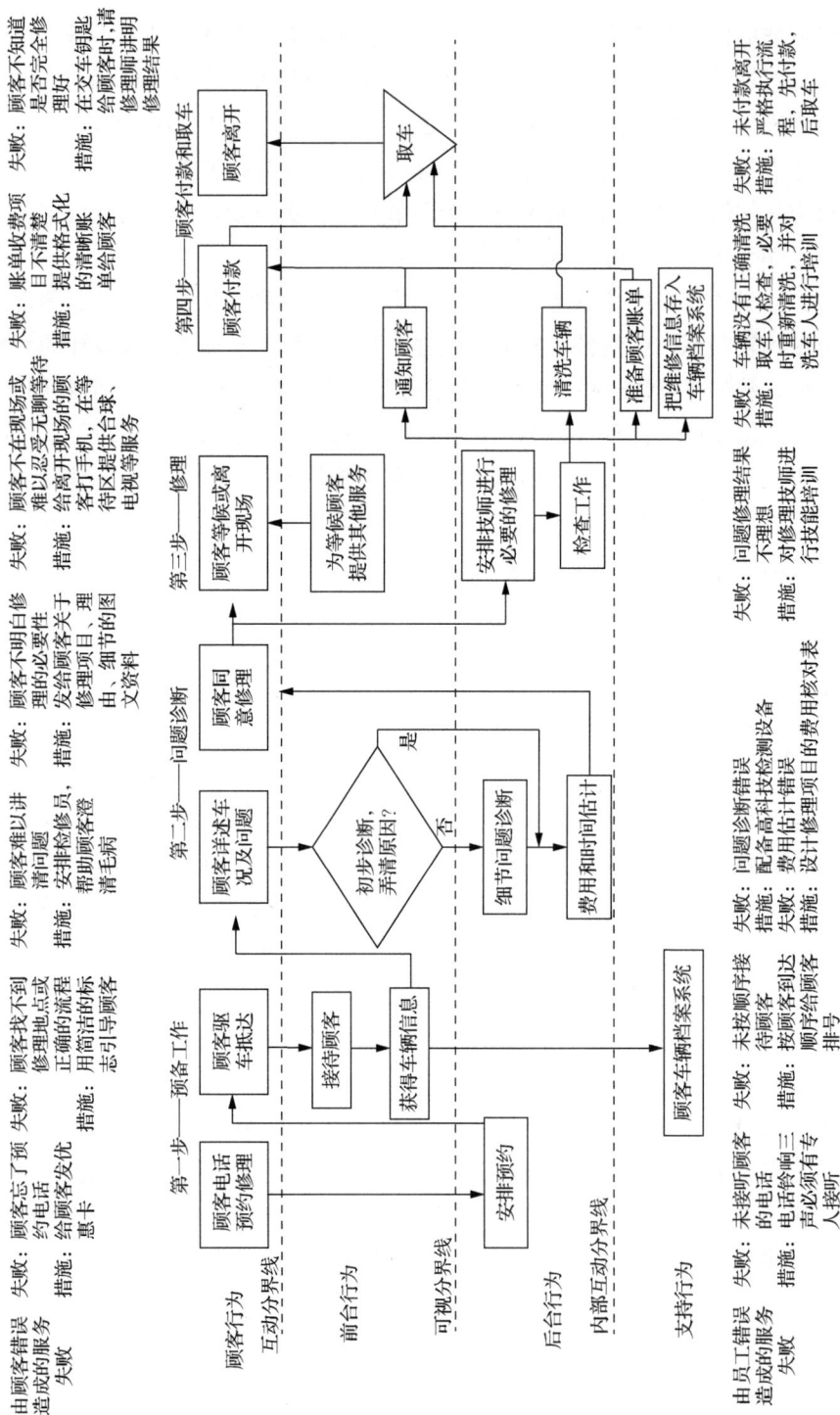

图 3.8 对一家汽车修理厂服务失败的系统分析

（二）关键点法

关键点是实施重点管理的抓手，通过关键点识别、关键点标注、关键点设计和关键点动态调整等步骤，可以对重点质量问题给予重点管理，进而达到质量控制和改进的目的。此外，在实施服务蓝图和对关键点进行管理的过程当中，引入暗访（神秘顾客）监督方式，并且着重对关键点进行暗访，对于落实服务蓝图设计方案和稳定服务质量非常有效。为了落实服务蓝图咨询方案，笔者带领的课题组专门为燕莎奥莱实施了一年的暗访，除了利用检查表（基于服务蓝图设计）进行常规暗访检查外，重点对标注在服务蓝图中的关键点执行情况实施了暗访。以顾客购物服务蓝图为例，图 3.9 是顾客购物服务蓝图的一个片段，里面标注了当时发现的一些关键点[31]。

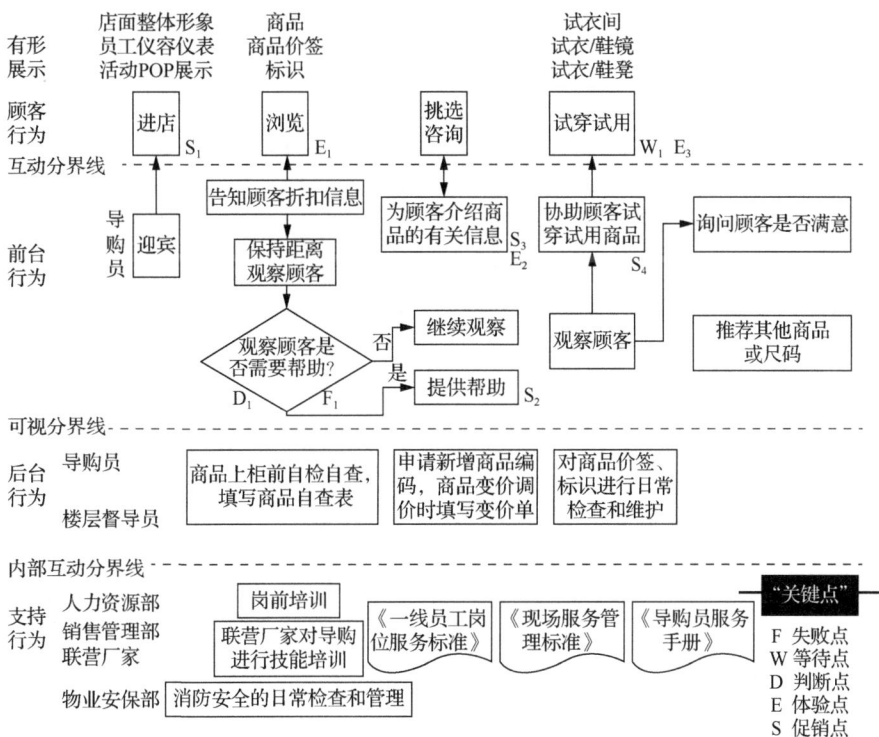

图 3.9　顾客购物服务蓝图中的关键点

例如，第一个促销点（S_1）是希望品牌专柜利用 POP 广告牌向顾客传达促销信息。暗访人员发现，有一个卖鞋的品牌专柜的 POP 广告牌的促销内容被鞋盒挡住了，另外一家服装品牌专柜的 POP 广告牌中没有促销内容，只剩下一个塑料牌，这两种情况都达不到促销的目的，不符合规范要求。再如，第一个体验点（E_1）

是希望在顾客浏览过程中，商品展示能够给顾客留下美好印象和良好体验。但是，暗访人员发现，一个服装品牌专柜在顾客挑选完服装后没有及时整理货架，衣服被随意搭放在货架上；在一个眼镜专柜，顾客挑选完后，眼镜凌乱地摊放在柜台上，也没有及时整理。这两种情况都会给顾客"地摊货"的感觉，降低了顾客的体验感，影响了商品品牌形象和燕莎奥莱的品牌形象。

开展暗访工作以后，燕莎奥莱负责卖场管理的主管人员反馈说，在暗访前，很多品牌专柜工作人员不承认自己有什么不合格的地方；暗访后，有照片作证，他们就不得不承认了，而且把暗访中发现的问题反馈给这些专柜工作人员后，他们能够很快改正。由此可见，暗访工作对于落实服务蓝图中的关键点管理和服务质量控制发挥了极其重要的作用。

第五节　效率管理

流程优化的主要目的之一就是提升流程的运行效率，基于流程的效率分析和管理也有很多相关研究。自肖斯塔克[1]1982 年提出服务蓝图之初，时间与效率就是服务蓝图关注的一个重点。在后续的研究中，仍然有学者沿着原有"节省时间"的路径前行，进一步完善该种类型的服务蓝图，但这已经不是服务蓝图研究的主流方向了，其主流方向开始转为顾客感官体验的改善[32]。

没有把时间分析或效率分析作为服务蓝图研究的主要方向之一，是因为服务效率研究目标比较单一，即价值最大化或速度最快，而服务蓝图演化为一个具有多维度和复杂结构的图景化工具，图中的复杂信息（有形展示、3 条分界线、区域划分、支持行为等）会对服务效率研究产生很多干扰，因此，从单纯的效率研究而言，服务蓝图并不是一个理想的工具。相比之下，精益管理中的价值流远比服务蓝图更为实用。

但是，这并不是说服务蓝图在研究效率方面完全失去了作用，需要转换角度来寻找服务蓝图在研究效率方面的独特作用。首先，任何服务系统都不可能单纯追求服务效率，还要追求顾客满意度、产品质量、生产安全性等，因而效率目标与其他目标相互协调或协同才是最佳的。服务蓝图作为系统图提供了这样的研究环境，前面提到的那些干扰因素可以作为效率研究的约束条件或参考因素。因此，在服务蓝图框架下研究出的服务效率未必是最优或最大化的，但应该是更符合服务系统操作要求、更合理实用的。其次，服务效率从系统角度可以看作是服务系统的输出效率，它是由服务提供效率（或服务人员的工作效率）和顾客消费效率两个方面共同决定的。但是在一般的效率研究中，大多是研究前者，较少研究后者。然而，服务系统运行是由顾客需求和消费行为驱动的，而且服务系统也是强调顾客导向的，因而顾客消费效率比服务提供效率更应受到重视。服务蓝图很好地表达了服务系统运营的这种特征，详细描绘了顾客的消费过程，因此，使用服务蓝图研究顾客的消费效率应该说是一个不错的选择。最后，如果能够把服务蓝图与精益管理等工具结合起来研究服务效率，就可以设计出一个精益化的服务蓝图，更好地指导服务活动和服务管理活动。

一、对效率的理解

效率，从广义上讲，就是指投入与产出之比，它与产出成正比，与投入成反比。投入包括时间、人数、资金额、设备台数、设施面积、原材料数量等；产出包括产品数量、销售额、利润、接待人数等。不同的投入产出比会形成不同的效率概念，如资源配置效率、机械效率、工作效率、成本效率、人效、坪效等。

效率与效用密切相关。效用是指产出结果的有用性或有效性。显然，效用是效率的前提，如果产出结果没有效用，甚至是负效用，那么效率越高意味着产出结果的危害性越大。德鲁克在其著作《卓有成效的管理者》的开头就阐明了二者之间的关系"效率是把事情做对，效用是做对的事情"，并从这句话中引出了管理与领导的区别"管理是把事情做对，领导则是做对的事情""做对的事情比把事情做对更为重要"。

服务业务中的效用和效率相对比较复杂。对于制造企业而言，效率通常是站在组织角度来考察的，也就是衡量组织的投入产出之比。但是，对于服务企业来说，可以从组织和顾客两个角度来衡量。从组织角度来看，服务生产与工业生产的效用和效率概念基本上没有区别；从顾客角度来看，效率是指顾客投入与服务产出效用（对顾客的有用性和有效性）之比，也就是顾客眼中的值不值。詹姆斯·赫斯克特（James Heskett）等在其服务利润链理论中称之为顾客价值：

$$顾客价值 = \frac{为顾客创造的服务效用 + 服务过程质量}{服务的价格 + 获得服务的成本}$$

式中，为顾客创造的服务效用是指顾客获得的服务结果满足顾客目标（解决问题）的程度；服务过程质量是指顾客在接受服务过程中所获得的精神体验（方便、舒适、愉悦等）；服务的价格是指顾客购买服务的费用；获得服务的成本是指顾客为了获得服务所付出的精力、心理、时间和路费等。因此，在顾客眼中，服务价值绝不仅仅是一个简单的结果，而是同时考虑了精神感受和各种付出后的性价比，即值不值。

显然，站在顾客角度，效率（顾客价值）的影响因素分散在整个服务流程中，因此可以通过优化服务流程来改进效率。

二、基于流程的效率改进方法

效率问题是管理学中最古老的一个话题，也是一个永恒的话题。20 世纪初，泰罗的《科学管理原理》的出版标志着管理理论的诞生。泰罗研究的主要内容就是如何提高生产效率，采用的主要方法之一就是流程分析，可以说泰罗是利用流程改进效率的开山鼻祖。

目前，价值流和 ECRS 是通过优化流程来改进效率的两种常用方法。

（一）价值流思想

价值流是精益生产（lean production）的核心思想。精益生产是由美国麻省理工学院组织世界上 17 个国家的专家、学者，花费 5 年时间，耗资 500 万美元，对丰田汽车准时生产（just in time，JIT）方式开展研究，经理论化后总结出来的，是对 JIT 的赞誉称呼。詹姆斯·P. 沃麦克是核心研究人员，他和丹尼尔·T. 琼斯在其著作《精益思想》中把精益思想概括为 5 个原则：精确地定义特定产品的价值；识别出每种产品的价值流；使价值不间断地流动；让客户从生产者方面拉动价值；永远追求尽善尽美。由此可以看出，精益生产理论的核心思想在于创造价值。

1. 价值

价值泛指客体对主体表现出来的积极意义和有用性。在传统的企业管理中，价值主体主要是指企业，价值主要是指企业价值，可以简单地理解为成本降低或利润增加。因此，价值创造活动就是为企业降低成本和增加利润的活动。但是，随着市场竞争的加剧和营销活动的开展，企业越来越认识到用户（顾客）才是价值的受用者，产品（服务）是否有价值，用户（顾客）拥有最终的发言权。此外，随着社会的进步，人们越来越认识到企业管理中社会责任的重要性，安全生产和文明生产成为考察一个企业品牌形象和能否可持续发展的重要方面，因此，社会也成为价值活动的一个主体，社会价值也成为企业生产活动需要考虑的一个指标。总之，价值的主体从企业延伸到顾客和社会后，价值的内涵也被拓宽为企业价值、顾客价值与社会价值 3 个方面。当然，在实际工作中，企业常常面临如何平衡 3 种价值的关系问题，特别是当其中 2 种价值发生冲突时，必须做出取舍。通常情况下，就 3 种价值之间的关系而言，顾客价值是企业价值的前提，产品（服务）为顾客提供的价值越大，购买的顾客就越多，因而为企业带来的销售额和利润就越多。此外，随着企业社会责任意识的提升和相关政策法规的完善，企业的生产服务活动逐渐被要求以不损害社会价值为前提，甚至还要求企业做一些社会公益事业。

2. 价值流分析

价值流就是价值形成的过程，是从原材料转变为成品并赋予其价值的全部活动，包括从供应商处购买的原材料到达企业，企业对其进行加工后转变为成品再交付客户的全过程。价值流包括 3 类活动：增值活动、非增值但目前必要的活动、非增值活动。后两种非增值活动都是价值流中的浪费现象，价值流管理的目的就是消除这些浪费，进而实现价值增值。由此可以看出，价值流管理实际上是在"做正确的事"的前提下，更"正确地"提高生产效率（价值/成本）的一种方法。

浪费是价值流分析关注的焦点，消除浪费是价值流管理的基本方法。在制造企业中，丰田公司找到了生产流程中 7 类未能创造价值的浪费：不良修理的浪费、过分加工的浪费、动作的浪费、搬运的浪费、库存的浪费、制造过多/过早的浪费、等待的浪费[33]。在服务企业中，除了同样存在上述 7 类具体的浪费现象，还可以针对服务运作的特点把浪费现象归纳为如下 8 个方面：空间的浪费、设备的浪费、人力的浪费、时间的浪费、材料与供应品的浪费、创意的浪费、顾客体验的浪费、社会资源的浪费等。

分析价值流中浪费现象的主要工具是价值流图（value stream mapping，VSM），它是使用特定图标描绘价值流过程的流程图，包括物流图、信息流图和过程流图 3 种类型。价值流分析和改善过程包括确定价值流改善对象、绘制价值流现状图、分析价值流现状、设计价值流未来图、制订改善计划、实施改善计划等步骤，改善完成后再进入新一轮循环，这样周而复始、螺旋式推进，构成了价值流持续改进的过程。

3. 价值流在服务中的应用

沃麦克后来把精益思想应用于服务业，提出了精益服务和精益消费的概念，其中精益消费是精益服务的核心。沃麦克在其与丹尼尔·T. 琼斯合著的《精益服务解决方案：公司与顾客共创价值与财富》中这样描述精益消费：像对待生产过程一样，把消费作为一个过程予以重新考虑，只不过是从相反的方向进行，以便能发现使消费者获得所需商品和服务的更好方式。在精益消费概念的基础上，沃麦克[34]又提出了精益消费应该坚持的六大原则：能够完全为消费者解决问题；不会浪费消费者的时间；为消费者准备好想要的东西；在消费者需要的地方提供价值；在消费者需要的时候提供价值；在解决问题时，为消费者减少决策选择。这些原则实际上与赫斯克特的服务利润链理论中的顾客价值等式反映出了一致的思想：最大限度地实现顾客价值，让顾客感觉到"值"或"很值"。同时，这些原则也为优化顾客消费流程提出了系统性、可操作的指导意见。

价值流分析和精益思想既可以应用于组织的生产活动，也可以应用于顾客的消费活动。如果分别从顾客和组织两个角度来评价效率问题，就会产生两个效率概念：从顾客角度看，可以把顾客消费过程看作一个价值流过程，用顾客投入与顾客获得的效用（价值）之比来评价效率；从组织角度看，可以把组织行为（包含前台行为、后台行为和支持行为）看作一个价值流过程，用组织投入与组织产出（价值）之比来评价效率。以餐饮消费为例，在顾客看来，他消费的服务产品（效用/价值）既包括美食，也包括享受美食的过程，因此吃饭聊天的时间长短不是成本，而是价值享受。试想吃火锅的过程，一边涮着羊肉，一边跟朋友有说有笑，是多么享受的一件事情；如果把这个过程压缩，只提供一盘涮好的羊肉，服务员端上来就让顾客吃，那该多无聊。因此，顾客会站在自己的角度这么评价效率：花了那么多路途时间和等待时间（注意，不包括吃饭时间以及吃饭中和朋友聊天的时间），那么高的价格，那么耗费精力地搜寻餐厅、预订餐厅和组织就餐，这次就餐活动值不值？在餐馆看来，服务就是迎来送往地招呼顾客，为顾客点菜、炒菜、上菜、倒水、结账、收拾餐桌，以及在整个过程中与顾客沟通，接待顾客投诉、为顾客指点厕所位置等，因此，餐馆会这么评价效率：日销售额是多少？每天人均销售额是多少（人效）？每天每平方米的销售额是多少（平效或坪效）？就"时间"因素来看，对于顾客而言，享受美食过程的时间是增值时间；而对于餐馆来说，如果按照"翻台率"（平均一张桌子一天接待的顾客群数）来评价效率，那么所有的时间都是成本和费用。

有了这两个效率概念后，就可以得出以下3个结论。

（1）组织效率的前提是顾客效率，因为顾客获得价值是企业实现价值的前提。

（2）应优先优化顾客消费流程，进而提升顾客消费价值。

（3）组织的服务提供过程（前台、后台和支持）是为实现顾客价值提供支持的，因此组织行为流程的优化要围绕顾客行为流程展开。

（二）ECRS分析法

ECRS分析法是工业工程学中用于对生产工序进行优化的一种常用方法，它通过减少不必要的工序来提高生产效率。ECRS是4个英文单词eliminate（取消）、combine（合并）、rearrange（重排）、simplify（简化）的首字母的组合。其中，E就是把那些多余的、无价值的作业工序取消掉，而且取消这个作业工序之后不会影响正常的生产加工任务；C 就是把两个或两个以上的比较小的作业工序合并在一起，以便很好地消除由于工序转换造成的浪费；R 是指调整那些编排不合理的工序步骤，以便使整个作业工序更为顺畅；S 就是在前 3 项工作的基础上，经过整体性的思考，简化作业工序，使整个工艺流程更加简单有效。ECRS 高度概括了工序优化的精髓，因此常被称作工序优化四原则。

ECRS 分析法虽然产生于工业制造领域，但是它的思想内涵和具体做法同样适用于优化办事流程和服务流程。由于工艺流程、办事流程和服务流程本质上都是流程，都是由一系列步骤构成的链条或通过一系列步骤完成一件事情，且流程都存在运行效率问题，而影响效率高低的原因也主要是这些步骤的分解与排序的合理性，因此，对这些步骤的取消、合并、重排和简化是优化流程进而提高运行效率的常规思路。

（三）价值流与 ECRS 在服务业的应用案例

通过以上分析可知，价值流和 ECRS 两种方法虽然来源于制造业，但都可以应用于服务效率分析，而且应以顾客消费效率作为主要研究对象。

在中国质量协会于 2017 年举办的首届中国优质服务大赛上，浙江省台州市中心医院[35]提供的参赛作品"价值流图分析改善病人等待"以优异成绩获得了一等奖。后来，该项目成果作为优秀案例发表在《中国质量》杂志 2017 年第 9 期上。

台州市中心医院是一家集医疗、教学、科研、预防、保健与康复为一体的大型三级甲等综合性医院。作为台州市公立医院改革的试点单位，该院坚持"以人为本、患者至上、科教强院、精益日新、团队协作"的价值观，在服务患者、改善患者就医体验领域进行了大量的探索和改革。

像全国其他各大医院一样，到台州市中心医院就医的患者非常多。中心医院经过统计发现，到该院看病的患者平均在院花费时间长达 170 分钟，就医过程中付费 2 次排队现象占 82.59%；患者就诊时，大部分时间用于科室间的奔波和排队，门诊就诊者满意度持续低于 90%。

为改善门诊患者就医等待的现象，台州市中心医院成立项目组，以副院长为组长、护理部主任等人为组员，利用价值流图对患者就医等待进行分析和改善。项目组将就医过程按照顺序分为若干环节，从患者预约开始到驾车、停车、排队、挂号、候诊、就诊、排队、付费、排队、取药、排队、检查、等待检查报告直至就诊结束回家，逐步分析患者等待时间和就医现状，如图 3.10 所示。

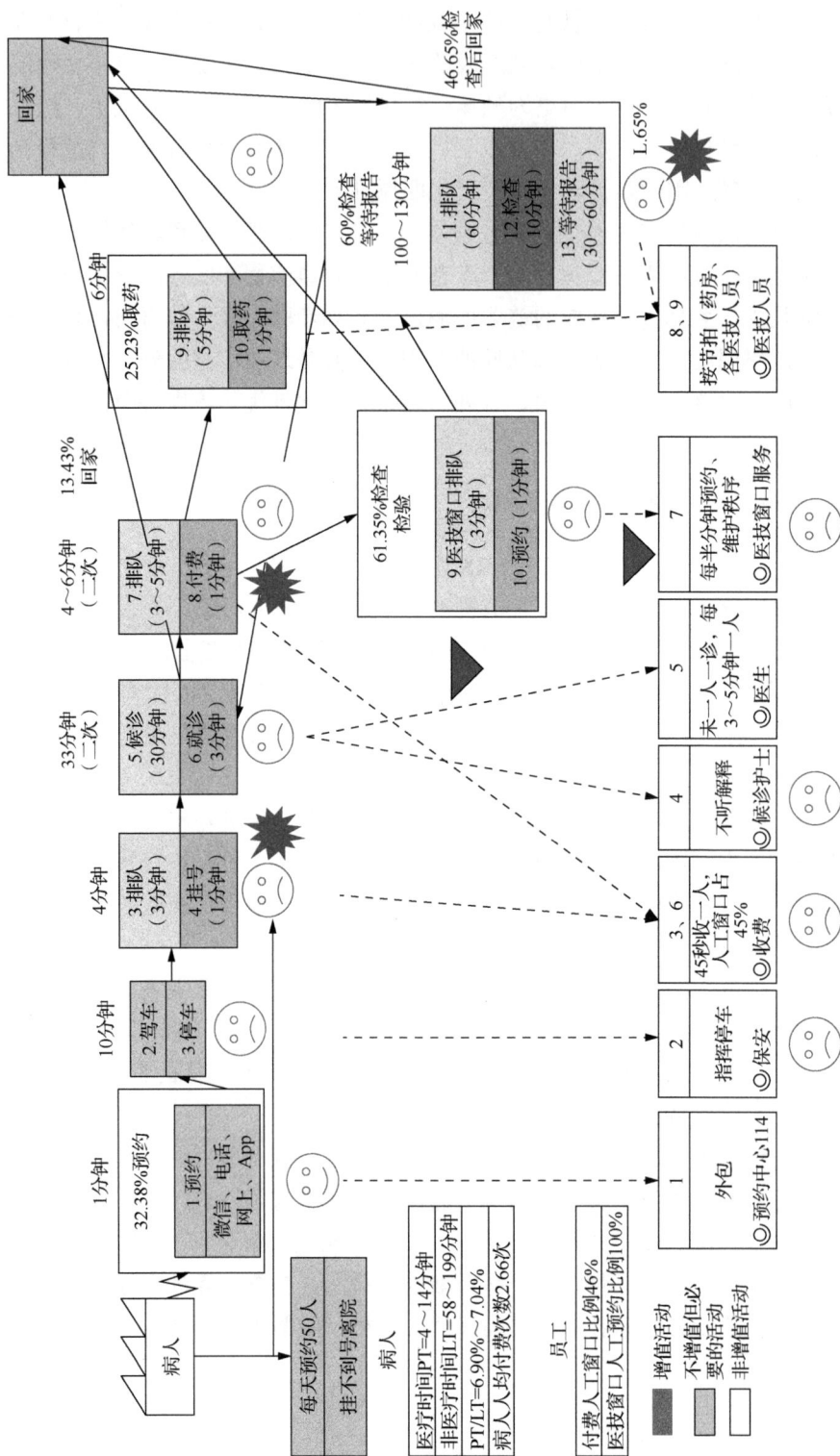

图 3.10　台州市中心医院门诊就诊的价值流现状图

　　项目组利用价值流图对门诊就诊过程展开分析，找出患者就诊过程中每一段等待和浪费的时间，并根据 ECRS 分析原则制定未来图，如图 3.11 所示。

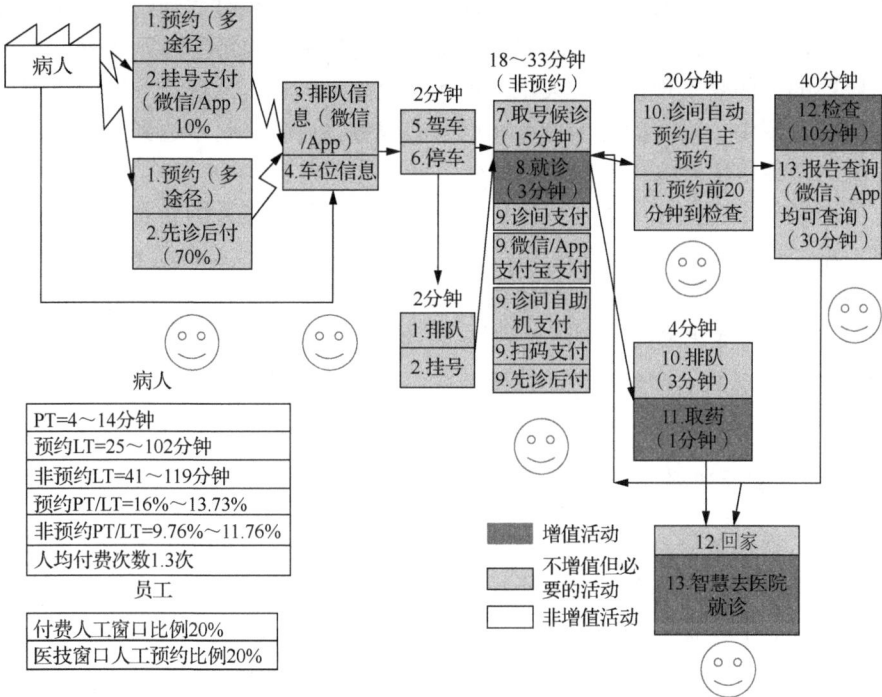

图 3.11　台州市中心医院门诊就诊的价值流未来图

　　调整后的就诊流程取消了等待报告（13）中的打印报告环节；将挂号（4）与排队（7）、付费（8）合并；对医技排队（9）、预约（10）进行重排；在候诊（5）中建立候诊提醒。

　　针对门诊患者就医现状，项目组成员利用价值流图进行分析，制订整改计划，明确预期目标为"实现患者就医零等待"，具体指标包括每窗口排队人数≤5 人，门诊病人平均在院时间（从挂号到取药）≤120 分钟，病人满意度≥90%。

　　项目实施取得了令人满意的效果，医院大厅挂号、交费、取药等窗口的人流量大幅度减少。台州市中心医院项目组认为，价值流分析可以让管理者跳出现有框架，综观全局，以系统性的眼光集成价值链各环节，将改善目标与相关部门进行整合，使价值链内所有部门协同发展，达到最优效果。

三、应用服务蓝图开展效率分析和管理

　　服务蓝图与传统流程图最大的区别就在于，服务蓝图中纳入了顾客行为，而且服务活动的进程节奏是由顾客消费步骤主导的。按照沃麦克对精益生产和精益

服务的研究，可以分别对顾客消费过程开展精益消费研究，对组织服务供应过程（包括前台行为、后台行为和支持行为）开展精益生产研究。如果把被精益后的顾客消费过程和被精益后的服务供应过程匹配在一起，并经过适当的、系统性的协调和均衡，就可以形成被精益后的服务蓝图，这里称之为精益服务蓝图。

精益的目的是实现价值最大化，也就是效率最大化。从理论上讲，在被精益后的服务蓝图中，顾客的消费价值和组织的服务供应效率基本达到了最大化。但是，顾客消费价值最大化是组织供应效率最大化的前提。

下面以一个案例说明如何利用价值流、ECRS 和服务蓝图开展效率分析，最后形成精益服务蓝图。该案例是一个汽车维修服务案例，改编自沃麦克的著作《精益服务解决方案》[34]8-27。这个故事由鲍勃汽车仪表盘上的检修发动机灯突然亮起来而引发，为此他需要找一家汽车维修店。鲍勃分别给附近的几家维修店打电话，描述了问题并询问了相关费用，他根据自己的经验，最后选择了一家之前从没去过的 4S 店。

（一）顾客的消费流程

首先考察顾客的消费流程，包括流程步骤、时间效率和顾客感知。表 3.8 列出了鲍勃的消费过程和各个步骤所花费的时间，并按照工作性质确认了各个步骤的增值时间、非增值但必要时间和浪费时间。

表 3.8　消费步骤及时间　　　　　　　　　　　　　单位：分钟

步骤	增值时间	非增值但必要时间	浪费时间
1. 打电话咨询，选择最佳修理店	5	20	
2. 与维修店预约时间		5	
3. 开车到维修店		20	
4. 排队，描述问题，填写信息	5		10
5. 等候借用车，表格签名			10
6. 与服务人员讨论问题，委托修理	5		
7. 电话通知隔天取车			5
8. 排队付款，等待取车			15
9. 开车回家		20	
时间合计	15	65	40
时间占比	13%	54%	33%

依据表 3.8，笔者设计了对应的顾客消费价值流图，如图 3.12 所示。

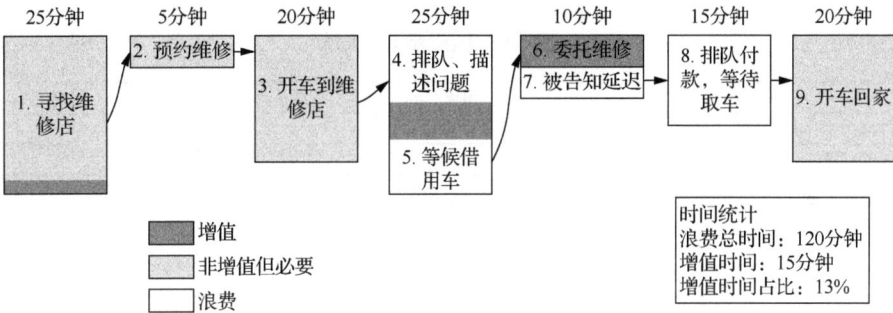

图 3.12 顾客消费价值流图

顾客对各个步骤的服务质量（包括员工技术、服务态度、花费时间、消费环境等）会有不同的期待和感知。这里研究时间效率，所以专门调研了鲍勃对时间的感知，即感知时间。感知时间与实际时间（钟表时间）不同，它受到业务性质、顾客认知、顾客情绪、环境等多方面的影响。一般而言，在顾客看来，如果花费的时间是有价值的，那么他会认同和接受，因而感知时间与实际时间比较接近；如果顾客认为这段时间纯粹是浪费，那么他的感知时间比实际时间要长很多（每个人的感知也不一样），因而会极不耐心，极不满意。图 3.13 展示了鲍勃对这次维修过程的情绪体验。用面部表情图来表现顾客对时间和价值的感知体验，笑脸表示高兴或满意，哭脸表示不满意或失望，发怒脸表示极度不满意。

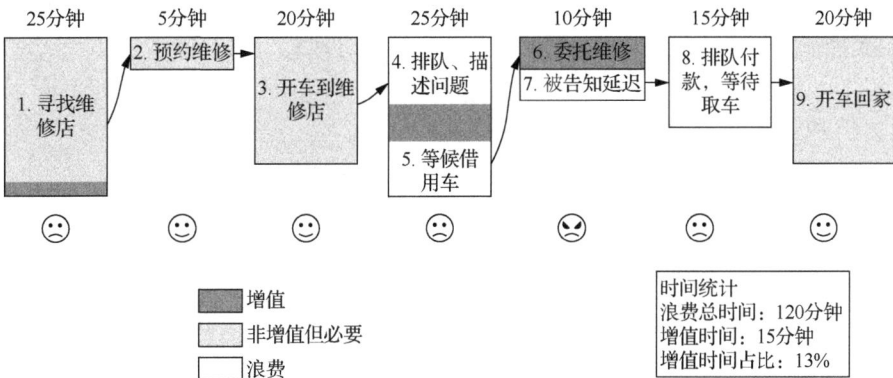

图 3.13 顾客消费体验图

（二）供应商的服务供应流程

考察完顾客的消费流程后，按照同样的思路和逻辑，再来考察供应商的服务供应流程。供应商的供应步骤及时间见表 3.9。

表 3.9　供应步骤及时间　　　　　　　　　　　单位：分钟

步骤	增值时间	非增值但必要时间	浪费时间
1. 接电话，回答顾客关于修理的询问	5		
2. 记录预约时间，排定工作日程		5	
3. 记录相关信息，准备维修单		15	
4. 把车开到车库		5	
5. 把车从车库开到修理车间		5	
6. 诊断汽车故障	10		
7. 规划预计费用和所需配件清单	5		
8. 与客户联系获得修理许可	1	4	
9. 在配件部寻找配件		10	
10. 确定配件到货时间		15	
11. 把车开回车库		5	
12. 给客户打电话解释延期原因		5	
13. 把车从车库开到修理车间		5	
14. 修理汽车	15		
15. 把车从修理车间开到车库		5	
16. 准备发票、刷信用卡等	1	4	
17. 把车从车库开过来交给客户		5	
时间合计	37	88	0
时间占比	30%	70%	0

依据表 3.9 设计服务供应价值流图，如图 3.14 所示。

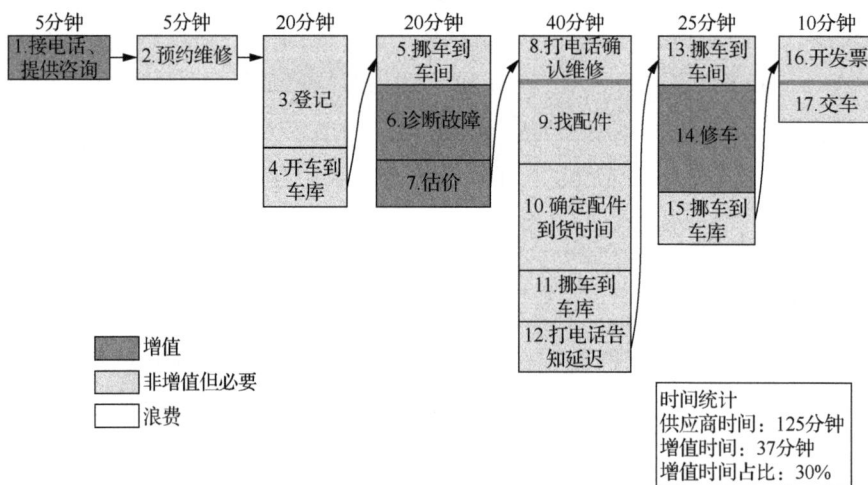

图 3.14　服务供应价值流图

同样需要了解供应商在流程操作中的工作体验，如图 3.15 所示。

（三）匹配消费流程图和供应流程图

把描绘消费流程的图 3.12 和描绘供应流程的图 3.14 的各步骤对应地平行排列

起来，就绘制出了一个完整的汽车维修的价值流图，如图 3.16 所示。

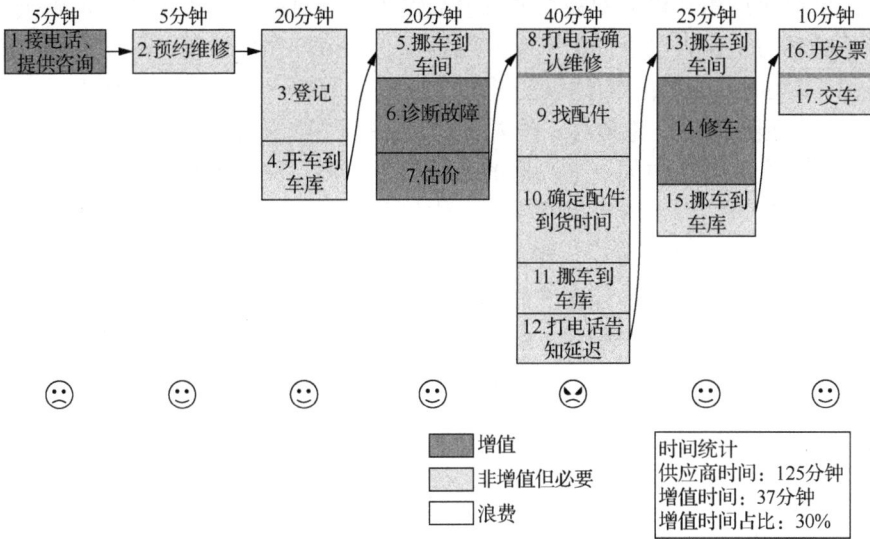

图 3.15 供应商体验图

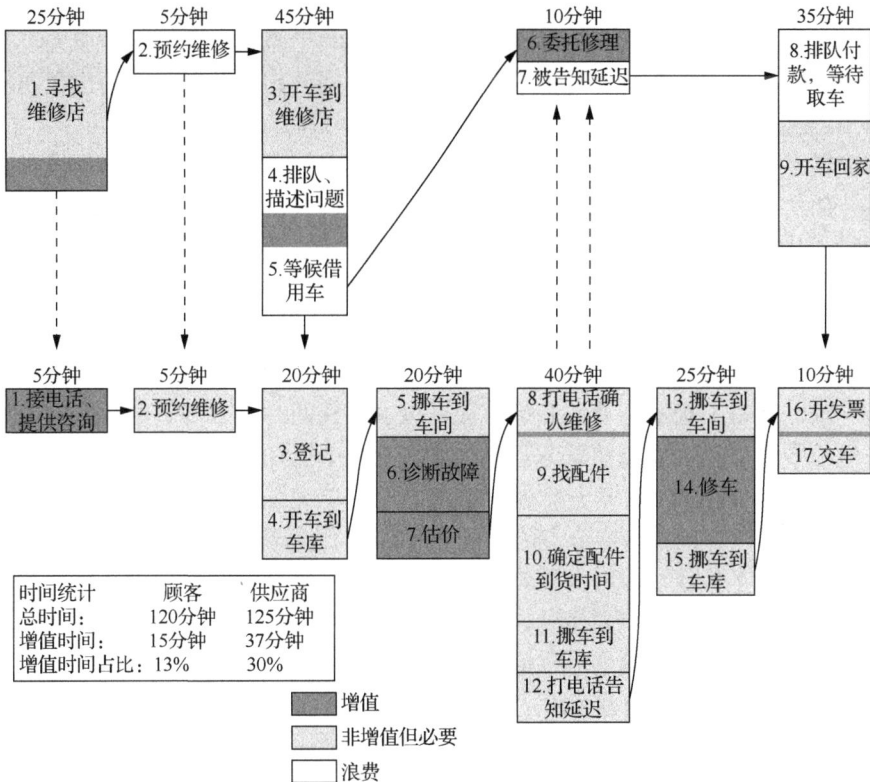

图 3.16 汽车维修的价值流图

图 3.16 描绘了鲍勃所经历的完整的汽车维修服务的价值流过程现状，将顾客视角的价值流过程和供应商视角的价值流过程进行对接。利用该图，可以全景式地分析鲍勃与工作人员之间的互动接触过程、价值产生的过程；再结合顾客消费体验图（图 3.13）和供应商体验图（图 3.15），就可以分析鲍勃和工作人员高兴与不高兴的原因。特别是鲍勃与工作人员之间的接触点，往往是双方体验的关键点。

鲍勃是众多顾客中的一个，他的经历只是个例，并不具有普遍性和共性。如果再多分析几个案例，就可以找出汽车维修服务具有共性特征的价值流图。假定图 3.16 就是经过多案例分析后形成的具有共性的价值流图，就可以从顾客和供应商两个角度，利用 ECRS 技术并充分考虑引入信息技术手段（如自助查询、二维码结账等），来整合整个价值流，系统性地消除浪费时间，减少非增值但必要时间，整体上提高增值时间占比。限于篇幅和案例资料的不足，这里忽略这一步骤。

（四）设计精益服务蓝图

假定图 3.16 是经过精益化的价值流图，那么基于该图就可以设计对应的精益服务蓝图，如图 3.17 所示。图 3.17 增加了支持行为、有形展示和价值增值点（$）。此外，还可以在顾客消费步骤和员工工作步骤上标注预期时间。

精益服务蓝图可以使相关工作人员更加系统和全景式地了解整个服务过程，了解自己的工作岗位在服务过程中的重要性、时间限定及其与其他岗位之间的合作关系，进而可以大大提高整个服务过程的工作效率。

在以上产生精益服务蓝图的过程中，虽然采用价值流和 ECRS 两种技术工具对具体的消费过程和供应过程开展了精益分析，但是服务蓝图为整个精益分析过程提供了战略观，使精益分析过程既从精益消费角度提升了顾客的消费价值，又从精益供应角度优化了服务供应效率，兼顾了"做正确的事"和"正确地做事"；同时，按照服务蓝图的"以顾客为中心"的战略观，精益消费是精益供应的基础，应以顾客消费价值为基准调整工作人员的服务供应行为，使组织供应和顾客消费协调一致。所以，把服务蓝图和价值流、ECRS 这两种技术工具结合起来研究服务系统的效率，最后以精益服务蓝图呈现，是一个很好的研究思路。

需要补充说明的是，对于体验性服务行业，单纯强调时间效率是有问题的，应该强调"以顾客需求为中心"的"服务节奏"，因为顾客"就餐聊天过程"属于消费体验或顾客价值而非时间成本，这段消费时间不强调时间效率。因此，服务效率研究应该首先研究精益消费，确定顾客感到最佳的、最舒适的消费节奏和消费方式，然后确定合适的服务供应效率和供应节奏。因而，对于体验性服务行业而言，并不是按照"销售额/时间"概念确定的服务效率越高越好，而应该是顾客感觉中的服务节奏越合适越好——用一句俗话来描述就是："瞌睡了，正好送来个枕头。"

有形展示

| 微信公众号
店铺网页
地图电话
招牌 | | 指示路牌
店铺招牌 | 微信公众号
店铺网页
地图电话
招牌 | 等候区
借用车 | | | 明细账单、修好的、
干净的车 |

顾客行为

1.寻找维修店　2.预约维修　3.开车到维修店　4.排队、描述问题　5.等候借用车　6.委托修理　7.被告知延迟　8.委托修理　9.开车回家

互动分界线

前台行为

1.接电话提供咨询　2.预约维修　3.等级　4.开车到车库　8.打电话确认维修　12.打电话告知延迟　13.收款、开发票　17.交车

可视分界线

后台行为

5.挪车到车间　6.诊断故障　7.估价　9.找配件　10.确定配件到货时间　11.挪车到车库　13.挪车到车间　14.修车　15.挪车到车库

内部互动分界线

支持行为

预约信息系统　配件信息系统　停车库　维修车间　配件库　收银信息系统

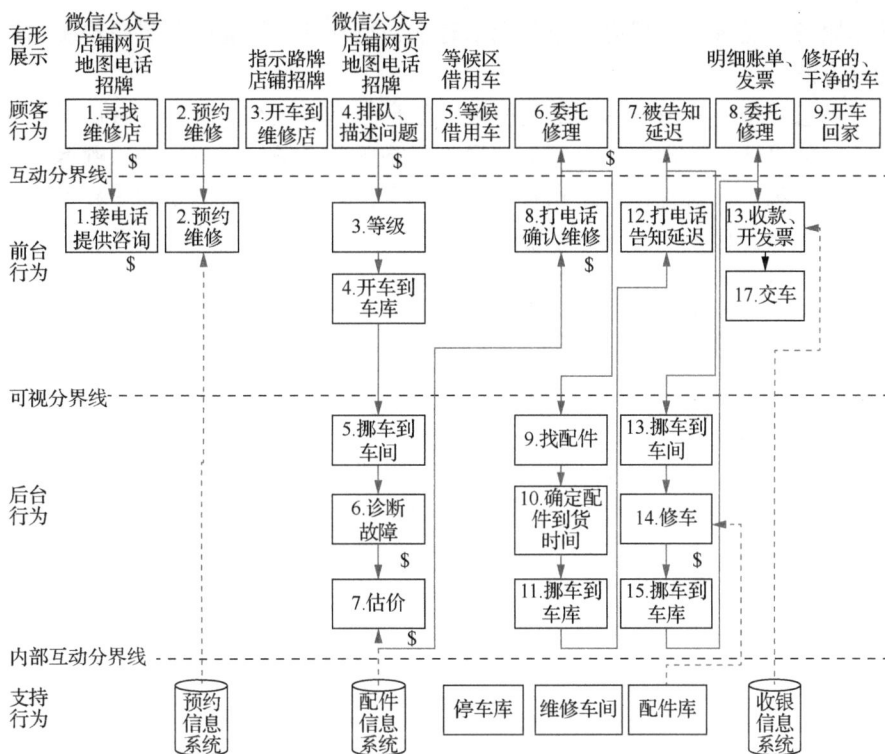

图 3.17　汽车维修服务的精益服务蓝图

精益服务蓝图概念揭示出一个道理：如果企业开发服务蓝图，那么优化效率（利用价值流和 ECRS 工具）是形成最后版本的精益服务蓝图的一个必要步骤。

第六节　目视化管理

20 世纪中期，整个汽车市场进入了多样化需求的新阶段，如何有效组织多品种、少批量生产，成为当时面临的一个问题。1953 年，丰田汽车的大野耐一在美国参观大型超级市场时受到启发，并于 1955 年发明了看板管理，进而发明了准时生产方式，有效地解决了多品种、小批量生产方式。目视化管理（visual management，也译作可视化管理）是随着看板管理的发展而发展起来的，并且不断完善。从应用范围上来说，目视化管理要比看板管理大得多，甚至可以说看板管理是目视化管理的一部分；从应用企业上来说，看板管理主要适合流水线作业的企业，而目视化管理适合所有企业。

目视化管理虽然产生于制造业的生产车间，但是它的基本思想和很多方法同

样适用服务现场管理。然而，服务现场有它的特殊性，不能简单照搬传统的目视化管理方法。

服务蓝图中的有形展示也是利用视觉信息来增强顾客的感知，有形展示（有形证据）的设计和管理同样有益于指导或影响服务现场的服务生产、顾客消费和管理活动。因此，目视化管理和有形展示的设计与管理实质上是同一种性质的管理活动。那么，目视化管理和有形展示的设计与管理之间是什么关系呢？在服务现场管理中，可否把二者的思想方法结合起来，共同促进服务现场管理呢？

一、目视化管理概述

（一）目视化管理的含义

人们通过五官（眼、耳、鼻、口、手）感知世间万物。在五官对应的 5 种感觉（视觉、听觉、嗅觉、味觉、触觉）中，视觉是人类获取外界信息的主要渠道，能够占到全部感知信息的85%。因此，视觉信息格外重要，需格外重视。

目视化也称作可视化，就是把信息尽量做到简单明了，让人一目了然。例如，如果驾驶汽车碰到下面两个图标（图 3.18），通常会感觉哪个更清楚呢？

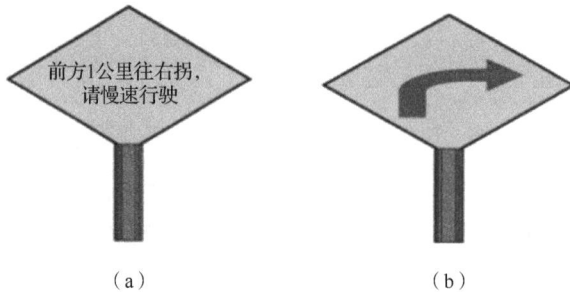

（a）　　　　　　　　　　　（b）

图 3.18　信息可视化图标

显然图 3.18（b）比（a）更清晰，这就是利用信息可视化的好处。因此，把目视化应用到管理中，一定会大幅提升管理的效率。

目视化管理就是利用浅显易懂的颜色、看板、图标、形迹、旌旗、信号灯、操作流程图、布局图、警示线、错误演示版、照片等可视化工具，使生产过程中的管理事项（进度、控制范围、问题、异常、浪费等）可视化，从而达到提醒、控制、警示、预防的目的。

现场（field，site）是提供生产和服务的场所，一般包含人员、机器、原材料、制度、环境、信息等 6 个要素，简称"人、机、料、法、环、信"。现场管理（field management/site management）就是对这些要素实施管理，以达到优质、高效、低耗、均衡、安全、文明生产（作业）的目的。

目视化管理作为现场管理的工具之一，主要是从可视化角度对现场构成要素开展设计和管理，以帮助现场管理更好地达到目的。

（二）目视化管理的特点和作用

1. 目视化管理的特点

目视化管理具有直观化、公开化和标准化 3 个特点。

（1）直观化，是指通过简洁易懂的方式，如图标、表格、信号灯等，使人一目了然。

（2）公开化，是指面向大众，尽可能地让大家能看见管理者的要求和意图，借以推动自主管理或自主控制。

（3）标准化，是指目视化管理的各种工具要进行标准化设计，以便于理解与记忆，实现应用和管理的统一。

2. 目视化管理的作用

基于以上 3 个特点，目视化管理能够发挥如下作用。

（1）容易遵守，使用方便。

（2）容易辨认好与坏、正常与不正常。

（3）提醒与警示异常现象，防患于未然。

（4）能够突出管理重点。

（5）能够体现改善绩效。

（三）目视化管理的应用

目视化管理是现场管理中的主要工具之一，它从可视化角度使管理事项变得简单明了。下面从 3 个角度说明目视化管理的应用。

1. 目视化管理在生产现场构成要素上的应用

生产现场主要由"人、机、料、法、环、信"6 类要素构成，因此，目视化管理首先可以应用于这 6 个要素。

（1）人员的目视化管理。主要是通过着装、仪容仪表、姿势规范对各类管理人员和生产人员进行区分。

（2）设备与工具的目视化管理。其中，设备的可视化管理主要是通过色标、指针、标识等可视化手段对设备的使用、保养、检修等工作进行提示，以利于设备的安全、高效使用和维护；工具的可视化管理主要是通过颜色、图标等可视化手段，把设备的种类、位置、顺序、用途、使用注意事项等标识出来，便于工人取用和存放，保证生产任务的安全顺利进行。

（3）原料的目视化管理。主要是在仓库管理和生产过程中使用，通过颜色、数字、台账等各种可视化手段，使存放区域、放置方式、物流动线、保质日期、最低存储量、安全事项（防火、防水、防虫）、出货顺序（先进先出）等一目了然，保质、保量、安全、高效、低成本地储藏和供应原材料。

（4）制度的目视化管理。主要是通过宣传口号、制度（流程图、标准）、安全图标等方式，规范工人的生产行为。

（5）环境的目视化管理。生产现场会有区域划分、设备定位、动线设计等要求，因此会采用布局图、楼层分布、工具放置处、导向标识图等对现场环境展开设计。

（6）信息的目视化管理。信息主要来自生产过程的统计和管理指令，如产量、缺货量、成本率、生产率、次品率、生产任务指标等，通过曲线图、统计表格、警示数字等将其展示在看板（电子显示屏或手写板）上，达到传达信息、促进生产的目的。现在已有不少数据可视化软件，一些大学还开设了数据可视化课程。

2. 目视化管理在现场专业管理上的应用

现场管理具有安全管理、生产过程控制、质量管理3个重要的专业管理职能。

（1）安全目视化管理。主要是通过安全口号、制度、流程、标识、警示灯等风险警示工具提醒人们提高安全意识、遵守安全作业流程、识别安全风险标识等，进而提高生产作业的安全水平。

（2）生产过程控制目视化管理。主要是通过图表、制度、流程等形式展示生产进度、生产工艺、规章制度等。

（3）质量目视化管理。主要是利用口号、制度、流程、标准等指导和约束工人的操作行为，通过警示灯显示质量异常，通过质量统计图表显示产品合格率、顾客投诉率等。

3. 目视化管理与其他现场管理工具的结合应用

现场管理有很多工具，除了目视化管理外，还包括价值流管理、生产过程与作业分析、5S管理、定置管理、标准化管理等，这些方法相互关联。可交叉使用。

目视化管理是从可视化角度实施的管理，主要是通过各种可视化手段使各个管理事项简单明了、一目了然。显然，它有助于其他各种管理方法的实施，使它们的实施过程和结果做到可视化。

以定置管理为例。定置管理是对生产现场中物的管理，主要目的是解决生产活动中人、物、场所三者之间的位置关系，实现生产现场管理的规范化与科学化：通过整理，把生产过程中不需要的东西清除掉，改善生产现场条件，科学利用场所，向空间要效益；通过整顿，促进人与物的有效结合，使生产中需要的东西随手可得，向时间要效益。定置管理要想达到其目的，显然离不开目视化管理的思想和方法——需要采用各种颜色、区域分布图、动线等，使区域划分、设备位置等更加明了。

二、服务现场及其特征

服务现场就是开展服务业务的场所。服务业务可以分为两种情况：一种是坐店经营（店铺），要求顾客到店寻求服务；第二种是上门或到事发现场提供服务，如上门维修冰箱、高速公路上处理交通事故等。由于第二种服务现场是服务企业无法控制的，只能利用所处环境的现有设施开展服务工作，可设计和可管理的环境要素比较少，因此，通常所讲的服务现场主要是指第一种情况——可设计、可管理、可控制的店铺服务现场。

店铺服务现场从空间区域上可分为后台区域和前台区域两部分。后台区域主要是按照前台传递过来的顾客订单组织生产，如餐馆的厨房，类似于工厂车间。两者之间的主要区别在于，工厂车间主要是按照计划任务组织生产，而服务企业的后台区域主要是对前台传递过来的顾客订单需求（品种、质量、数量、时间等）做出及时响应。前台区域主要用于接待顾客、为顾客传递服务，顾客在这里购买和消费，顾客的体验和对服务质量的评价主要在这里形成，因而对服务环境和服务人员都提出了很高的要求。从服务系统的功能上看，前台区域主要是完成服务传递和服务营销两项功能。

服务营销学很关注前台区域对顾客感知的影响，并且创造了一个专门词汇“服务场景”（servicescape）来描述前台区域。泽丝曼尔和比特纳在对服务环境的研究中，用服务场景来指代经过精心设计和控制的各种物理环境要素构成的服务场所。她把服务场景的构成要素划分为氛围要素、空间布局与功能，以及标志、象征和工艺品 3 个维度，并基于刺激—有机体—反应原理构建了服务场景模型，以揭示服务场景对顾客和员工行为的作用机制[5]250，如图 3.19 所示。

总体来看，由于后台区域类似于工厂车间，主要任务是生产，因此其现场管理可以借鉴传统的现场管理理论。前台区域涉及与顾客有关的很多事项，既包括服务传递任务，也包括现场营销任务，是传统的现场管理理论无法覆盖的，因此，前台区域的现场管理可以借助服务蓝图和服务场景的理论知识。

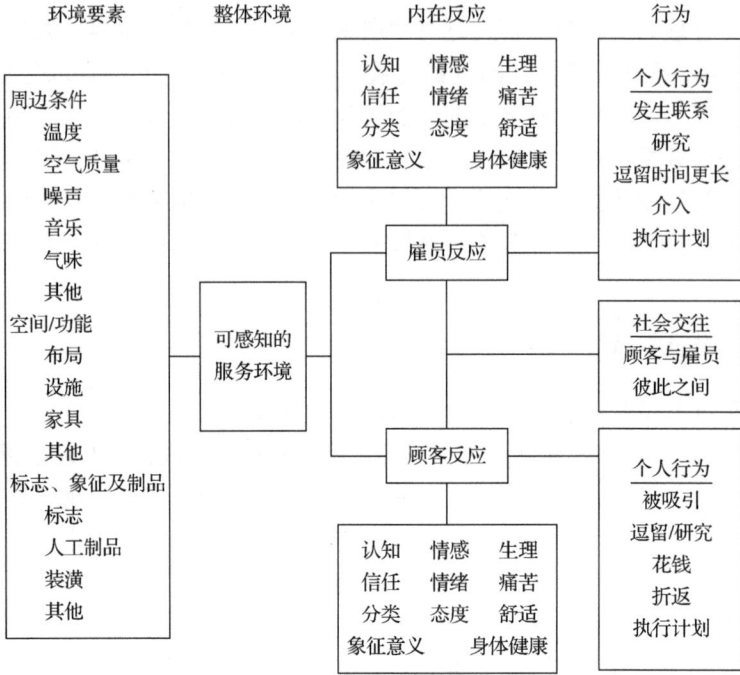

图 3.19　服务场景模型

三、应用服务蓝图开展目视化管理

目视化管理是现场管理中的一种主要管理方法,主要是通过有形证据实施"看得见的管理"。服务现场(服务系统)包括 3 类任务:服务生产任务、服务营销任务和服务传递任务。其中,服务生产任务主要在后台进行,部分生产任务会延伸至前台,可以应用传统的目视化管理方法;服务营销任务和服务传递任务发生在前台,主要面向的是顾客,在实施目视化管理方面,需要应用服务场景理论和服务蓝图技术。

服务场景是一个静态的物质环境,因而学者们主要是从静态的角度研究环境因素对顾客和员工的认知、情绪和行为的影响。但是,顾客消费和顾客反应是一个动态的过程,顾客的体验和顾客对服务质量的评价都是在过程中形成的,因此,仅仅从静态的角度去研究服务环境对顾客的影响是不够的。服务蓝图是主要用于描绘服务传递子系统的流程图,它关注的就是顾客的消费过程和服务的传递过程,同时通过有形展示设计体现传递过程对营销任务的落实。因此,服务蓝图是一个研究服务现场前台区域目视化管理的理想工具。

服务现场中有 3 类活动人员——管理人员、员工和顾客,因此,目视化管理的目视化要素应该面向这 3 类人员。传统的目视化管理主要是面对管理人员和员工，并围绕生产任务进行的；服务场景理论主要关注的是员工和顾客，研究的是环境因素对他们的认知、情绪和体验的影响；服务蓝图中的有形展示则是专门针对顾客的。因此，在服务现场的目视化管理中，可以把这3种方法结合起来应用。

在服务蓝图中，在顾客的各个消费步骤上设置有形证据的目的，是引导顾客行为、促进销售、增强顾客体验、宣传品牌形象。因此，依据服务蓝图开展目视化管理，目的很明确，作用很直接。可以说，服务蓝图是实施目视化管理的一个有效工具，它可以与服务场景理论一起作为传统目视化管理理论的重要补充，在引导顾客行为、营造消费氛围、增强顾客体验、宣传品牌形象，以及提高目视化精准度等方面发挥重要作用。

（一）服务蓝图应用于目视化管理的策略

应用服务蓝图开展目视化管理，主要是对有形证据的设计和管理，按照第二章第五节关于有形展示的研究，有形证据可延伸为含义更广泛的服务证据，具体的策略如下。

1. 评价服务证据对企业战略的影响

首先要明确企业的战略目标，包括企业的服务概念、目标市场、公司愿景、核心价值等，然后制定服务证据管理策略，支持这些目标的实现。

2. 应用服务蓝图梳理现有的服务证据

从设计角度看，服务证据应用于产品、设施、人员和过程4个方面，但是从顾客角度看，服务证据无处不在。设置服务证据主要是给顾客看的，因此，有必要应用服务蓝图（或其他服务流程图）梳理服务过程中每一步骤上现存的证据要素。然后，依据服务流程在服务设施空间内经过的具体服务路径（路线、通道），确定每一个服务证据的具体位置。为此，可以设计一张服务证据空间布局图。

3. 识别服务证据改进的机会

在上一步工作的基础上，通过进一步审视和评价每一个服务证据是否符合服务功能需要和目标顾客喜好，是否是积极的而不是消极的，来识别对服务证据改进的机会。需要注意的是，在开展评价工作时，除了站在顾客视角，还要站在员工视角。

4. 不断更新迭代服务证据

服务证据没有最好，只有更好。时代在变化，科技在进步，人们的观念和偏好也在发生变化，因此，服务证据需要不断更新，至少要周期性地更新，保证企业形象跟上时代的步伐。

5. 设计并遵守视角识别系统

服务证据的设计与管理是企业塑造自身形象的基本手段。但是在实际工作中，有形展示或服务证据的设计与应用工作往往分散在各个部门，如员工服装由人力资源部负责，设备安装与外观的可视化设计由设备工程部负责，建筑设施的维修与可视化证据（粉刷颜色、贴封条等）由物业部负责，广告与促销推广由营销部负责，等等。为了使分散在各个地方的服务证据能够符合企业形象定位，应该设计一套视角识别系统，制定统一的应用规范，还要有专门的管理部门负责。

6. 建立服务证据要素库

每一个服务证据要素（如一盆花或一支笔）都可以有多种选择，也能够达到同样的证据目的（证明某种服务价值）。例如，厕所标志和收银台标志既可以使用图案，也可以使用文字；微笑服务标志可以选择各种笑脸图案，甚至还可以加一个词"实习生"（一旦员工犯错时可以获得顾客谅解）。服务证据管理部门可以针对每一种服务证据要素，提供多种替代方案（但不要与视角识别系统要求发生冲突）。企业在证据装饰与更换时，可以从证据要素库中灵活选择。建立服务证据要素库对于连锁企业意义重大，因为连锁企业会开设连锁店，其核心证据要素（如麦当劳的大 M）虽然不可以变，但是其他边缘性要素可以不断变化，以适应当地环境和民俗文化的特点，给顾客带来一种新鲜感。

（二）服务蓝图应用于目视化管理的实践

入驻燕莎奥莱的品牌都是有一定知名度的品牌，每个品牌旗下都有很多连锁店分布在各大商场。商品陈列直接影响到专柜或店铺对顾客的吸引力，进而影响到销售业绩，因此备受各品牌公司的重视。在推广服务蓝图的过程中，燕莎奥莱的很多品牌专柜利用服务蓝图中有形展示的知识，在商品陈列的目视化设计方面，进行了很多富有成效的改进。

一个专门卖鞋的专柜通过学习服务蓝图，认识到商品陈列除了要考虑美观和吸引力外，还要方便顾客识别和选购，缩短顾客等候时间，因而更加注重商品陈列的创新。该专柜的改进方法是：将时尚款式的鞋样放到明显位置，作为吸引顾客的亮点；需要重点推荐的款式会重复出样，出两到三组，让顾客走到哪里都能见到，也会缩短顾客的选购时间，就和"重要的事情说三遍"是一样的道理；夏季的凉鞋放在一个区域里，亮色的鞋放在一起，一目了然，方便顾客挑选、识别；周末购物的顾客较多，试穿鞋子的顾客也会较多，为了减少顾客等待的时间，专柜在库房商品的码放上也花费了心思，采取了 S 形码放的原则，即将同款从小到大进行 S 形陈列，这样，会让导购员第一时间分辨出要找的号码，有效缩短了顾客等候时间。

一个服装品牌专柜通过学习服务蓝图，认识到有形展示具有商业特色和品牌文化展示的功能，便在品牌文化展示方面做了一些改进。他们认为，卖场中的陈列空间，除了要让顾客从店铺陈列中清晰地了解主推产品、主推色，获取时尚信息外，还要突出品牌文化，使整个卖场的服装摆放、陈列风格都具有自己的品牌特色，富有个性。该品牌以牛仔产品为主，卖场货品色调大多为黑蓝暗色系，从远处看，黑压压一片，会使人莫名地产生一种压抑的感觉。为了改变这样的压抑色调氛围，他们特意购置了 14 盆绿植，分别放置在边缘墙、货架和层板上。同时，他们用黑色马克笔把该品牌的标志画在纯白色花盆上，使每一盆绿植都展示着特色的品牌形象。有了这些绿植做陪衬，卖场显得十分美观，压抑感随之而散，取而代之的是舒适自然的购物环境，也突出了品牌形象。

一个文胸品牌专柜学习服务蓝图后，认识到良好的有形展示设计对产品销售具有重要的作用。他们认为，把直观的形象展示和透明的促销信息结合起来，是吸引顾客目光的首要条件，也是创造销售的基础。华丽的模特、琳琅满目的商品、热情端庄的销售人员不仅能够吸引顾客的注意力和好奇心，更能够体现专柜的品牌价值，更容易获得顾客的认可和信任。在充分认识到这些后，他们在商品展示环节狠下功夫，把 6 个品牌按区域进行整齐划分，既达到了美观效果，又便于向顾客推荐商品。同时，他们还将系列商品按照款式、颜色、号型进行搭配，给顾客带来了一定的视觉冲击，从而使其产生购买欲望。

第七节　知　识　管　理

如今是一个知识爆炸的时代，知识内容的数量、知识产生的速度、知识涉及的广度及知识的传播和整合速度都是前所未有的。信息技术的发展使这种趋势以几何级的速度增长，大数据是这个时代的标志，知识和数据已经成为社会运转的中心，可以说，我们身处的社会就是一个知识社会。对于企业或社会组织来说，知识已成为其参与市场竞争的重要资源和资产，能否充分开发和利用知识资源和资产使之形成企业的核心竞争力，决定着企业未来的成败。

任何知识的产生和应用都是有载体的。企业与业务相关的知识，产生于业务过程，应用于业务过程，业务过程是业务知识的天然载体。因此，让·哈维[13]11强调，"过程是组织专有知识的体现，了解过程的 DNA 是成为一个学习型组织的关键""创造价值的是过程，而不是组织中的某个或某些部门（或专业中心）"。著名的质量学家戴明也强调质量管理 98% 的挑战在于发掘公司上下的知识诀窍。由此可以看出知识在价值创造中的重要性。

服务蓝图作为一种用于描绘服务系统和服务过程的流程图，该如何应用于服务组织的知识管理呢？

一、知识、知识管理

知识是一个应用非常广泛，但内涵又非常复杂、抽象和模糊的概念，不同的人在不同的情境下可能会对知识概念做出不同的解释。因此，知识具有很强的情景特征。通常可以把知识解释为有价值的观念、思想、信息、技能、公式、经验、感受等的总和。

波拉尼（Polanyi）把知识分为显性知识和隐性知识，是比较有代表性且被普遍认可的知识分类。其中，显性知识是能够以一定符码系统（语言、数学公式、图表、盲文、手势语、旗语等各种符号形式）加以完整表述的知识；隐性知识是人们知道但难以言述的知识，具有默会性、个体性、非理性、情境性、文化性、偶然性、随意性、来源广泛性等特征。

在知识分类的基础上，野中郁次郎提出了显性知识和隐性知识相互转化的 SECI 模型，如图 3.20 所示。

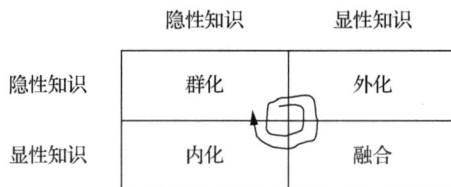

图 3.20　SECI 模型

其中，S（socialization，群化或社会化）是指工作组内成员通过交流经验、共享知识和互补不足等方式，使一个人的隐性知识转变成群体内大家共有的隐性知识；E（externalization，外化）是把相对比较成熟的隐性知识经过提炼、概念化、编码、标准化等过程使之成为企业的显性知识，便于继承和传播；C（combination，融合或组合）就是把已经形成的显性知识融入到企业的知识系统（或知识库）中，使之成为知识系统中的一个有机组成部分；I（internalization，内化）就是通过培训学习使已经成为显性知识的制度、标准等进一步内化为个人的经验，甚至使其产生新的思想方法和技能技巧（know-how）。

野中郁次郎认为，知识转化的过程实际上就是知识创新的过程。因此，企业的知识创新应该是一个循环往复、螺旋式推进的过程，企业的知识管理就是要管理好这个过程。特别值得一提的是，隐性知识是企业知识创新的源泉，如何挖掘好隐性知识并使之显性化，是一个值得深思的问题。这个问题对于连锁企业显得尤其重要，因为在连锁经营发展过程中，各个连锁店都会产生大量的生产、服务、销售和管理方面的知识诀窍，如果能够很好地挖掘出来使之显性化，就会成为整个连锁公司的宝贵财富，通过培训推广惠及所有连锁店，为提高整个连锁公司的标准化水平、竞争能力和盈利水平做出重要贡献。

企业的业务知识来自业务活动，用之于业务活动，业务流程是业务知识的载体。因此，业务活动中的知识创新和知识管理都离不开业务流程。

二、基于流程的知识管理

作为企业的经营要素和竞争要素，知识的重要性在很多企业中已经超过了资金。但是，对知识的管理却远远落后于对资金的管理。究其原因，一是观念滞后。人们往往认为钱是最重要的，虽然知识在企业中是核心资产，是企业竞争力的核心所在，但由于知识可以被资金雇用，因此在很多人的眼里，知识仍然没有资金那么重要。二是缺乏方法。由于知识管理理论发展较晚，知识管理的方法还很不成熟，多数情况下有理论、有模型，但没有方法、没有抓手，往往是口号喊得响，但实际行动慢。三是面临很多现实问题：很多人认为知识管理会成为他们的负担，他们没有时间做知识管理工作，如果设置专门的知识管理部门或人员，往往会增加额外的费用，而且未必能够取得理想效果；同时，很多员工担心丧失自己在同事或组织中的优势而不愿意分享他们的知识，造成隐性知识难以转化为显性知识，知识创新和知识共享面临困难；此外，如果企业知识库的架构搭建不好，就会使企业知识的应用和更新变得困难。

德国柏林的洪堡大学 2002 年做过一项"知识管理前景"的全球性调查，结果显示知识管理和流程之间具有密切关系，流程设计是知识管理成功的关键因素。因此他们强调，要把知识管理融入日常业务工作流程中，而且这可能是解决知识管理问题最有效、最实用的方法[36]。

业务知识源于流程、用于流程，因此以流程为基础的业务知识管理是自然而然和顺理成章的做法。基于流程的知识管理方法可以逐渐克服和消除以上那些障碍。在网络环境下，业务流程可以使员工就特定问题展开交流，使隐性知识得以分享，而且基于流程的隐性知识可以很容易被整合在一起，形成可操作、可迭代更新的显性知识。因此，基于流程的知识管理，可以使知识管理工作变得可操作、可持续、可制度化。

三、应用服务蓝图开展知识管理

服务蓝图作为描绘服务系统和服务过程的一种流程图，具有顾客导向、系统化和场景化等优势，在知识管理方面同样能够发挥出这些优势。

1. 服务蓝图在知识管理方面能够体现顾客服务导向

服务蓝图区别于一般流程图的最重要特征就是它贯彻了以顾客为中心的服务理念。因此，基于服务蓝图构建的服务知识体系（知识库）一定也会很好地贯彻这个理念。服务企业都会宣传顾客导向，但是很多停留在理念层面，口号喊得很响，但在实际操作中很难做到，根本原因就是没有把顾客导向或以顾客为中心的服务理念融入业务知识中。如果能够利用服务蓝图这个工具来进行业务知识管理，自然就会把顾客导向融入所有的业务知识中。

2. 服务蓝图为构建服务业务知识体系提供了框架

服务蓝图是对服务系统的描绘，它包含顾客、前台、后台和管理支持部门等各种角色的行为及其相互协作关系，还包括服务活动的场景因素（有形展示），从时间（过程）、空间（场景）、组织（各部门）、管理（支持行为）和感知体验（顾客）等多个维度搭建服务业务知识的体系框架，依据服务蓝图构建的知识体系可以涵盖服务系统运作的所有业务知识，因此，按照服务蓝图构建知识体系是非常系统化和科学的。

3. 服务蓝图是服务业务知识的载体

服务蓝图本身具有自明性，人们可以通过它明白哪些角色参与到这个服务活动中，他们的职责是什么，按照什么步骤完成各自的任务，他们之间的相互关系等，这些本身都是这个服务活动中所涉及的业务知识。此外，除了服务蓝图，一般还会附加一个注释文本，对服务蓝图的宗旨、操作步骤、操作标准、关键点、有形展示等做出详细说明。服务蓝图和配套的注释合起来把服务过程中所涉及的业务知识几乎全部涵盖了。如果打开服务蓝图，用鼠标单击某个关键点（如失败点），就可以通过链接的方式看到该关键点产生的原因、带来的危害、控制办法，甚至还有其他人分享的处理经验或案例。除了关键点外，有形展示、关键步骤、关键行为等，也都可以有这种链接。所以说，服务蓝图可以作为服务业务知识的一个非常好的载体。

4. 服务蓝图为服务知识创新提供了平台

把服务蓝图及其配套注释、相关资料都载入企业的知识系统（知识库），并对不同部门、不同岗位层次进行适当授权，允许不同人员在授权范围内下载、上传和修订相关资料等，一方面可以通过学习把标准化了的知识内化成个人的知识，另一方面可以通过分享个人的经验诀窍，并经过反复讨论、实践、提炼，最后形成比较稳定的、具有一定标准化的业务知识。这就是一个知识创新的过程，服务蓝图扮演了创新平台的角色。

5. 服务蓝图中的关键点可以抓住服务业务中的关键知识，实施重点管理

抓住了关键点，就抓住了管理的重点，就可以实施重点管理。由于关键点很重要，需要格外关注，服务蓝图通过特殊的图标将其标示出来，然后在配套的注释文本中详细说明关键点的产生原因、后果和控制办法，甚至还链接了其他人分享的经验诀窍。这些都是与关键点相关的知识，重点管理都是通过这些知识落实的。

6. 服务蓝图中的有形展示部分可以开发出有形展示图片库

服务蓝图在顾客的每个消费步骤上刻意设置了一些有形展示（服务证据），使无形服务有形化，其主要目的是促进服务顺利进行、体现服务特色和品牌形象，并促进销售、增强顾客体验等。为了达到这个目标，在同一个步骤上可选的服务证据及服务证据的呈现方式可以是多种多样的。例如，很多银行在接待顾客的窗口放置一些糖块，主要是想表现出对顾客的关怀，减轻顾客等待的焦虑情绪，体现个性化服务，但是，这个位置除了糖块外，还可以放置报纸、画册等，即使是糖块也可以有多种选择，盛放糖块的盘子和盛放方式也可以是多样化的，由此便可以从中总结出几套好的方案，作为可选的有形展示。这些可选方案汇集起来就成为图片库，它也是知识库的一部分。这个图片库可以供银行定期更换有形展示，以便保持顾客的新鲜感，也可以供其他分理处（营业网点）选择。显然，有形展示图片库对于多地点经营的企业（主要是连锁企业）特别有价值。

第四章　服务蓝图技术的拓展研究

服务研究已经掀起高潮，吸引了来自不同学科、不同行业、不同机构团体的学者们的热情关注。但是，服务研究工作基本上分散在不同的学科领域，特别是管理、信息、设计等学科领域，各有各的研究视角和话语体系。这些学科之间虽然可以交换知识，但是缺少互动，更缺乏具有明确目标的、系统性的跨学科合作研究。例如，IBM 公司在服务科学管理和工程领域的研究虽然值得称赞，但是还没有进入日益增长的产品服务系统（product service system，PSS）领域、设计领域，尽管如此，这种状况仍然不妨碍这些领域声称其概念推广到了其他领域[37]。

服务蓝图概念自肖斯塔克提出时就具有多学科背景，它借鉴了时间/动作或者方法工程、计划评审技术/项目规划、计算机系统和软件设计等学科的有关技术。后来，金曼从运营管理角度，泽丝曼尔和比特纳从市场营销角度，分别对服务蓝图的结构进行了改进。再后来，一些学者为了应用于特定目的和特定领域，也对服务蓝图的结构和功能进行了应用性改造，如为了研究 PSS 提出的产品服务蓝图（product-service blueprint，PSB）[38]，为了研究服务系统中的信息传递提出的服务信息蓝图（service information blueprint，SIB）[39]，为了研究多渠道服务系统的顾客服务体验提出的服务体验蓝图（service experience blueprint，SEB）[40]，以及在线上线下整合背景下提出的全渠道服务蓝图[32]。因此，无论是服务蓝图概念的提出，还是服务蓝图结构的改进，抑或是服务蓝图的应用性研究，都具备学科交叉研究的特征。

笔者试图在已有成果的基础上加深和拓宽服务蓝图技术的理论和应用研究，增强其适应性、灵活性和应用能力，使服务蓝图成为跨学科服务研究的一架桥梁。

第一节　服务蓝图的应用性文献研究

下面从服务蓝图技术的应用能力和应用改造两个角度，简述学者们对服务蓝图的研究成果。

一、服务蓝图技术的应用能力

　　服务蓝图具有时间、空间、组织、管理和感知 5 个维度和系统化、顾客化、场景化和体验化 4 个特征，这足以说明服务蓝图是一个非常强大的技术工具，具有很强的应用能力。然而，关于服务蓝图应用能力的研究还很缺乏。彼得·J.怀尔德（Peter J. Wild）[37]为了支持跨学科服务研究，提出了一个较为系统的服务研究框架——基于活动的服务框架（the activity based framework for services，ABFS），然后以此为基准对其他一些服务研究技术和研究框架的应用范围和应用能力进行了评价，其中包括对服务蓝图的评价。

　　研究框架应该能够勾勒出这个研究领域的常规性构成要素，以及它们之间可能的关系。因此，服务研究框架也应该反映服务过程中的关键要素及其关系。怀尔德通过研究其他一些过程导向的研究方法，提炼出服务的要素并将其作为 ABFS 的要素：活动、目标、行为体、人工制品、域、结构和行为、有效性、价值观、价值、环境等。同时，服务活动作为一个系统，各要素之间是相互关联的，如图 4.1 所示。

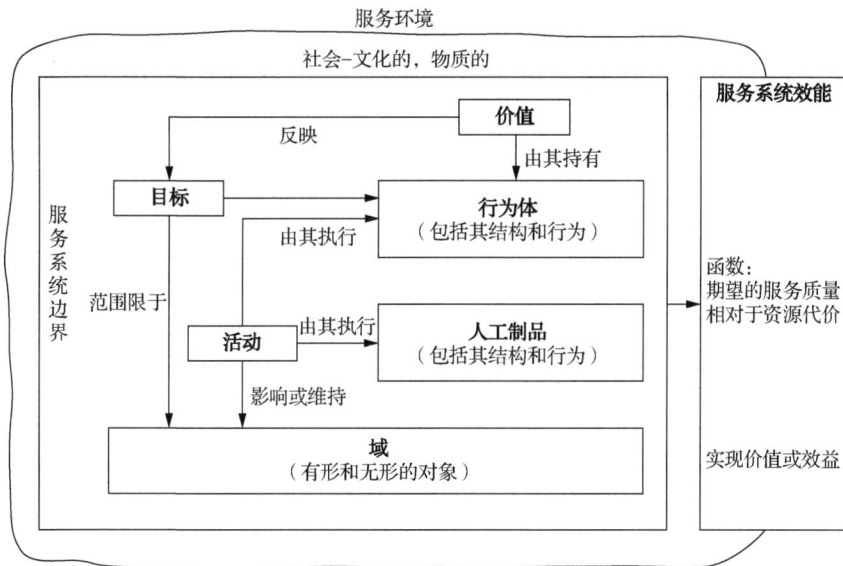

图 4.1　基于活动的服务框架示意图

然后，怀尔德按照 ABFS 中的构成要素评价了一些服务研究方法，包括一些技术（服务蓝图、企业影像）、一些服务评估方法，以及一些理论框架，如服务逻辑主导、PSS 和统一服务理论。

怀尔德认为，服务蓝图是服务营销中服务活动建模的最精细的方法，其他诸如服务场景、服务接触、真实瞬间都引用了肖斯塔克的很多原创成果。服务蓝图最根本的优势是它把服务作为活动，与 ABFS 建立的基本思想是一致的。然而，这个方法忽略了活动模型中其他一些关键因素，见表 4.1。

表 4.1　ABFS 和服务蓝图的要素比较

ABFS 的要素	服务蓝图展现的要素
活动	明确地被展示
目标	隐含的
行为体	通过可视线隐含
人工制品	通过有形展示部分展示出来
域	通过有形展示部分展示出来
结构和行为	
有效性	时间导向
价值观	
价值	速度、成本
环境	

怀尔德也对其他一些研究方法进行了对比评价，但由于其研究的主要目的是突出 ABFS 的优点，在最后的总结中他只是强调没有任何一个方法能够全面覆盖 ABFS 的所有要素，而没有对这些方法的优劣进行对比说明；同样的原因，服务蓝图能否覆盖环境、结构和行为和价值观这 3 个要素也值得商榷。但是，从他的对比研究中不难发现，服务蓝图是涵盖要素最全面的研究方法、最优秀的研究方法之一。

二、服务蓝图技术的应用改造

一些学者为了应用于特定目的或特定领域，对服务蓝图进行了灵活改造。按照"×××服务蓝图"或"服务×××蓝图"可查阅到 3 种比较有代表性的服务蓝图的变形：产品服务蓝图、服务信息蓝图及服务体验蓝图。

（一）产品服务蓝图

产品服务蓝图是在服务蓝图基础上，为了解决 PSS 的问题而开发的一种技术工具。

PSS 是产品制造企业在销售产品的同时提供销售服务的一种商业模式。它是生产者责任延伸制度的体现，要求企业负责产品全生命周期的服务（包括产品的售前、售中、售后服务，甚至产品回收）。因此，PSS 是一个把产品的设计、生产、销售和服务高度集成起来的系统。

PSS 通常可以分为四种类型。①基于产品的服务系统。用户拥有产品的所有权，产品的生产方提供与产品相关的服务，如生产方提供的家用电器维护、维修等方面的服务。②基于功能的服务系统。产品的生产方拥有产品的所有权，其销售的仅仅是一种服务而不是有形的产品，如汽车的出租服务和共享服务。③基于效果的服务系统。产品是用户的，服务供应方通过向用户提供信息或者服务帮助用户更好地使用产品，如化学品管理服务包括化学品的使用、运输及处置，从而帮助用户提高化学品使用的效率和安全性。④综合性服务系统，是上述 3 种服务系统混合在一起的复杂服务系统。

PSS 的设计水平决定了其特性和运行质量。因此，对 PSS 的有效设计是 PSS 成功的关键。目前，已经有一些 PSS 设计方法的研究，例如，生态高效服务设计、PSS 行业创新扫描、产品与服务的可持续开发、PSS 开发方法、PSS 开发实践指导等。其中，大多数方法不仅为 PSS 的开发提供了系统的过程，而且提供了相关的设计工具。杨英根（Youngjung Geum）和朴永泰（Yongtae Park）[38]在服务蓝图的基础上，结合 PSS 的特点，开发了产品服务蓝图。他们首先构建了产品服务蓝图的设计结构，如图 4.2 所示。

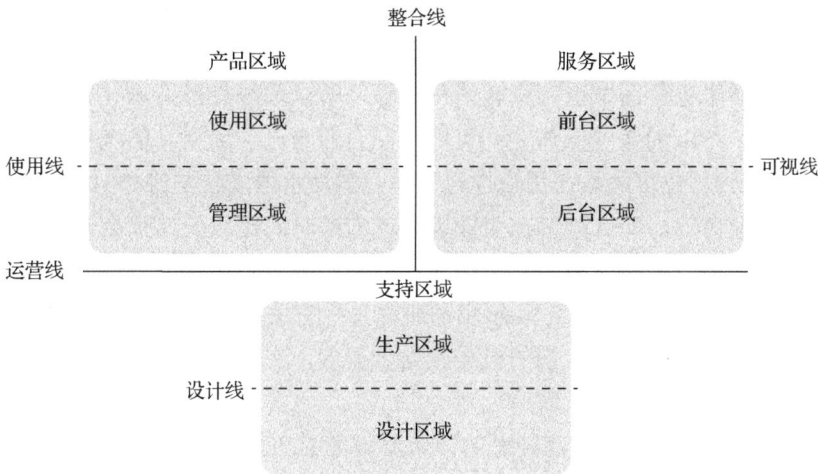

图 4.2　产品服务蓝图的设计结构

区别于传统服务蓝图，产品服务蓝图把 PSS 分为 3 个区域：产品区域、服务区域和支持区域。

产品区域呈现了产品消费活动过程。它又被使用线分成了两个子区域，一是使用区域，描述产品使用过程；二是管理区域，描述产品管理过程。

服务区域呈现了服务活动，即服务提供活动过程。它被可视线分成了两个子区域，即前台区域和后台区域，这个划分方法继承了服务蓝图的做法。

支持区域展示了基础设施和基础活动。它被放在了产品区域和服务区域下面，表示对这两个区域的支持，这与传统服务蓝图的做法是一致的。支持区域按照产品使用前的两个阶段，被设计线分割成了两个子区域，一是生产区域，二是设计区域。这个划分方法类似于金曼提出的服务蓝图框架中利用执行线把底部划分为运营支持区域和管理区域。

除了前面提到的使用线、可视线、设计线外，还有两条分界线：一是整合线，它把产品区域和服务区域分隔开；二是运营线，它把产品区域、服务区域与支持区域分隔开。

此外，杨英根和朴永泰还用特殊符号标注 PSS 中具有显著特征的一些地方（相当于关键点），如整合点、失败点、所有权转移点、没有所有权转移的点、行为者转移点、环境保护可持续性实现点、经济价值实现点等。

从构成要素上看，产品服务蓝图没有保留服务蓝图中的有形展示。究其原因，可能是因为产品服务蓝图更加关注运营流程，而不太重视服务营销和顾客体验。但从产品服务蓝图的空间布局来说，由于有形展示是在顾客的每个消费步骤上设置的，而产品服务蓝图中也有顾客消费步骤，所以增加有形展示（服务证据）的空间是有的。PSS 的服务操作空间可能是在企业自己的场地（如汽车租赁公司或汽车维修公司），也可能是在用户自己家里（如净水器安装与维修），如果 PSS 运行发生在企业内部，而且顾客在企业等待或滞留时间比较长，那么开展服务营销和增强顾客体验的机会就很多，在相应的产品服务蓝图中设置有形展示就显得非常必要。当然，是否设置有形展示也与研究目的有关。如果 PSS 运行发生在顾客家里，通过有形展示开展营销的机会就要少得多，在产品服务蓝图中就没有必要专门为有形展示开辟一个区域。

图 4.3 是杨英根和朴永泰开发的净水器服务的产品服务蓝图。

产品服务蓝图的提出，从方法论角度来看，是对服务蓝图的一个延伸应用。它既继承了服务蓝图的一些要素和结构特征，如可视线、位于下方的支持行为等，又迎合了 PSS 的一些特征需求，对传统服务蓝图的结构进行了改造，分成了三大区域。从应用效果来看，它可以帮助生产企业和服务企业在实践层面对产品（服务）进行整合设计，既可提供设计框架，又可提高设计的可视化程度。

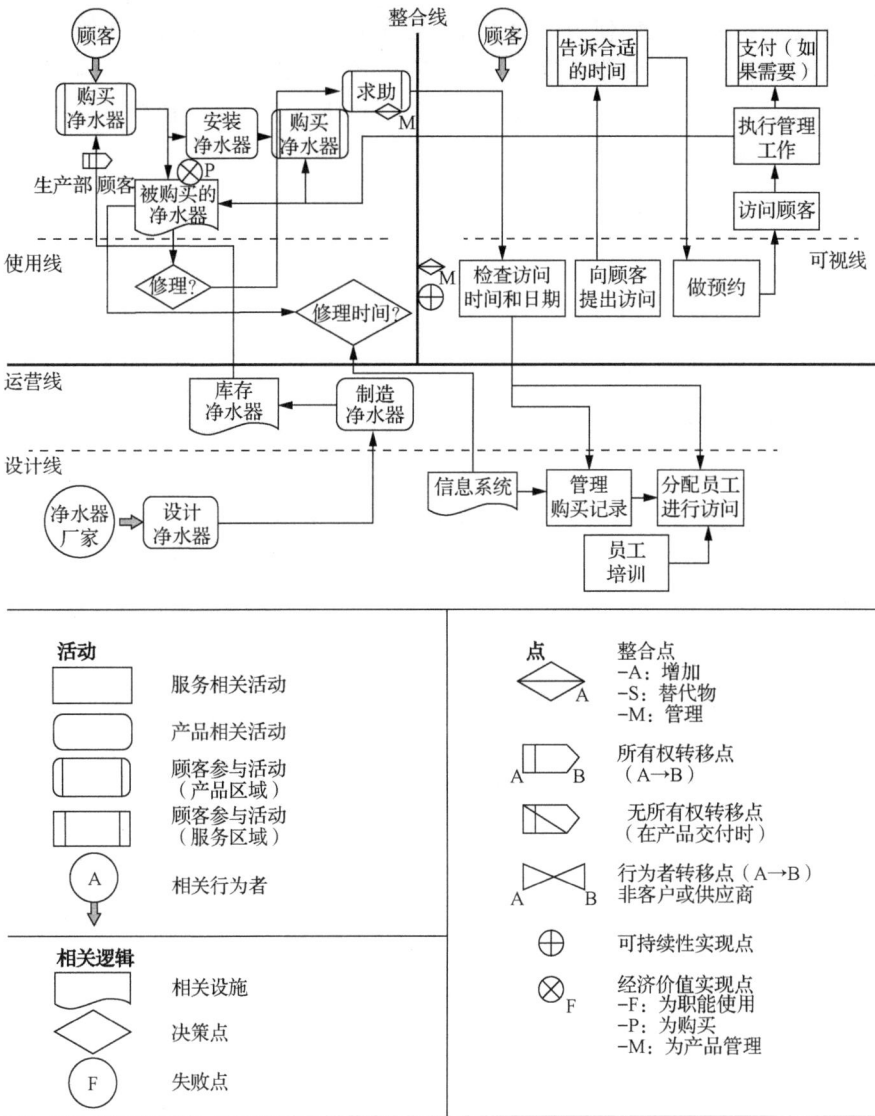

图 4.3　净水器服务的产品服务蓝图

（二）服务信息蓝图

塞卡特·昆杜（Saikat Kundu）[39]基于服务蓝图专门研究了 PSS 中的信息问题，认为在 PSS 运作过程中，信息发挥着重要作用，因此对信息的专门化管理变得非常重要，由此提出了服务信息蓝图。

有效的服务传递，需要依靠高质量的服务信息。也就是说，在 PSS 的整个生命过程中，要把完整、准确的信息，在合适的时间，以合适的方式，传递给合适的人，使他们能够有效地使用。为了解决这个问题，需要在定义服务的同时，明确服务的信息需求。尽管服务蓝图已经被有效地用于描述服务活动，但是它并不包括其所描述的服务概念中的信息需求。为了解决这个问题，昆杜开发了服务信息蓝图的概念模型（图 4.4）。

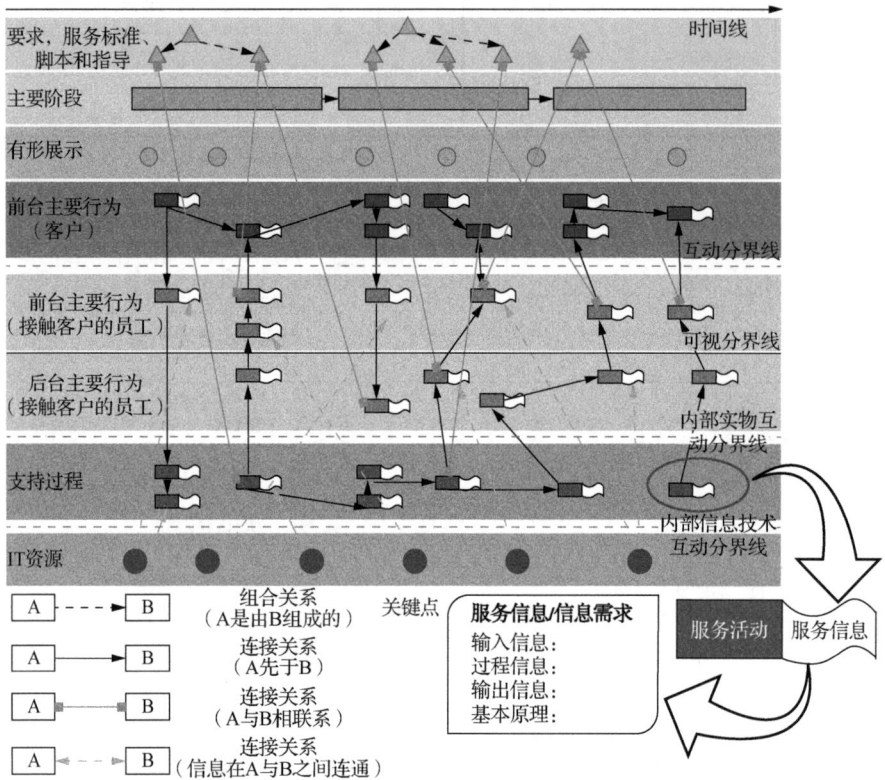

图 4.4　服务信息蓝图的概念模型及关键要素

　　服务信息蓝图旨在帮助服务设计者回答如下问题：服务传递需要什么信息？这些信息存在吗？如果这些信息存在，它在哪儿？如果这些信息不存在，从哪儿可以获取？此外，服务信息蓝图还能够帮助服务设计人员了解与之相关的如下关系：服务活动和服务需求；任何两个人的服务活动；任何两个人的服务需求。

　　服务信息蓝图不仅可以阐释服务信息需求，还有办法获取服务信息。服务信息蓝图按照服务蓝图的泳道来分类服务信息。在活动泳道，服务信息蓝图把服务信息分成 3 个广泛的类型：服务活动的输入信息、过程信息和输出信息。

　　服务信息蓝图保留了服务蓝图的泳道，并按照泳道顺序，从上向下依次定义了与服务信息相关的内容，并命名了泳道名称。

第 1 条泳道：要求、服务标准、脚本和指导。

第 2 条泳道：主要阶段。

第 3 条泳道：有形展示。

第 4 条泳道：客户的前台主要行为。

第 5 条泳道：员工接触客户的前台主要行为。

第 6 条泳道：员工接触客户的后台主要行为。

第 7 条泳道：支持过程。

第 8 条泳道：IT 资源。

服务信息蓝图是对服务蓝图的延伸应用，由于它具有分类服务信息需求和获取服务信息的能力，因而能够帮助 PSS 设计人员提升服务设计水平。此外，昆杜在服务信息蓝图概念的基础上，还设计了服务信息蓝图实验软件原型，并应用于实际的案例研究中。从这一点看，他也为服务蓝图的信息化和计算机化做出了贡献。此外，虽然昆杜研究的对象是 PSS，但他所提出的服务信息蓝图及其对信息的处理，实际上不限于 PSS，可适用于任何服务系统。

（三）服务体验蓝图

利娅·帕特里西奥（Lia Patricio）等[40]开发的服务体验蓝图是一个针对多接口（或多通道）服务体验的多学科设计方法。服务体验蓝图首先通过研究客户服务体验来了解不同服务活动的客户体验需求，并通过不同的服务接口来满足这些需求。基于此目的，多接口服务被设计为把服务活动分配给最适合提供所需体验的接口，使通道专门化并对其进行集成。最后，通过服务体验蓝图方法，将每个服务接口都设计得能最好地利用其独特的功能，并引导客户到恰当的服务接口——只要该接口能更好地提高整体的客户体验。通过结合服务管理、交互设计和软件工程的知识，服务体验蓝图成为一种用于服务设计的多学科的工具和术语。

服务体验蓝图设计包含 3 个阶段。

第 1 阶段：不同服务活动中的顾客体验评估。评估工作要按照有用性、有效性和个人接触 3 个指标开展定量评估。

第 2 阶段：在多层级接口上的服务设计。这里需要分析每一个通道设计，并评估其对满足客户体验需求的贡献。

第 3 阶段：在具体层级接口上的服务设计。在完成上述两个阶段的设计后，就需要使用服务体验蓝图开展对某个具体层级上的服务接口的设计。图 4.5 是帕特里西奥设计的在银行支行收集活期存款账户信息的服务体验蓝图。

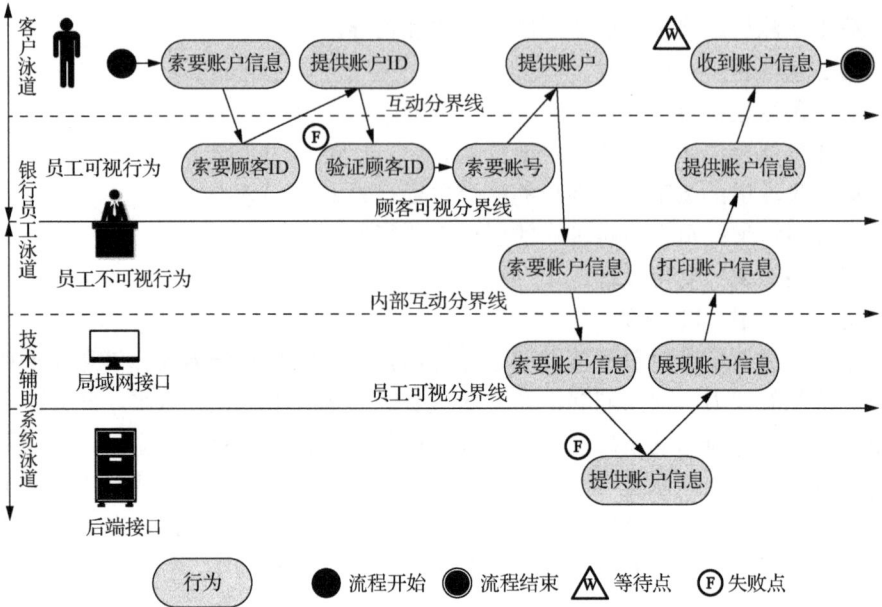

图 4.5　服务体验蓝图——银行支行收集活期存款账户信息

帕特里西奥等开发的服务体验蓝图，基本上继承了传统服务蓝图的结构，仍然是用交互线、可视线、内部互动分界线把顾客行为、前后台行为、支持行为区分开，分别形成了 3 个区域（泳道），如果说有变化的话，那就是去掉了传统服务蓝图的有形展示。图 4.5 中在支持行为部分增加了一条员工可视分界线，实际上并不是帕特里西奥等的独创，而是借鉴了金曼提出的服务蓝图框架。那么，帕特里西奥等为什么把这个叫作体验服务蓝图呢？从其研究文献中可以发现，他们主要是强调利用蓝图中的各个构成要素去强化服务体验的成分。例如，在互动分界线会发生顾客与前台员工的接触，每一次接触，无论是顾客与员工之间的接触，还是顾客与自动提款机的接触，都会对顾客体验产生影响；在可视分界线，可以把带来正面体验的放到前台，把带来负面体验的放到后台；他们提出员工可视分界线，而不是像金曼那样将其叫作"执行线"，也是出于员工体验的考虑。总之，服务体验蓝图只是利用服务蓝图做体验研究，而不是对服务蓝图的实质性改造。

三、服务蓝图技术未来的发展方向

通过以上文献研究，可以发现服务蓝图有 3 个代表性的应用研究成果——产品服务蓝图、服务信息蓝图和服务体验蓝图。但是，这 3 个研究成果并不是 3 个平行的研究领域，其中产品服务蓝图代表一种服务类型，即伴随着产品的销售和使用而产生的服务，包括售前、售中和售后，甚至产品回收服务；信息和体验代表服务的两个要素，即所有服务活动中都存在信息和体验的成分。所以，从服务蓝图发展方向来看，服务信息和服务体验属于内涵性发展方向，而产品服务属于外延性发展方向。它们之间的逻辑关系可以这样描述：服务蓝图在信息和体验方向的研究成果可以应用于产品服务领域。所以，我们应该从内涵性要素而不是外延性的应用领域去思考服务蓝图应用研究的发展方向。

服务蓝图本质上是一种服务流程图。为了分析服务蓝图未来的发展趋势和方向，有必要首先梳理流程的发展历程。

流程是为了达到特定目标而进行的一系列有逻辑顺序的操作步骤。流程思想是人类的基本思维方式，是先天就有的。但是，流程作为一种科学方法，仅可以追溯到 20 世纪初泰罗提出的科学管理原理。为了提高工作效率，泰罗对生产工艺流程和车间管理流程进行了深入的研究。再后来，随着社会生产活动和科学技术的发展，流程方法得到了很大的发展和应用。到了 20 世纪 40 年代计算机产生以后，随着计算机程序的出现，流程方法的发展进入了一个新的境界，作为一种流程类型的计算机程序容不得半点差错和不确定，因而对流程的设计、表述和信息化提出了极高的要求。与流程在信息化方面的发展相对应的是，20 世纪 80 年代，随着肖斯塔克提出服务蓝图概念后，在服务营销和服务设计领域通过服务流程图来表现和研究顾客体验成为一个新的趋势，而且随着服务设计的兴起，这种趋势表现得愈发明显。到了 20 世纪 90 年代，迈克尔·哈默提出了流程再造理论，企业管理学者们对流程的关注从技术层面上升到了组织和战略层面。2012 年，斯科特·桑普森（Scott Sampson）创立了过程链网络（process chain network，PCN）分析法，用来分析服务过程中的交互关系，使服务过程分析深入到细微之处。

流程是企业运行的基础，无论人们是否承认，流程都是客观存在的。只不过，有的企业把流程隐藏在了人员的脑子里、经验里，作为隐性知识模模糊糊、或隐或现地存在；有的企业把流程变为显性知识，呈现在纸面上，成为员工操作的制度规范；有的企业甚至把流程固化在系统（包括信息化管理系统、生产作业系统等）里，实现了自动化操作。流程存在于企业的各个层面和各类工作事务中，从基层员工的业务工作到职能管理部门的管理工作，再到高层的决策工作，从个人工作到部门协作，从人员事务性工作到产品价值增值过程，流程无处不在。流程是工作标准化、例行化的手段，也是稳定质量、提高效率、减少成本的工具，还是研究和分析企业运行、管理和工作的基本技术。总之，没有一套高质量的流程，企业运行质量是不会高的，企业发展是不可持续的。

在这里，我们把流程设计与流程分析的思想、相关概念、方法和原则等，总称为流程技术。服务蓝图是一种服务流程技术，我们称之为服务蓝图技术。在英文中，服务蓝图对应于两个词汇：service blueprint、service blueprinting。前者表示一幅图,后者表示一项技术——服务蓝图技术,通常简称为服务蓝图。由于服务蓝图有其独特的思想、概念、方法和原则,因而称其为一门技术并不为过。

　　服务蓝图技术要解决服务系统与服务作业的标准化和规范化问题,同时,信息化、体验化和交互分析作为服务流程中的 3 个基本要素和重要问题,将是服务蓝图技术发展的 3 个重要方向。服务系统应当是一个信息化、体验化和具有交互特征的系统,且三者融于一体,服务蓝图作为服务系统图不仅肩负着把这三者融为一体,使其相互衔接、相互包容的职责,而且肩负着通过标准化和规范化的流程和操作要领,使其协同运作的职责。因此,服务蓝图技术应该与信息流程技术、体验流程技术以及交互分析技术相衔接、相融通,成为多学科交叉研究服务的沟通桥梁。如果服务蓝图技术与这几种流程技术都使用相同的概念体系、要素名称和图形要素,就相当于它们具有共同的语言,这样可以使服务蓝图开发人员、信息系统开发和维护人员、体验研究人员、交互分析研究人员,以及服务系统中其他参与者(利益相关者)进行顺利沟通和协作,大大减少他们之间的语言和技术障碍。在目前还没有实现这个目标的情况下,如果服务蓝图开发人员能够主动学习其他几种流程技术,对于提升他们自身的开发水平是非常有好处的。

　　目前,在这 3 个方向上都有比较成熟的流程技术,而且角度不同。关于服务蓝图技术的进一步拓展和优化,有许多值得借鉴的先进经验和方法。下面分别介绍这 3 个方向的代表性流程技术,比较它们与服务蓝图的异同,以期获得有助于改善服务蓝图技术的有价值的启示。

第二节　服务蓝图在信息化方向的拓展

　　自肖斯塔克于 1982 年提出服务蓝图时,计算机软件和信息流程技术就是其概念产生的重要思想来源。服务蓝图是描绘服务系统的系统图,信息活动作为服务系统活动中的重要内容,在服务蓝图中也常常有所体现(通常用虚线表示)。信息流程技术具有 70 多年的发展历史,最为成熟,它不仅为服务蓝图的产生提供了思想源泉,而且对服务蓝图的改进具有重要的借鉴价值。近些年来,随着移动互联网技术的发展,信息技术已经全面深入地嵌入服务系统中,如前端的 App 自助服务、二维码结账,后端的信息传输和数据生成,销售管理中的大数据挖掘等。很多企业的销售服务从实体店铺(线下)转移到虚拟店铺(线上),线上线下渠道融合已经成为未来主要的发展方向。因此,在互联网技术全面嵌入服务系统的大背景下,如何使用服务蓝图来描绘和研究服务系统是一个新的挑战。

对信息技术与服务蓝图关系的深入研究,有助于在信息技术人员、服务设计人员和服务营销管理人员之间搭起一座沟通桥梁,有助于从其他角度理解服务蓝图中信息的角色、作用和表现方式。

一、信息流程技术的发展

信息流程技术的处理对象是信息,流程的所有环节和行为都是围绕信息的流转展开的。信息流程技术源于计算机的发展。从 1946 年第一台电子计算机诞生就有了计算机编程,或叫计算机程序设计。计算机程序主要是使用基于面向过程的算法来解决科学计算问题,其任务就是实现算法。随着计算机硬件技术的进步、计算机应用的普及及专业程序设计队伍的壮大,逐步产生了高级编程语言、软件和软件工程等概念,人们的认识也从"解决一个问题"逐渐上升到"实现一个系统",主导思想和技术手段也从面向过程(procedure oriented,PO)方法逐步演变到面向对象(object oriented,OO)方法。

面向过程设计的基本思想是分步骤解决问题。也就是说,面向过程设计的软件或程序,是由一系列步骤构成的一个过程。由于面向过程的程序设计大量使用"YES or NO"和"GOTO"语句,步骤之间的耦合度很高,导致可维护性很差。如果要修改程序,只要一个步骤发生变化就会连带其他很多步骤发生变化;特别是,当委托给不同人编制同一功能目标的计算机程序时,由于编程思路和风格不同,会导致他们编制出来的计算机程序也有很大的不同,这就给程序维护和复用带来了极大的困难。

面向对象是建立在对象概念基础上的方法学。所谓对象,是指要研究的任何事物,既可以是具体的有形实体,如图书馆、飞机等,也可以是抽象的无形内容,如规则、计划、事件、数据库等。对象由属性(以数据形式体现)和行为(对数据的操作)构成。面向对象的设计,就是把一个系统分解为几个对象,而每个对象又是具有特定属性和行为的功能体,如果某个对象的功能发生变化,只需要更改或维护这个对象或功能体即可,不牵扯到其他对象。因此,面向对象的设计对于对象的属性和功能具有"封装"保护功能,对象与对象之间只有数据交换,结构上不发生关联、不相互干扰,因而面向对象的设计可维护性比较好。可维护性主要表现在可理解性、可测试性和可修改性 3 个方面,是软件工程追求的一个主要目标。

软件系统设计一般包含需求分析、建模(系统建模或业务建模)、软件设计、软件测试、软件交付、软件维护等阶段。其中,需求分析是系统软件设计的首要步骤,通常包含用户组织战略目标需求、使用者需求和软件功能需求 3 个方面。需求分析直接关系到软件开发的成功与否和维护的便利性,因此,需求分析在软件工程中是一个非常重要的领域。当需求分析工作完成后,就需要考虑如何搭建软件系统的架构，即建模，以便抽象地描述系统的目标、功能、要素及其关系，由此产生了建模语言。建模语言就是描述信息或者数据模型的语言。建模语言的好坏直接关系到建模效果，即能否清晰、准确地描述系统模型，能否方便系统开发人员、系统用户及其他相关角色之间进行沟通交流，甚至关系到能否方便后续的软件设计和维护。

在软件系统开发过程中，与服务蓝图相关并能够为服务蓝图提供直接参考价值的主要是前两个阶段：需求分析与建模。鉴于本章探讨的目的是厘清服务蓝图与其他流程技术之间的关系，因此，这里着重探讨信息流程技术中的建模方法（语言）与服务蓝图之间的关系及其给予服务蓝图的重要启示。

在建模语言发展过程中，形成了很多版本的建模语言。其中，最具代表性的建模语言有 3 种：UML、BPMN 和 LOVEM。所以，下面着重分析这 3 种建模语言与服务蓝图之间的关系及其给予服务蓝图技术的重要启示。此外，移动互联技术对服务系统的深度嵌入，带来了服务流程、服务交互和服务体验等方面的改变，在这种背景下，如何应用服务蓝图研究服务系统也是在信息化方向上需要思考的问题。

二、UML 的发展及其给予服务蓝图的启示

（一）UML 的发展

UML 最早是由 Rational 软件公司的 3 位面向对象方法学家布奇（Booch）、云豹（Rumbaugh）和雅各布森（Jacobson）共同完成的，形成了 UML 0.9；后来 Rational 软件公司联合十几家公司组成了 UML 成员协会，将各自的意见融入 UML，以完善和促进 UML 的定义工作，形成了 UML 1.0 和 UML 1.1，并向 OMG 申请成为建模语言规范；最后，在 OMG 控制下对版本进行了修订和改进，于 1997 年承认并发布了 UML。

UML 具备定义良好、易于表达、功能强大、通俗易懂、普遍适用的优点，最终形成了面向对象技术领域内占主导地位的标准建模语言。通过使用 UML，开发人员能够阅读和交流系统架构和设计规划，就像建筑工人使用的建筑设计图一样。

UML 的目标是以面向对象图的方式来描述任何类型的系统，具有很宽广的应用领域。其中最常用的是建立软件系统的模型，但它同样可以用于描述非软件领域的系统，如机械系统、商业系统、通信系统等。总之，UML 适用于以面向对象技术来描述的任何类型的系统，而且适用于系统开发的不同阶段——从需求规格描述直至系统完成后的测试和维护。商业系统是 UML 应用的一个非常重要的领域。UML 除了适合为公司的商业过程建模和编制文档外，还可以结合全面质量管理技术对公司的商业过程进行分析、改造和实现[41]。由此可以看出，在服务流程

设计中，服务蓝图应该能够从 UML 借鉴到有价值的思想方法。

对象概念是于 20 世纪 60 年代中后期在 Simula 语言中提出的，经过近 20 年的发展，于 20 世纪 80 年代问世了一大批面向对象的编程语言。肖斯塔克于 1982 年在提出服务蓝图概念时就借鉴了计算机软件技术，应该与面向对象的计算机软件技术密切相关。那么她是如何借鉴的呢？还有没有其他有价值的启示呢？通过分析 UML 中的一些图的含义和描述结构，或许可以看出端倪。

（二）UML 给予服务蓝图的启示

UML 从不同的角度描述系统，它提供了 9 种类型的模型描述图：用例图、类图、对象图、顺序图、协作图、状态图、活动图、组件图和部署图。每一种图都有专门的用途，这里只挑选与服务蓝图有联系的用例图、活动图和顺序图进行说明，至于其他图形，有兴趣的读者可以查阅相关专业书籍。

1. 用例图是从用户角度绘制的，为服务蓝图设计提供了视角

用例图从用户角度描述系统功能，并指出各功能的操作者，如图 4.6 所示。

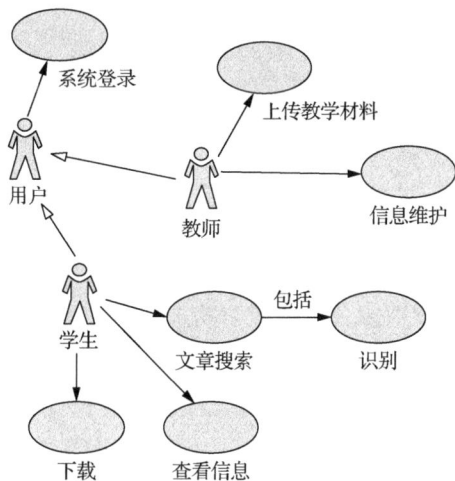

图 4.6　计算机辅助教学系统的用例图

用例图描绘了用户的角色和使用功能，体现了用户导向理念，这与服务蓝图的出发点是一致的。服务蓝图就是贯彻以顾客为中心服务理念的一种系统图，无论是设计服务蓝图还是阅读服务蓝图，都是从顾客行为切入的。

2. 活动图设置了角色和泳道，为服务蓝图搭建架构提供了启发

活动图描述了满足用户要求所要进行的活动以及活动间的约束关系，有利于识别并行活动。图 4.7 是网站用户登录系统的活动图。

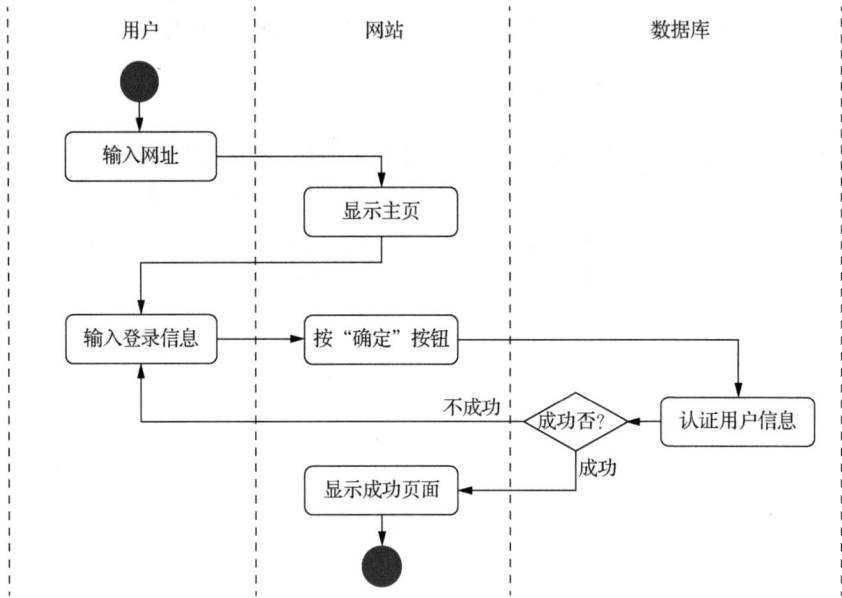

图 4.7　网站用户登录系统的活动图

活动图为每个对象设置了一条泳道，垂直虚线分隔的区域就是泳道。在泳道上方标出对象的名字，该对象负责泳道内的全部活动。穿越分隔线的箭头线表示活动的流向。

活动图中对角色和泳道的设置，也是二维流程图框架设计时采用的基本方式，至于二者谁先谁后这里不做考证，但是一定都早于服务蓝图，因此，对角色和泳道的设置的确为服务蓝图的架构设计和改进提供了基本的指导思想。在此基础上，服务蓝图不仅分割了区域，还对各个区域中的角色或角色行为进行了归类，如顾客行为、前台行为、后台行为和支持行为，且对分割线进行了命名并赋予了新的含义，如互动分界线、可视分界线、内部互动分界线、管理线或执行线等。然而，活动图由软件系统构建而成，缺乏服务蓝图设计的所有其他元素，如可视线或有形证据。所以说，活动图是服务蓝图的基础，服务蓝图是活动图的发展。

3. 顺序图按照用户活动步骤展示进程顺序，为服务蓝图构建框架提供了启示

和活动图一样，顺序图也是一种动态建模方法，它可视化地展示了用户使用或操作行为的步骤顺序。图 4.8 是快餐店顾客就餐过程的顺序图。

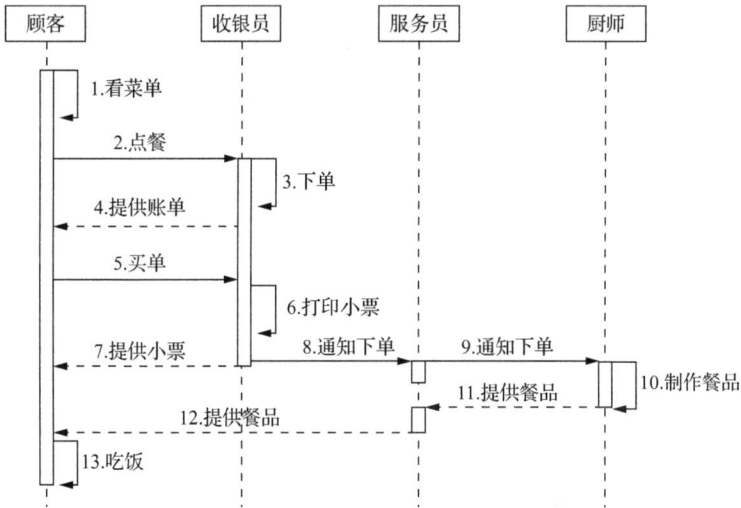

图 4.8　快餐店顾客就餐过程的顺序图

在图 4.8 中，顾客按照时间顺序或逻辑步骤，有序地进行各种必要的操作，每一次操作都要与相关对象进行必要的交互。图 4.8 包含两个维度：纵向维度是时间进程维度，展示了顾客的操作顺序；横向维度是角色维度，展示了响应顾客操作或与顾客进行交互的各种对象角色。如果这两个维度的方向换一下，即横向维度展示时间进程，而纵向维度展示各种对象角色，是不是与服务蓝图的二维展开方式及布局架构一致呢？显然是一致的。由此可以推测，顺序图为肖斯塔克当年创建服务蓝图的架构提供了直接的借鉴。

二者之间有一个明显的区别，就是顺序图把活动行为（如看菜单、点餐、买单、通知下单等）放在了流向线上面，并用数字表示流转顺序，主要原因是顺序图关注的是信息或物质产品的流转过程；在服务蓝图中，操作行为通常放在方框内，流向线上通常不加任何注释（除了判断框两边的"是"和"否"），主要原因是在服务蓝图中，虽然流程顺序也重要，但是操作行为具有更为重要的意义，因而更强调行为。

将顺序图转换成服务蓝图模式如图 4.9 所示。

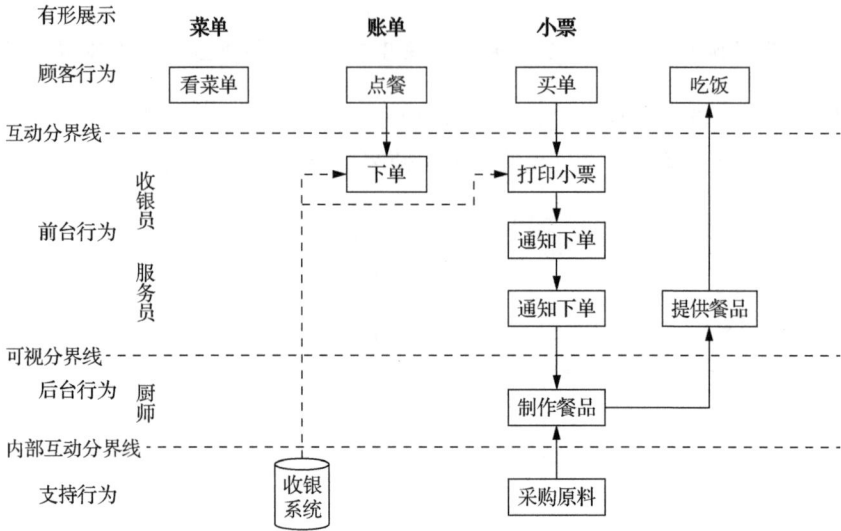

图 4.9　顺序图转换成服务蓝图模式

此外，顺序图中用数字标识顺序的做法，值得服务蓝图借鉴。也就是说，在服务蓝图中，在每个行为步骤前加上数字，一方面可以表示步骤进程顺序[①]，另一方面有助于相关人员之间进行沟通，有助于撰写相关标准的文书。

三、BPMN 的发展及其给予服务蓝图的启示

（一）BPMN 的发展

UML 是面向对象技术广泛采用的一种建模语言，是由 OMG 支持的一项标准。除此之外，OMG 还推出了另外一种被广泛采用的支持可视化建模的业务流程描述方法，即 BPMN。

BPMN 是业务流程管理倡议组织（The Business Process Management Initiative，BPMI）为满足流程管理需要，于 2004 年对外发布的一种业务流程建模符号规范，目的是为所有参与业务流程管理的用户（包括设计业务流程的业务分析员、实现业务流程的 IT 人员、管理和监督业务流程运行的流程管理人员、实际参与执行业务流程的业务人员等）提供一套易于相互交流、理解的标准化建模符号，以消除业务流程设计与业务流程实现之间的技术鸿沟[42]。2005 年，BPMI 并入 OMG，正式成为 OMG 的一种标准。

---

① 注意，服务蓝图中的行为步骤经常会出现没有严格逻辑顺序的情况，即两个步骤或几个步骤之间没有明显的先后顺序，可以看作是并行步骤。在这种情况下，可随意标定并行步骤的顺序，谁先谁后不要紧，只要不违背逻辑关系即可。

　　使用 BPMN 建模的优势主要体现在两个方面：BPMN 博采众长，借鉴了很多已有建模语言的技术和经验，因而优势明显，成员众多，成为业务流程建模语言标准，打破了流程建模工具和语言过多的局面；二是以往的业务流程模型和系统设计开发从技术上被分开，需要手动将业务流程模型转化为运行模型，这种做法很容易使流程所有者出错，BPMN 不仅能够支持生成可执行的业务流程执行语言（business process execution language，BPEL）①，还提供了自动化部分流程及模拟过程的基础，因此 BPMN 在业务流程设计与流程实现之间搭建了一条标准化的桥梁。正是由于这两个优势，BPMN 被看作业务流程建模领域里顶尖的工具。

　　关于 BPMN 的建模元素分类，请参阅第二章第一节关于图形要素的介绍。

（二）BPMN 与服务蓝图的实例比较

　　以比萨外卖为例，图 4.10 是 BPMN 图，图 4.11 是对应的服务蓝图。BPMN更关注的是信息流，而服务蓝图更关注的是操作过程。

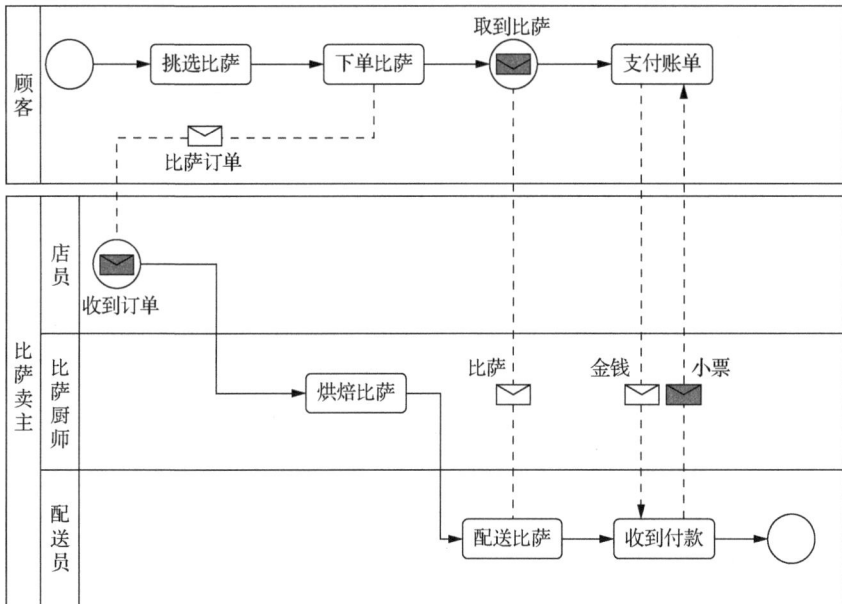

图 4.10　比萨外卖的 BPMN 图

---

　　① BPEL 是一门用于自动化业务流程的形式规约语言，广泛使用于与 Web 服务相关的项目开发中。

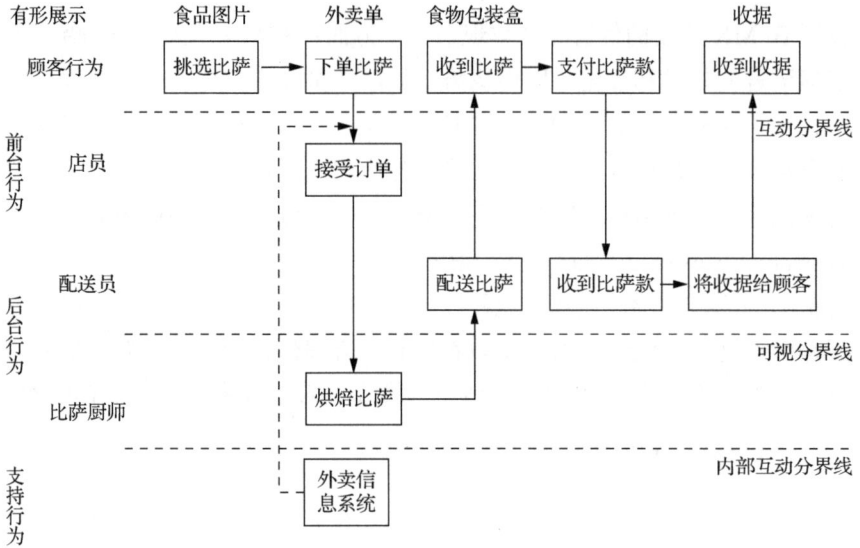

图 4.11　比萨外卖的服务蓝图

（三）BPMN 与服务蓝图的关系及启示

BPMN 是专门的业务流程建模符号规范，相比面向对象技术的 UML，BPMN
更接近服务蓝图。

1. BPMN 与服务蓝图的相同之处

（1）二者均可广泛应用于服务业，因而可以被看作描述服务流程的两种
工具。

（2）二者均是二维流程图，一维是时间进程，另一维是参与者角色。

（3）二者均为参与者角色规划了泳道，在每个泳道里描绘这个角色的操作行
为或活动。

（4）二者均可用作分析，如关键点分析、时间效率分析等。但是，BPMN 流
程简单，更适合做时间效率分析；服务蓝图视角更多、流程更复杂，因而更适合
进行关键点分析。

2. BPMN 与服务蓝图的不同之处

（1）理念不同。BPMN 虽然也可以把顾客单独作为一个角色放在图的上面，
但它以工作为中心，侧重于业务流程的描绘；服务蓝图则是以顾客为中心，侧重
于顾客的消费流程及其感受。

（2）描述方式不同。在 BPMN 中，每个角色的工作行为都限定在本角色的泳

道内，并使用顺序流（用实线表示）把各个角色的工作行为按照业务进展顺序（通常是从左向右或从左上向右下）连接起来，同时使用信息流（用虚线表示）表示角色之间的沟通和控制。所以，作为信息流程图的 BPMN 格外注重信息流的严谨性和顺序流从左上至右下的描述顺序。服务蓝图中虽然也有一些用虚线表示的信息流，但更多的是用实线表示的工作流（操作行为），体现角色之间的工作交互（动作之间的传递）。因此，只要逻辑顺序正确，一般不太要求工作流按照从左上向右下的顺序描述。

（3）功能不同。BPMN 着重描绘业务流程，可以更好地为设计信息化软件服务；而服务蓝图从时间、空间、组织、管理和感知 5 个维度全景式地描绘服务系统，为厘清服务系统中各角色（包括顾客、前台、后台和支持部门）之间的职责分工和协作关系，以及制定服务规范提供帮助。

（4）服务蓝图更接近实际场景，简单易懂。服务蓝图利用互动分界线、可视分界线和内部互动分界线把顾客、前台、后台和支持部门的行为分隔开，所描绘的服务系统更贴近实际的服务场景和各角色之间的交互关系，因而比较容易读懂；而 BPMN 虽然在角色分工和泳道设置上比较直观，但是采用了非常多的定义详细的图形符号（BPMN 2.0 中有详细的图形要素符号定义）来描述复杂的事件和角色行为，因而理解起来比较费力。

（5）服务蓝图关注顾客体验，BPMN 不关注顾客体验。服务蓝图通过在顾客的每个消费步骤上设置有形展示（道具、物件等），关注顾客与前台员工之间互动分界线上的接触点，通过可视线实行前后台分离（把给顾客带来不良感受的事物放到后台，把给顾客带来良好体验的事物放到前台），甚至通过体验点标注和分析，突出顾客体验要素，增强顾客体验。BPMN 则基本上不具备这些功能。

（6）服务蓝图可以体现服务特色，而 BPMN 做不到。与关注顾客体验一样，服务蓝图可以采用有形展示作为服务证据，使无形服务有形化和场景化，体现服务主题和服务特色。BPMN 没有有形展示，因而无法体现服务特色。

3. BPMN 给予服务蓝图的支持或启示

在场景化、体验化等方面，BPMN 是无法支持服务蓝图的，这是因为，BPMN 只有泳道设置，而没有按照前台、后台、支持部门来安排服务场景，更没有在顾客行为上方设置有形展示。但是，BPMN 作为顶级的业务流程建模语言，拥有含义和功能更为丰富的流程图形符号和严谨的设计规范，在流程设计方面可以全面支持服务蓝图，使流程功能更加细化、流程形式更加多样化，使服务蓝图的流程设计、分析、维护等方面更加规范和准确。2011 年，Hara 和 Arai[43]使用 BPMN 的标号绘制服务蓝图流程表，并将其应用到个性化的背包定制设计中。2012 年，Milton 和 Johnson[44]采用概念类比法来研究 BPMN 概念是如何支持服务蓝图概念的。这说明，在国际上，已经有人把 BPMN 的图形符号应用于服务蓝图的设计中了。

　　设计服务蓝图时，如果能够发挥 BPMN 在流程设计方面的优势，再结合各个领域的图形符号，如公共信息图形符号（GB/T 10001），就可以更加充分地突出服务蓝图的场景化和体验化特征。

四、LOVEM 及其给予服务蓝图的启示

（一）关于 LOVEM

　　LOVEM 是由 IBM 公司开发的一种流程建模技术和流程图绘制技术。使用 LOVEM 技术，可以使客户、内部部门和信息技术部门之间的交互和信息流可视化，可以将指标（如业务指标、目标和关键成功因素）附加到业务流程路径中对应的元素上面。

　　显然，LOVEM 也是一种信息流程技术。在所有信息流程技术中，LOVEM 应该算是最接近服务蓝图的一种图形工具。

1. LOVEM 图的基本架构与构成要素

　　图 4.12 展示了 LOVEM 图的基本架构和构成要素。图 4.13 是一个比萨订购流程的 LOVEM 应用图例，有助于读者理解图形要素的含义和使用方法。

图 4.12　LOVEM 图的基本架构和构成要素

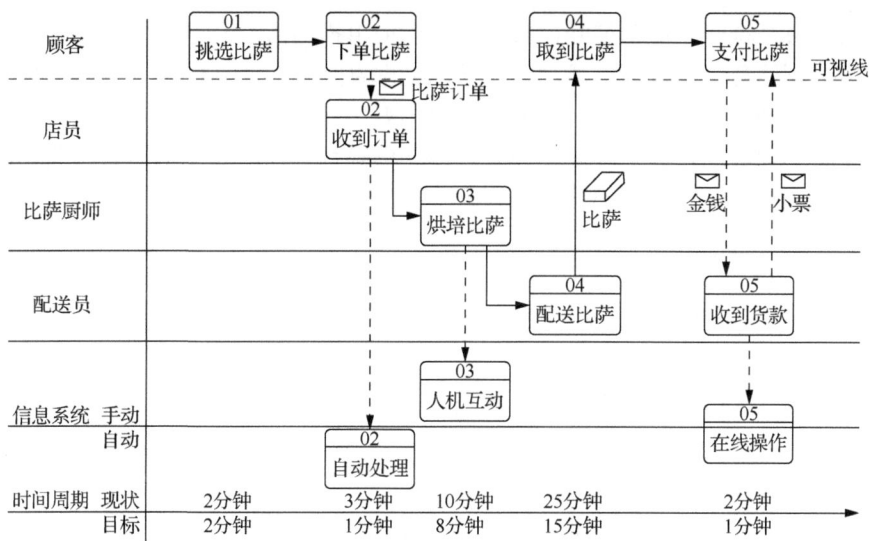

图 4.13 比萨订购流程的 LOVEM 图

LOVEM 图从上至下看，有如下一些构成要素。

（1）外部/内部的客户。客户就是本流程服务的对象，位于图的最上面。客户既可以是外部客户，也可以是内部客户，体现了 LOVEM 技术对顾客角色的特别关注。

（2）可视线。可视线是一条水平的虚线，位于图的上部，用来区分客户和组织部门。这也是 LOVEM 名称的来源。

（3）带状区。带状区就是泳道，由一组等高的水平线构成，位于图的中部，用来区分不同的角色。

（4）部门/岗位。部门/岗位是指参与到本流程中的角色，位于图的左边，为一条垂直的线，用来区分角色和活动。

（5）信息系统与操作线。信息系统位于图的下部，用一条水平的操作线区分角色（部门/岗位）和信息系统之间的交互关系。线的上方是角色对信息系统的手工操作（人机互动）；线的下方是信息系统的批处理或自动处理；在线上的表示在线操作。

（6）时间周期。一条水平的箭头线，位于图的底部，表示各个步骤所需的运行时间，其中，箭头线上方的是现状时间，箭头线下方的是目标时间。时间周期往往用来分析和改进系统运行效率。

2. LOVEM 图的设计规则

设计 LOVEM 图时，应该遵循如下几个规则。

（1）每个框一个活动编号，且用动名词词组描述活动。

（2）不同角色完成同一活动时，活动框垂直排列，并且使用相同的编号。

（3）活动框按照发生的时间先后顺序排列。

（4）不同活动在同一时间完成时，活动框垂直排列，并使用不同的编号。

在图 4.16 中，上述前 3 点都有体现，第 4 点没有体现。

3. LOVEM 图的应用

据 IBM 官网介绍，IBM 基于 LOVEM 在 1996 年设计了业务流程建模器版本 1（IBM business process modeler version 1），并公开销售和提供培训。此软件用于分析和建模业务流程，具有如下一些功能。

（1）从客户的角度来看待企业。

（2）可视化组织和过程。

（3）可视化关键的成功因素、问题区域和运行时间。

（4）支持带有度量的过程分析。

（5）通过电子表格界面进行周期和成本分析。

（6）缩短业务流程周期。

（7）消除过时的活动。

（8）自动化某些活动。

（9）通过更快地交付产品/服务来提高质量。

（10）通过更快、更高效、更有效地处理客户询问来改进服务。

（11）与管理产品 IBM FlowMark 实现对接或集成。

（12）将用户对系统的看法与应用程序开发人员的看法联系起来。

（13）缩短从分析到实现的周期。

（14）获得满足用户需求的应用程序。

（15）实现可接受的工作流程。

（16）客户可以将信息导出到电子表格，以执行各种分析，如流程路径成本计算或周期时间计算。

（17）改进客户服务和获得竞争优势。

（18）其他。

（二）LOVEM 图与服务蓝图的关系

1. LOVEM 图架构与服务蓝图架构的相同点

二者在结构上有很大的相似性。

（1）都为每个角色划分了区域或泳道。

（2）都把客户行为放到了最上面，突出顾客需求对整个过程的驱动，从而体现顾客导向的思想。

（3）LOVEM 中的信息系统类似于服务蓝图中的支持行为，强调了基础设施（信息系统）和管理部门对一线部门操作行为的支持，体现了系统的完整性。

2. LOVEM 图架构与服务蓝图架构的区别

（1）LOVEM 没有在顾客行为上方设置有形展示。也就是说，LOVEM 不太关注服务特性和顾客体验，不注重服务场景的营造。

（2）LOVEM 只设置了一条可视线，没有设置互动分界线和内部互动分界线，其可视线的位置与服务蓝图中可视分界线的位置也不同，这进一步说明 LOVEM 产生于信息化背景，重点关注的是信息流程，简化了现实的服务场景（把互动分界线和可视分界线合二为一）。

（3）LOVEM 图中增加了时间周期，强调流程的时间效率控制。

（三）LOVEM 给予服务蓝图的启示

LOVEM 图与服务蓝图在设计理念上都坚持以顾客为中心的思想，都把顾客行为放在图的上部；在结构上二者也具有很大的相似性，包括可视线的设置。从产生的时间看，服务蓝图产生于 20 世纪 80 年代，LOVEM 图产生于 20 世纪 90 年代，可以推测 LOVEM 可能借鉴了服务蓝图的思想。从用途和功能上看，LOVEM 侧重于描绘信息流程，服务蓝图侧重于描绘操作流程，但在优化流程方面，二者都具有很好的功效。

LOVEM 给予服务蓝图的启示主要有 4 点。

（1）LOVEM 图被 IBM 开发成了软件，把以顾客为中心的服务理念真正落实到了可以操作的技术工具层面，这一点很值得服务蓝图借鉴。服务蓝图如果被开发成软件，需要信息技术、服务设计、服务营销管理等不同领域的专业人员开展合作。

（2）LOVEM 图中增加了时间周期，强调流程的时间效率控制，有助于发现流程运行的瓶颈并制定相应的改进措施，这一点值得服务蓝图借鉴。

（3）LOVEM 图中对于操作框的编号及其上下对应关系的设计规范也值得服务蓝图借鉴。

（4）LOVEM 图中把信息的处理方式分为人机互动、自动处理和在线操作 3 种类型，值得服务蓝图借鉴。

五、服务蓝图中信息技术的呈现形式

服务蓝图在产生之初，主要用于描绘店铺中人与人之间的互动接触。随着信息技术对服务系统和服务过程的渗透，信息流在服务系统中已经成为一个不可忽视的存在因素，因而作为描绘服务系统的工具，服务蓝图也必须呈现这种因素。

按照信息技术在服务系统中扮演的角色，信息技术对服务系统的渗透基本上可以分为 4 个阶段：管理支持系统、前台服务支持系统、前台自助服务系统、线上服务系统。由于每个阶段中信息技术的作用不同，因而其在服务蓝图中的体现形式也有所不同。当然，如何在服务蓝图中体现信息技术的角色，还与服务蓝图设计的目的有关。

（一）信息技术用于管理支持系统

信息技术用于管理支持系统，如办公系统、财务管理系统、客户关系系统、决策支持系统等，由于顾客接触甚至感知不到，因而只体现在服务蓝图的支持行为区域中，产生的信息流通常以虚线形式展示在服务过程中，以体现其对前后台服务活动的支持和控制，如图 4.14 中的收银管理系统。

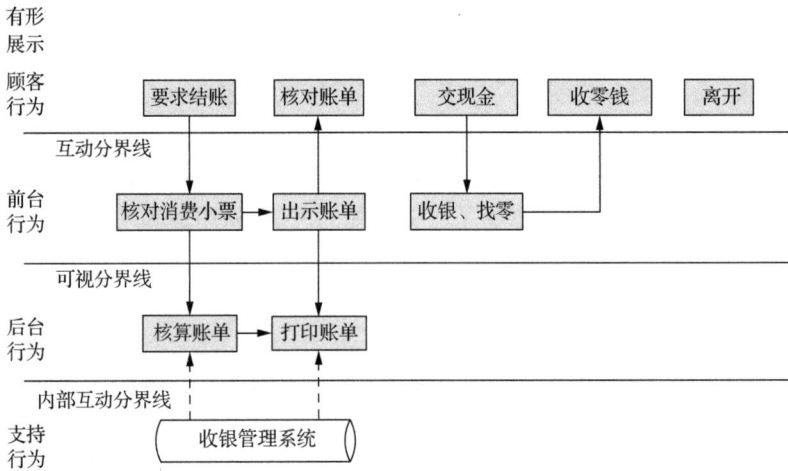

图 4.14　信息技术用于管理支持系统的服务蓝图

（二）信息技术用于前台服务支持系统

信息技术延伸至前台，可用于支持前台服务人员完成服务活动且能被顾客直接感知的信息系统，如收银系统、医院挂号系统、电子显示屏等。信息系统主要由服务人员操作，有时也会要求顾客适当参与（如顾客付款时输入密码或打开微信二维码）。信息系统在服务端的使用不仅直接影响服务效率，还直接影响顾客的体验。在这种情况下，作为信息系统的承载物——计算机、电子显示屏、扫描枪等，就需要作为服务证据放在服务蓝图中的有形展示区域中。信息系统作为支持系统，还需放在支持行为区域中，并用虚线代表信息流显示出这种支持关系。如

图 4.15 所示。

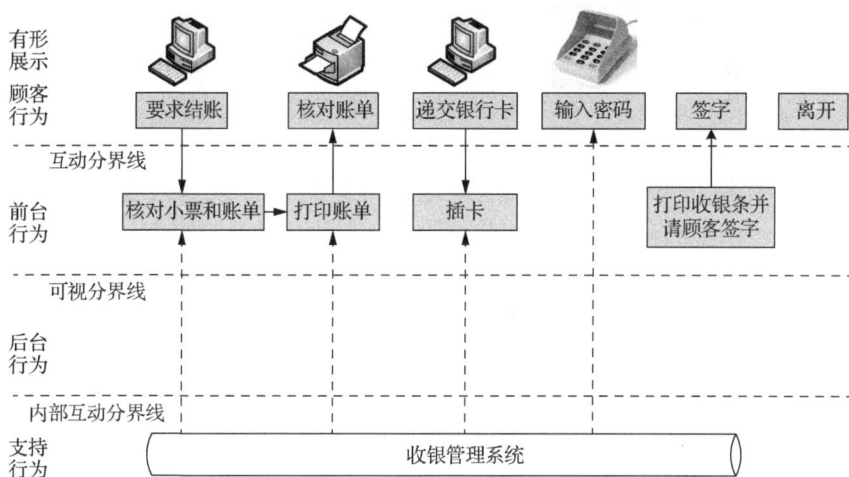

图 4.15 信息技术用于前台服务支持系统的服务蓝图

（三）信息技术用于前台自助服务系统

当信息技术作为顾客自助服务手段时，如自助点餐、自助下单、自助缴费、自助打印病历等，虽然自助设备代替了前台人员的服务功能，人机交互代替了人人交互，但仍然属于前台服务行为。如果自助服务环节比较少，则在顾客自助服务行为的上方，把自助服务设备呈现为一个有形展示即可；如果自助服务环节比较多，则可以为自助服务设备单独设置一个区域，如图 4.16 所示。

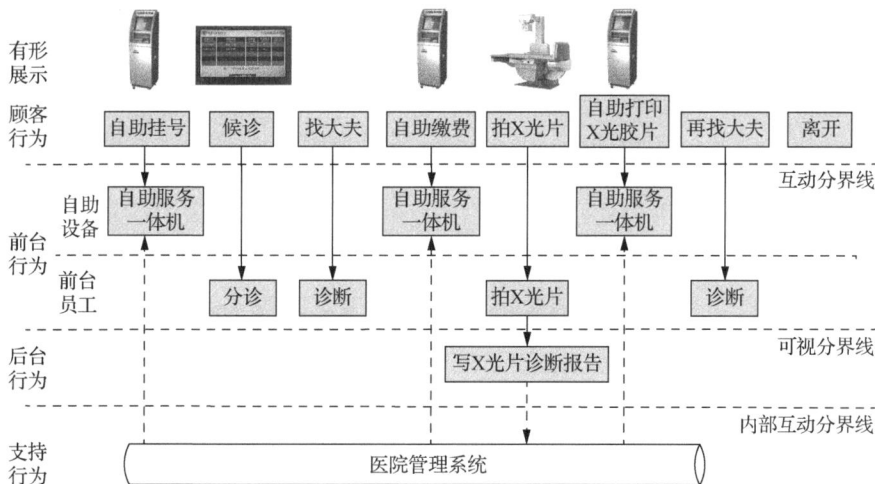

图 4.16 信息技术用于前台自助服务系统的服务蓝图

（四）信息技术用于线上服务系统

随着互联网特别是移动互联网技术的发展，商品销售被放到网上，建立了虚拟商店，办事服务也被搬到网上，建立了网上营业厅，这里将其统称为虚拟店铺。在虚拟店铺中购物或办事，顾客无法与服务人员和实体场景发生直接接触，而是通过虚拟服务场景中的"导航设计"完成整个购物或办事过程。

为了让顾客（网站用户）完全自助地顺利完成购物或办事过程，并从中获得良好的体验，网站的功能效率和用户体验是虚拟店铺设计的两个重要指标。网站设计可以分为 5 个层次——战略层、范围层、结构层、框架层、表现层，它们是层层递进的。其中，战略层的任务是了解用户需求和规划网站目标；范围层是确定网站功能和内容需求；结构层是搭建信息架构和开展交互设计；框架层是进行界面设计、导航设计和信息设计；表现层是开展感知设计和视觉设计。由此可以看出，虚拟店铺的网站设计既涉及目标市场定位与需求分析，又包含软件系统的功能设计，还包含用户体验设计。图 4.17 是一个网上营业厅业务办理过程的服务蓝图，可以看出，该服务蓝图有助于分析用户需求，有助于上述 5 个层次的设计，有助于网站提高功能效率和用户体验。

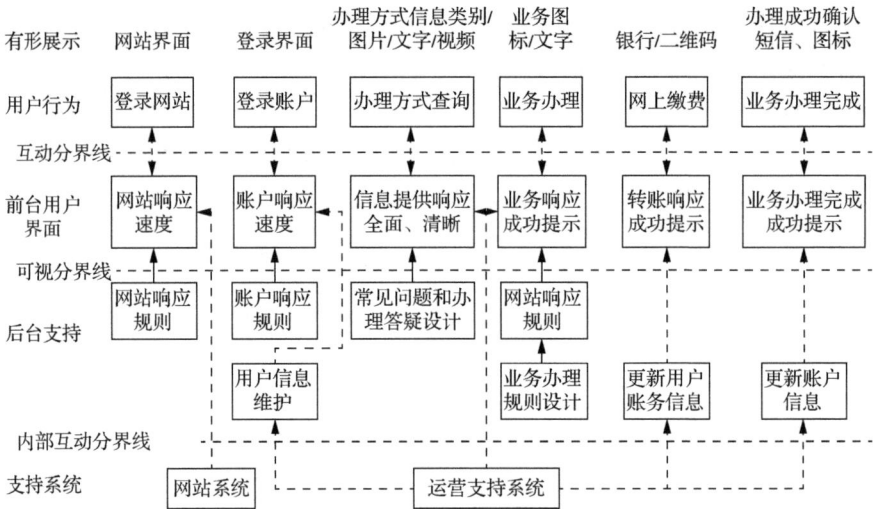

图 4.17　信息技术用于线上服务系统的服务蓝图

六、小结

为了有助于信息技术人员、服务管理人员和服务设计人员从信息化角度加深对服务蓝图的理解，在上述研究的基础上，总结出以下几点分析结论。

（一）信息流程技术与服务蓝图技术具有水乳交融的关系

信息流程技术处理的是系统中的信息流，包括信息的输入、产生、采集、加工、使用、输出等。服务蓝图主要处理工作流，在服务蓝图中，员工和顾客之间的交互（互动）关系才是最重要的，信息只是其中的一部分。但是，二者之间相互借鉴与相互促进是发展的主旋律。肖斯塔克在开发服务蓝图时，就应用了计算机流程技术。同时，信息流程技术也受到了服务蓝图的影响，格外关注顾客角色。上面对于 UML、BPMN 和 LOVEM 3 种信息流程技术的介绍也可以说明，信息流程技术与服务蓝图之间具有密切的关系，彼此之间都有相互借鉴的地方。此外，本章第一节中介绍的服务信息蓝图就是信息流程技术与服务蓝图的一个结合，也间接证明了二者之间的密切关系。

（二）关注顾客角色是信息流程技术的发展趋势

从信息流程技术的发展趋势看，从开始关注用户使用行为（UML）到把用户行为列入一个专门的泳道或区域（BPMN），再到把顾客置于流程的顶端并设置可视线（LOVEM），说明信息流程技术的设计思想越来越重视顾客角色（需求、行为），越来越体现以顾客为中心的服务理念。这一点不仅是信息流程技术的进步，也是社会文明进步的一种体现和要求。

（三）服务蓝图有助于软件工程师全景式地了解服务系统和系统建模

对于信息系统软件设计师而言，服务蓝图有助于他们全景式地了解服务系统中的信息是如何产生、如何流转和如何使用的，进而可以优化信息系统的设计。因此，如果软件设计师学会服务蓝图技术，在正式设计软件之前先设计一张服务蓝图（应该由框架设计师来设计服务蓝图，或者利用企业提供的服务蓝图），将是很有价值的工作。甚至可以把服务蓝图设计作为软件设计中的一种建模方法，并将其作为必须做的工作，以提高软件开发的效率、精准率和适合性。

在笔者面向 MBA 学生的教学中，从事软件开发的学员大都觉得服务蓝图是一个非常好的工具，非常有助于软件开发人员对项目委托方的服务系统和服务活动的理解，有助于开发出高质量的系统软件。但是，他们往往不清楚服务蓝图与他们常用的软件系统建模方法之间的关系。因此，本节内容有助于软件开发人员深入理解服务蓝图与现有软件系统建模方法之间的区别与联系。

（四）如何信息化是企业开发服务蓝图需要解决的问题

流程是系统运作的过程，其中包含工作流（操作行为）、信息流、物流、价值流等的流动。信息流程关注的是流程中的信息流动。因此，从信息流程角度看，流程管理的理想目标是实现信息化。流程的设计与管理大多起始于手工作业，终止于信息化实现。"管理制度化、制度流程化、流程表单化、表单 IT 化"的思想充分反映了从流程设计到流程执行落地的发展趋势[45]。

　　服务蓝图是描绘服务系统的工具，着重描绘顾客消费行为主导下的整个服务过程和系统支持过程，以工作流为基础，同时兼顾信息流。随着移动网络技术的发展和管理现代化的需求，服务蓝图实现信息化将是一个必然趋势。因此，信息技术如何呈现在服务蓝图中，服务蓝图如何与信息系统对接，将与信息技术在服务系统中的渗透程度以及服务蓝图设计目的有关。在实际操作中，这将是一个具有挑战性的问题。特别是当信息化手段与手工操作融合程度较高时，也就是线上线下的服务方式高度交错融合时，顾客在很多服务步骤上可能面临多种选择（如顾客可以通过柜台、自助点餐机、微信小程序点餐，可以通过二维码、银行卡、现金等多种方式支付），进而增加了服务蓝图设计的复杂性和难度。例如，顾客的行为可能会在线上线下来回切换，前台行为也面临着同样的问题；有形展示将会因顾客置身于实体场景或虚拟场景而不同；当顾客的各种选择行为重叠在一起时，有形展示（服务证据）的有序呈现将变得很困难。

　　关于服务蓝图的信息化，还可以有更高的追求，包括开发专门的服务蓝图绘图工具或模板；把服务蓝图作为软件建模工具，用于流程分析与优化；甚至就像IBM 公司基于 LOVEM 开发的业务流程建模器一样，也可以考虑基于服务蓝图开发业务流程建模器；服务蓝图与其他软件的对接或集成；基于服务蓝图的数据采集、加工与传输；基于服务蓝图的知识管理（如各种制度、案例等的链接）等。

第三节　服务蓝图在体验化方向的拓展

　　体验是顾客的内在需求，随着消费者生活水平的提高和消费意识的增强，体验需求变得越来越强烈，因而服务企业如何塑造和强化顾客体验，是服务营销人员和服务设计人员非常关注的问题。服务蓝图是一个以顾客为中心的流程技术工具，在设计、分析和展现顾客体验方面具有独特的功能优势。目前，学术界还有几种体验流程技术，它们与服务蓝图相比各有什么优势？能为服务蓝图在体验方面的拓展研究提供什么有价值的启示？

一、体验流程技术的发展

　　体验的本意是体会、体察、亲身经历，是从实践中感知和认识事物，并感受到身心的愉悦。随着社会发展、消费水平提高和消费观念的改变，西方学者于 20世纪末开始认识到体验在消费中的价值和重要性。派恩二世和吉尔摩[46]认为体验事实上是当一个人达到情绪、体力、智力甚至是精神的某一特定水平时，其意识中所产生的美好感觉；体验是继产品、商品、服务之后的第4种提供物，是一种新的价值源泉，它从服务中分离出来，就像服务从商品中分离出来那样，但是体验是迄今为止尚未得到广泛认识的经济提供物。随着体验研究的深入，对于体验的理解和解释也在拓宽，体验已不限于服务体验，还包括产品体验，因此也产生了用户体验的概念。用户体验就是用户使用产品过程中建立起来的纯主观感受，由行为体验、感官体验和情感体验3部分构成[47]。与此同时，不同类型的用户在不同环境下对同一产品的体验存在巨大差异。心理学、社会学、行为学等学科领域的研究者从不同的视角对用户体验开展了研究，为体验设计和体验管理指明了方向。

体验是一种经历、一个过程。因此，从体验设计和体验管理的角度看，服务提供者应该为消费者在整个消费过程中进行合理的体验设计和管理，使消费者在消费服务或使用产品的过程中，形成一个主题鲜明、系统完整的感受和印象。由此可见，体验研究离不开流程技术。从目前看到的体验流程技术看，最有代表性的是顾客旅程图（customer journey map，CJM）。

此外，还有3种体验流程技术需要在这里提及。一是体验地图（experience map，EM），这种流程技术实质上与CJM是同一个工具[48]，所以，这里不再另行介绍。二是服务体验蓝图，是在设计多接口服务系统时为了提高顾客体验水平提出的一种服务设计方法。服务体验蓝图从顾客体验需求视角出发，把每个服务接口都设计得能够最好地利用其独特功能，能够更好地增强总体顾客体验，进而将顾客引导到该服务接口[40]。服务体验蓝图虽然综合了软件工程、服务管理、交互设计等方法（按照作者的说法），但其沿用了服务蓝图的结构，从服务流程技术角度看没有新创意，也不能为服务蓝图提供有价值的借鉴，因此这里不再做介绍。三是多层服务设计，这是设计复杂服务系统的一种体验流程技术[21]。多层服务设计分3个层级进行设计：首先，从服务概念层面设计用户对所提供服务的价值主张；其次，从公司系统层面设计服务体验，包括它的架构和导航；最后，从服务接触层面采用服务体验蓝图设计每一个服务触点的体验。多层服务设计分3个层级逐步开展设计，本身就是一种流程思想，另外，它在服务体验和触点体验的设计中也应用了流程技术，所以多层服务设计可以看作是设计复杂服务系统中顾客体验的一个综合性的方法。与服务蓝图相比，多层服务设计主要用于设计复杂服务系统，而服务蓝图主要用于设计简单服务系统（以某个服务过程为主线），二者可比性不强，因而多层服务设计对于服务蓝图基本上没有太多值得借鉴的思想方法。

基于以上考虑，下面着重介绍CJM及其给予服务蓝图的启示。

二、CJM 及其给予服务蓝图的启示

（一）CJM 简介

CJM 是一个基于顾客视角详细分析顾客在某个完整的消费过程中的一连串连续的感知体验，进而发现问题及改进机会的工具。

图 4.18 是 CJM 的基本框架和主要构成要素。

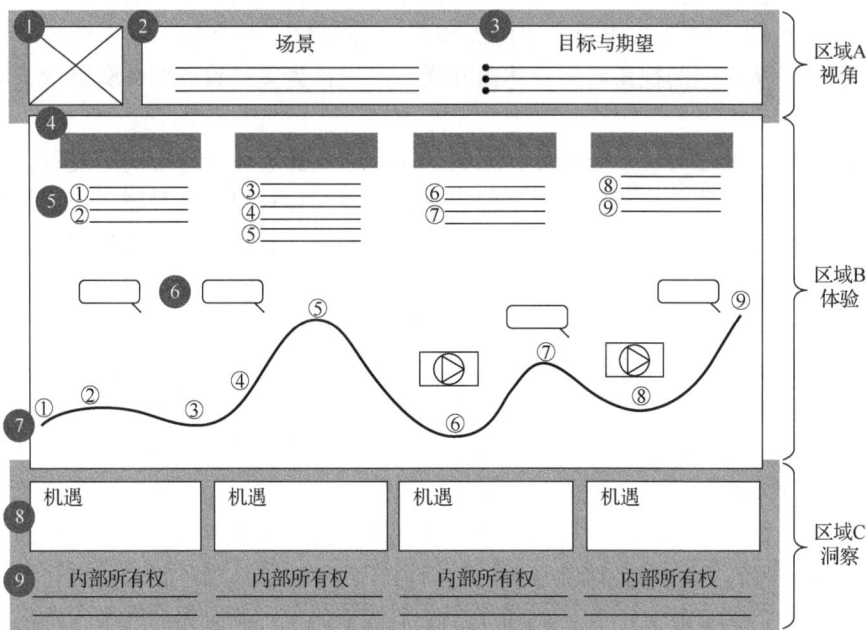

图 4.18　CJM 的基本框架和主要构成要素

CJM 包含 A、B、C 三大区域，每个区域又包含不同的要素。

区域 A 从顾客视角出发,描述了目标顾客群体的人物画像和所处的服务场景。一幅 CJM 针对一个目标顾客群体的人物画像和一个相应的服务场景是最基本的要求，它可以帮助设计人员塑造一个明晰的故事。首先，在部位使用 ❶ 描述目标顾客群体的人物画像及其主要特征，如他们的年龄、性别、职业、收入水平、兴趣爱好、来源地等；其次，在部位 ❷ 描述服务场景特征，如主题定位、档次、氛围、灯光、颜色、面积、结构等；最后，在部位 ❸ 描述顾客的目标和期望。针对不同的"人物"、不同的"场景"和不同的目标和期望，会产生不同的 CJM。因此，设计 CJM 的第一步，就是弄清楚人物画像、服务场景和顾客的目标和期望。

区域 B 描述了顾客在消费过程（或使用过程）中的所为、所想和所感。首先，在部位 ❹ 把顾客的消费过程分为几个步骤,通常与实际的服务提供步骤是一致的；

其次，在部位 ❺ 较为详细地描述顾客在每个步骤的实际消费行为和参与行为，特别是具体的接触点、接触渠道和接触方式，这需要设计人员以消费者的身份亲历整个消费过程，并做必要的蹲点观察，以便客观、完整地刻画顾客的消费历程；再次，在部位 ❻ 把顾客在每个步骤或接触点的想法描述出来（想法在一定程度上反映了需求和需求的满足程度，需要提前做一些访谈、问卷调研等工作），为以后改进服务提供直接的依据；最后，在部位 ❼ 把顾客在每个步骤或接触点上的满意度或情感体验，按照分值高低标识在图上，并用曲线连接各个满意度分值点，形成一个满意度曲线（或叫情绪曲线、情感曲线）。满意度分值可以使用"不满意""一般""满意"或者"非常不满意""不满意""一般""不满意""非常不满意"，也可以使用相应的数值代替。

区域 C 描述了可能的改进机会和相关的责任部门（或责任岗位）。首先，设计人员或分析人员通过对区域 A 和区域 B 的研究，从顾客体验视角发现服务过程中存在的体验漏缺、体验不足和负面体验，以及可能的改进机会，并将其罗列在部位 ❽；然后，按照组织分工，针对相关问题，找出相关的责任人或责任部门，并列示于部位 ❾，如果之前没有确定责任人或责任不清，就把责任落实到具体的部门和岗位。

总之，利用 CJM，通过上述 3 个区域的描绘和分析，可以达到 3 个目的：一是改进服务产品现有的问题，二是发现新的商机，三是帮助服务团队或研究人员了解服务过程或服务系统的整体运行情况。

（二）CJM 与服务蓝图的比较

CJM 与服务蓝图是服务设计过程中常用的两个工具，但在实际使用中常会引起混淆。因此，有必要弄清楚这两种工具之间的关系，并从 CJM 的思想中汲取有价值的成分，为改进服务蓝图提供借鉴。

1. CJM 与服务蓝图之间的关系

CJM 与服务蓝图作为两种服务流程技术，都很好地体现了以顾客为中心的服务理念，而且都采用了二维流程图的表现形式。但是，它们在研究视角、应用目的和展示内容等方面，具有明显差异。

（1）研究视角不同。服务蓝图是描绘服务系统的工具，而且充分体现了以顾客为中心的服务理念。因此，服务蓝图具有两个视角：一是系统观念，二是需求导向。CJM 的出发点和回归点都是顾客体验，因此它只有一个视角——顾客体验。相比之下，服务蓝图比 CJM 的研究视角更宽广，更关注服务系统和服务过程中各个角色（顾客、员工和管理者）之间的相互关系；而 CJM 则聚焦于顾客的感知体验，或者说，从顾客体验视角来反映服务过程中存在的问题。

（2）应用目的不同。服务蓝图具有描绘服务系统和分析服务系统两个方面的功能；CJM 只具有分析功能。也就是说，如果想描述服务过程或服务系统，就用服务蓝图而不用 CJM；如果想分析服务过程或服务系统，则二者都是非常好的工具，都可以用来开展服务创新和提升服务质量。但是，如果想着重改善顾客体验，那么 CJM 是最佳的分析工具。需要提醒的是，CJM 不仅可以用来分析顾客体验，而且可以用来从顾客体验或顾客感知视角分析服务系统的运行效率、运行质量等——顾客的很多不满意都是由效率低下和质量问题引起的。

（3）展示内容不同。虽然二者都是以顾客行为（相当于服务事件的时间维度）作为引导展开设计的，但是设计出来的两幅图所展示的内容是有差别的。服务蓝图是一幅服务全景图，把顾客、前台员工、后台员工和系统支持（管理部门）的相互关系展示得很清楚，而且还设置了有形展示，使得服务系统的逻辑关系、运行机制（如何让服务系统运转起来）、物理场景尽现眼前；而 CJM 是以顾客"所为、所想、所感"为主线的一个顾客体验故事，完全可以看作是顾客这个主人公的情景剧本，没有直接涉及服务蓝图中的前台行为、后台行为、系统行为和有形展示等要素。

2. CJM 与服务蓝图在顾客体验研究方面的差异

CJM 是一个顾客体验研究的专门工具，服务蓝图也可以用于顾客体验研究，但是二者在顾客体验研究方面具有不同的方法。

服务蓝图用于顾客体验研究，主要是通过体验点研究进行的。体验点作为关键点之一，可以分布在服务蓝图的任何一个位置，如有形展示区域的体验证据、前台区域的顾客关怀点、后台区域的体验制作点、支持区域的体验测量点等。此外，利用链路思想可以构建体验点链，使顾客形成全过程完整的体验。由于体验点以散点形式分布在服务蓝图的不同位置，因此，对于体验点的识别、设计和管控就变得非常重要。相关内容可参考第二章的关键点管理。

在 CJM 中，顾客体验是通过情绪曲线展示出来的，因此可以利用情绪曲线对顾客体验开展定量研究。一般来说，对于企业发展具有战略意义的核心要素（对顾客和企业都重要的要素称为核心要素），可以推高其体验值，以便突出其战略价值；对于企业发展不太重要的边缘要素可以适当降低其体验值，以便降低成本（因为体验值的推高和维护都是需要成本的），如图 4.19 所示。这种做法也符合峰终定律和首因效应揭示的道理。峰终定律认为，顾客主要能记住体验刺激达到"峰"值（无论是正向的还是负向的）和服务结束带来的最"终"结果的体验，而对过程中的其他感知体验记住得很少；首因效应认为，人们看问题都有先入为主的习惯，第一印象很重要。因此，服务体验设计可以把"首"、"峰"和"终" 3 类体验要素纳入战略要素中，给予更多的关注，或者把核心要素的体验效果保持在正向的最高峰值。

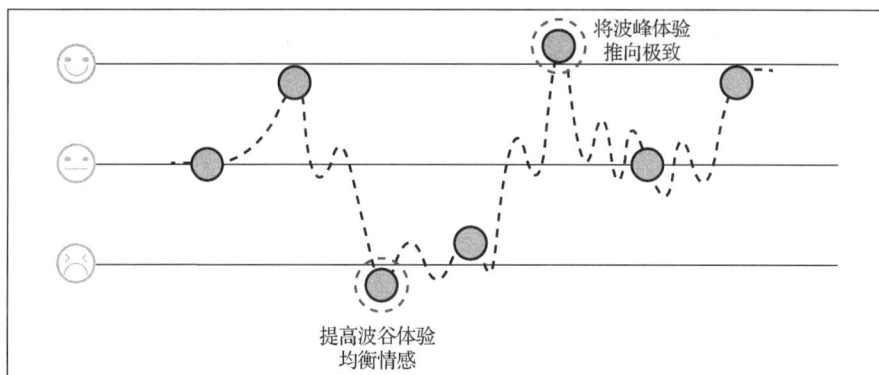

图 4.19　情绪曲线

（三）CJM 给予服务蓝图的启示

CJM 的第一个区域中有"人物画像"、"服务场景"和"顾客期望"的描述，这些描述是对流程图适用条件的限定。实际上，服务蓝图也同样具有适用条件的限定，因此，引入"人物画像"、"服务场景"和"顾客期望"的说明，对于服务蓝图同样具有实际意义。关于引入办法，为了不至于使服务蓝图要素过于繁多进而削弱其核心内容的展示，可以在服务蓝图下面增加一个备注式的说明。

CJM 中的第二个区域中有"情绪曲线"的描述，比服务蓝图更形象地反映了顾客的体验效果。因此，为了使服务蓝图在体现以顾客为中心服务理念上更进一步，可以在顾客行为下方增加一个顾客情绪曲线（一个更简单的做法是将笑脸或哭脸标注在每个步骤的下方），使研究人员和读者能够更加关注顾客在服务全过程中的满意度水平或情感体验状况，进而改善服务系统的运行状况。当然，随着服务系统运行状况的变动，顾客情绪曲线也在发生变动。因此，在服务蓝图中增加情绪曲线，一般适合于反映服务系统改善项目的前后效果比较。IBM 公司研究员苏珊（Susan）于 2009 年提出了"有表情的服务蓝图"概念，也强调将客户的情绪状态这一要素添加到服务蓝图之中[49]，佐证了服务蓝图可以添加情绪曲线的观点。图 4.20 是一个增加了情绪曲线的图例[32]。

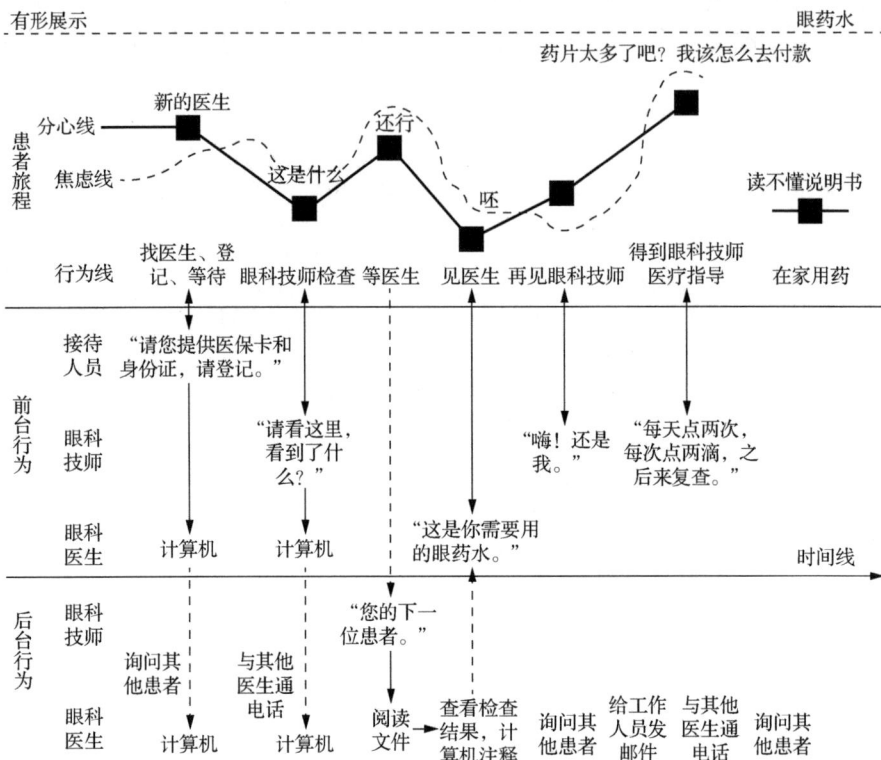

图 4.20　看眼科的表情化服务蓝图

对比服务蓝图和 CJM 研究体验的方法后，可以发现，一种是采用关键点的定性研究，一种是采用曲线的定量研究，前者适用于重点管理，后者适用于分析顾客体验情绪的变化过程。这启发我们，过程方法可作为一种通用方法来研究服务系统中的各种属性特征，如顾客体验、促销、沟通判断、风险控制、效率、浪费等，且对于这些属性特征的研究，可以同时采用关键点和曲线两种方法。但是，在采用曲线做定量研究时，要求这些属性特征是可以衡量的，如体验（满意度）、促销（销售额）、判断（难度和复杂度）、风险控制（经济损失）、效率（时间）、浪费（成本）。

CJM 的第三个区域中有"改进机会"和"责任部门"的描述，它们是 CJM 作为分析工具的主要目的。这也提示我们，服务蓝图用于服务系统分析时，同样可以增加这两项内容，以便于反映分析中发现的改进机会，并把改进任务落实到具体的责任部门。

第四节　服务蓝图在交互方向的拓展

按照服务接触三元组合模型，服务过程是顾客、员工和组织三者之间的互动接触过程。简单来说，服务是一个交互（互动）过程。因此，服务分析实质上就是对服务交互过程的分析。服务蓝图为顾客行为、前台行为、后台行为和支持行为四种角色行为分别设置了四个区域，同时，通过行为框和流向线描绘了各个角色行为之间的流转过程。流转过程实质上反映了各个角色行为之间的交互关系和协作关系。也就是说，从交互分析角度看，服务蓝图虽然描绘了各个角色之间的交互关系，但是并没有深挖交互特征。本节结合其他交互分析技术，研究服务蓝图在交互分析方面所能发挥的作用，以及其他交互分析技术给予服务蓝图的启示。

一、交互流程技术的发展

交互，作为一个学术词汇，来源于英文单词 interaction。interaction 最初出现在服务管理和服务营销领域，通常被翻译为"互动"，主要是指服务员和顾客之间的互动，即人际互动或人人互动，有时也涉及人机互动、机机互动。后来，interaction又大量出现在工业设计和计算机信息技术领域，被翻译为"交互"，主要是强调人机交互，即用户在使用设备、产品时的一种行为，并产生了交互设计的概念。现在，"交互"已成为设计学科的一个重要研究方向。下面分别从服务管理、交互设计两个领域介绍交互流程技术的发展。

（一）服务管理领域的互动研究

服务员工（服务提供者）与顾客之间的互动在服务行业普遍存在，可以说，这也是服务行业的一个显著特征。因此，服务员与顾客之间的互动是服务管理和服务营销研究绕不开的一个问题。但是，在服务营销的理论研究中，关于顾客与企业之间的互动多采用顾客接触（customer contact）这个词，主要强调的是顾客与服务企业接触的方式、地点、时间、程度等。1985 年，肖斯塔克首次提出服务接触（service encounter）概念，认为服务接触是指顾客与企业直接互动的一段时间，其中企业不仅包括服务者、服务设施、服务环境等其他影响要素，还包括人人互动过程、人物互动过程。后来，泽丝曼尔和比特纳[5]60 把服务接触进一步解释为"发生在确定时期的非连续事件"。这就是说，服务接触主要研究的是服务企业与顾客之间的互动关系，以及接触过程中所发生的一系列事件。由于服务接触比顾客接触的内涵拓宽了很多，内容也丰富了很多，因而受到了广泛关注，并成为服务管理的一个重要研究领域。

服务接触的研究涉及服务接触的重要性、服务接触的主体、服务接触的方式、服务接触的程度等。

（1）服务接触的重要性。服务接触也称关键时刻或真实瞬间，服务接触质量是影响整体服务质量的关键，任何一次的服务接触失败都有可能导致顾客的否定，即 100-1=0。然而，并不是每次的服务接触都同等重要，通常情况下，最初阶段的接触要比后续的接触更重要，给顾客留下的体验和印象更深刻，这叫首因效应或先入为主。但是，这个结论也并不绝对正确，这与服务业务的性质有关，在医疗服务中，诊断治疗（大夫与病人的互动接触）要比开头阶段的挂号服务（挂号服务员与病人的互动接触）重要得多。

（2）服务接触的主体。早期研究的互动服务，主要是指顾客与服务员工两个主体之间的互动服务，在服务接触概念提出来后，服务接触的主体又延伸到了管理人员、服务设备和服务环境（包括服务设施、人造物品和各种无形要素，如声音、气味、光线等），即顾客与员工、其他顾客、管理人员、设备、服务环境等都存在互动。

（3）服务接触的方式。如果把服务提供者（主体）划分为人和机器，把服务接收者（客体）划分为人和机器（财物），那么按照主客体顺序，服务接触就会被划分为人人、人机、机人、机机（财物）4 种互动方式；如果按照服务距离远近，服务接触可以被划分为近距离接触（面对面接触）、中距离接触（电话接触、邮寄接触）和远距离接触（网络接触）；从顾客（或顾客参与）角度看，服务接触还可以分为主动接触（主动参与）和被动接触（被动参与）。

（4）服务接触的程度。按照接触时间长短和接触频次两个指标划分，服务接触可以分为高密度接触和低密度接触。

由此可见，互动是服务接触研究的核心和焦点，顾客参与是互动的进一步延伸和扩展。虽然服务接触或互动（交互）是一个过程，但是，把服务接触行为（互动行为）放在一个过程中展开研究，即服务行为流程化的研究还显得不足。服务蓝图算是较权威、具有代表性的服务流程技术之一，它把顾客与前台员工的交互过程展示在服务蓝图的上端，用互动分界线把二者的行为区域隔开，顾客与前台员工之间的连接线若穿过互动分界线，表示此处存在接触行为（互动行为），此点被称作接触点或触点。但是，这种方法仅表示此处存在互动关系，而对于互动事件或互动特征没有做更为详细的描述。尽管连接线可以起到一定的帮助（箭头线表示行为发出者指向行为接收者；实线表示实际行为，虚线表示信息传输），但是，其对于互动行为特征的描述还是不够的。有形展示虽然包含一部分物的成分，但其主要目的不是说明互动过程，而是提供一种有形的服务证据。令人欣喜的是，2012 年，桑普森提出了 PCN 分析方法，专门用于研究服务互动过程，对互动行为的特征和类型进行了深入的分析，对服务创新和改善服务质量具有重要作用。

（二）交互设计领域的交互研究

从字面上看，从互动行为和互动管理上升到交互设计，应该说是一个进步。但是，交互设计的概念并不是来自传统服务行业的人人互动（虽然人人互动也需要设计互动规范和互动语言，即话术），也不是来自传统的工业产品设计（虽然工业产品设计也需要考虑机器对人的反馈），而是源于计算机软件设计的发展。也就是说，交互设计中解决的交互问题主要是人与计算机之间的人机交互问题。

1984 年，美国苹果公司推出 Apple Macintosh，这是最早采用图形用户界面的个人计算机之一。与当时采用 DOS（disk operating system，磁盘操作系统）命令行纯文本形式的计算机相比，Macintosh 的图形化用户界面不仅是形式上的更新，其"桌面"的隐喻还成功地解释了计算机使用的概念模型，使原本不可见的软件功能变得可见和易于使用。同时，键盘和鼠标成为标准的输入设备，由此，输入与输出、操作与反馈一直是人机交互讨论的核心问题。1985 年，有专家提出，界面设计要研究的不仅是依托于屏幕的内容，还应包括人们的使用行为和相应的情境，设计师要解决的不仅是界面形式的问题，还应包括对交互行为的设计。1995年，交互设计成为软件设计领域的重要内容。交互设计是为了人们的使用而塑造数字化人工物的过程，这里的人工物包括产品、服务和环境。交互设计要处理一些视觉形式的问题，但主要处理的是"行为"。这里的"行为"既包括产品的"行为"，还包括人们使用产品的"行为"。产品怎样被使用，以什么方式被人感知，这些是对产品"行为"的设计；理解人们在使用产品时的"行为"，设定从宏观的情境到微观的交互细节，包括内容、形式和整体体验，这些是对人的"行为"的设计。这种以人为中心的方法也就是现在的交互设计方法[50]。

目前，交互设计已经成为设计学科的一个重要分支，特别强调以用户为中心和用户体验的设计思想，这与服务管理、服务营销、服务设计的指导思想不谋而合。交互设计既然已经成为一门学科或一个学术领域，研究者自然会沿用它的思想为其他学科领域服务，或从其他学科找到佐证。从逻辑上说，交互设计的思想方法，以及主要的承载物"计算机信息"，都可以延伸应用到工业产品设计和一般的服务设计中。

交互设计如何应用到工业（产品）设计中？工业（产品）设计的核心是产品功能，也就是实现用户的使用目的，产品形式服从产品功能；交互设计的核心则是顾客体验，是让用户愉悦地、高效率地使用产品，交互形式服务于顾客体验。以小家电为例，如电暖器、照明灯具，在工业时代，它们的功能非常明确，电暖器的主要功能是供热，灯具的功能主要是照明。但是按照交互设计的思想，可以依据用户的期望及使用习惯，采用信息技术使产品实现智能化，如在小家电产品中增加温度调节、定时开关等各种控制软件，然后使用遥控器或手机 App 来进行遥控。

交互设计如何应用到服务设计中？在服务管理和服务营销学科中，实际上并不缺少人人之间的交互设计内容，服务接触的三元组合模型就是非常典型的解决人人互动问题的一个理论，各种服务理念、服务政策、服务规范都是对人人互动的约束。交互设计作为一个拥有正式学术概念、已经形成而且内容正在逐渐丰富的学术研究领域，可以借鉴到服务设计中的思想方法有很多，特别是计算机信息、移动网络技术的发展，为解决服务交互问题带来了革命性的变化，如网络预定、移动支付、微营销等。此外，服务管理和服务营销中的许多研究成果也可以为交互设计学科提供丰富的营养，除了以用户为中心、用户体验等服务理念外，还有服务流程、服务接触、服务质量、排队理论、服务场景等相关知识。

总之，无论是工业产品设计还是服务设计，交互设计的思想方法都有助于人们思考如何在信息嵌入的情况下主动利用信息技术，使产品在被用户高效率使用（或服务被顾客高效率接受）的前提下，提高产品（或服务）的体验感，或提供超出预期的新功能。

交互设计的根本还在于交互，即人机之间、人人之间，甚至人和环境之间的交互，信息技术在大多数情况下只是促进交互良性运作、提升交互体验的手段。即使在虚拟（软件系统或网络环境）交互设计中，信息技术虽然发挥着关键作用，但是虚拟交互设计仍然要围绕交互进行，不能给用户带来良好体验的虚拟交互设计就是失败的设计。因此，要做好交互设计，首先要研究好交互过程，充分理解交互过程中顾客（用户）的需求、行为、产品使用场景（实体服务场景或在线服务场景）、认知和体验等；同时还要考虑如何利用信息技术手段促进交互顺利进行，提升交互中的用户体验。

二、PCN 及其给予服务蓝图的启示

相比服务蓝图，PCN 方法是一项研究交互过程更深入、更易于操作的流程技术。

（一）PCN 的基本架构

PCN 是由桑普森于 2012 年提出的一种服务过程分析工具。在他看来，"流程图和各种流程图工具在各自领域曾非常有用，但用它们来描述交互服务过程的特殊要素就比较受限了……有一种用于研究交互服务过程的流程图技术是服务蓝图，它有助于研究交互，但不太有助于展示更广阔场景下的交互（即多个实体共同执行或共享的过程）。PCN 图是建立在其他流程图技术的优势之上的，但更强

调交互服务过程的独特性和设计的可能性"[51]12-13。

在服务过程中,服务系统与顾客之间存在 3 种类型的行为关系——直接接触、间接接触、无接触,桑普森对应地确立了 3 种交互方式——直接交互、代理交互和独立处理。同时,他还为服务过程中的两个实体(服务提供方和顾客)建立了两个区域,并按照业务进展顺序,连接两个实体之间的交互关系,这样就构建了一个 PCN 图。图 4.21 是 PCN 图的结构示意图。

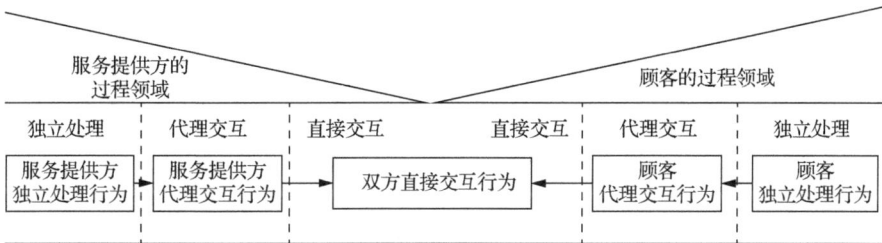

图 4.21　PCN 图的结构示意图

直接交互是指服务提供方直接与顾客之间的交互,即人人交互,如当面点餐、商业面谈等。代理交互是指一个实体在执行涉及另一个实体的非人型资源的过程步骤。其中,非人型资源是指实体的财物和信息,它与实体的人无关。因此,代理交互相当于人机(物、信息)交互。在服务提供方领域和顾客领域都有代理交互,前者是服务提供方对顾客非人型资源的处理;后者是顾客对服务提供方非人型资源的处理。以顾客领域的代理交互为例,顾客通过手机 App 预订某家餐馆的菜品,填写网络订单,手机 App 和订单都是过程实体(服务提供方)的代理而不是实体本身,这就是代理交互。独立处理是指既不涉及其他实体的直接交互,也不涉及其他实体的代理交互,是自己独立完成的活动内容,或者说它作用于自己所拥有或控制的资源。例如,顾客驾驶自己的汽车前往餐馆对于顾客来说就是独立处理过程。最上方三角区域,越往角尖处,表示交互特性越明显。

PCN 方法既可以分析两个实体之间的行为关系,也可以分析多个利益相关实体之间的业务关系。图 4.22 和图 4.23 分别是餐馆服务中涉及两个实体和多个实体的 PCN 图。鉴于本章主要研究服务蓝图在交互技术方面的拓展,因此,这里只需关心两个实体之间的交互,无须关注多个实体之间的交互。这里之所以同时展示了一幅多个实体之间的交互网络图,主要目的是让读者明白 PCN 具有这方面的功能。

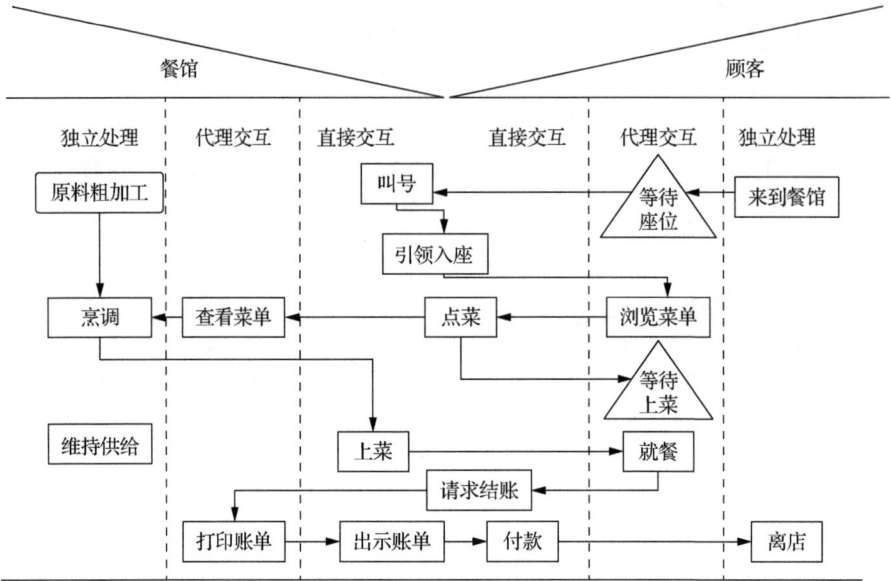

图 4.22　餐馆服务中两个实体的 PCN 图

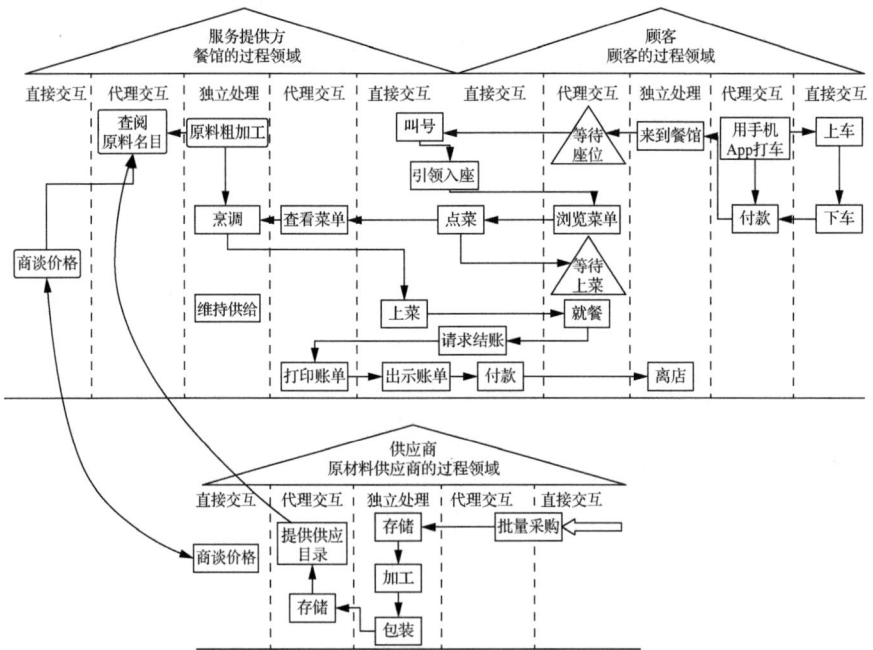

图 4.23　餐馆服务中多个实体的 PCN 图

（二）PCN 图与服务蓝图的联系与区别

PCN 图与服务蓝图一样，都是描绘服务系统和服务过程的图，而且在结构上具有一定的关联性和相似性。如果把 PCN 图的结构图按照服务蓝图的"空间维度"分隔，就可以看出这种关联性和相似性了（图 4.24）。

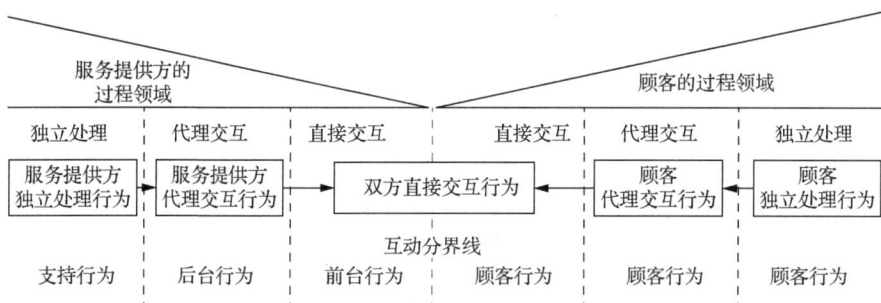

图 4.24　PCN 图与服务蓝图之间的关联性

PCN 图与服务蓝图又存在明显不同。第一，出发点不同。服务蓝图主要突出以顾客为中心的服务理念，因而把顾客行为置于服务蓝图的上方，并按照顾客角色的需求和行为，依次安排服务提供方的前台行为、后台行为和支持行为；PCN图主要是为了研究服务提供方和顾客之间的交互过程，因此把双方看作平等的角色。第二，服务蓝图通过顾客、前台、后台和支持系统 4 个角色的划分，展现服务系统的在空间上的布局，而 PCN 图没有体现出空间维度。第三，服务蓝图在顾客行为步骤上增加了有形展示（服务证据），一方面体现了空间环境要素的存在，另一方面强化了顾客体验、服务特色等方面的展示功能，这也是 PCN 图所不具备的。第四，PCN 图按照人人交互、人机（物）交互的交互方式，把两个实体的行为分类为直接交互、代理交互和独立处理 3 种类型，因而能够很好地对双方交互过程和交互行为展开分析，这是服务蓝图所不具备的。第五，PCN 图对顾客行为进行了细化，这是一直被学者诟病为顾客行为"黑箱"的服务蓝图所不具备的，客观上揭示了号称以顾客为中心的服务蓝图的不足之处。

总之，服务蓝图与 PCN 图的出发点或目的不同，因而看问题的角度和功能不同，这也导致二者各有优缺点。在顾客角色行为分析和服务交互过程分析方面，PCN 弥补了服务蓝图的短板。如果立足于服务蓝图看 PCN 图，先用 PCN 分析优化服务过程，然后设计服务蓝图，可以使服务蓝图更合理、更稳定。因此，既可以把 PCN 图看作一个独立的服务过程分析工具，也可以把 PCN 图看作一个优化服务蓝图的补充工具。

（三）PCN 的应用及其给予服务蓝图的启示

PCN 图与服务蓝图既有区别又有联系。PCN 图作为服务交互分析工具，在服务研究方面既有独特的优势，又能够为服务蓝图的改进带来独到的启示。

1. 过程区域的运作特征分析

像服务蓝图一样，PCN 图也用来描绘服务过程或服务系统。但是，相比服务蓝图，PCN 图进一步细化了顾客的行为过程，把服务提供方和顾客这两个实体的角色行为对等地展示了出来，而且展示得淋漓尽致，这为进一步分析两个实体角色在交互过程中的行为特征提供了条件。

按照服务系统对服务过程中各个实体角色的要求，PCN 图中的 5 个过程区域都具有非常鲜明的运作特征，如图 4.25 所示。

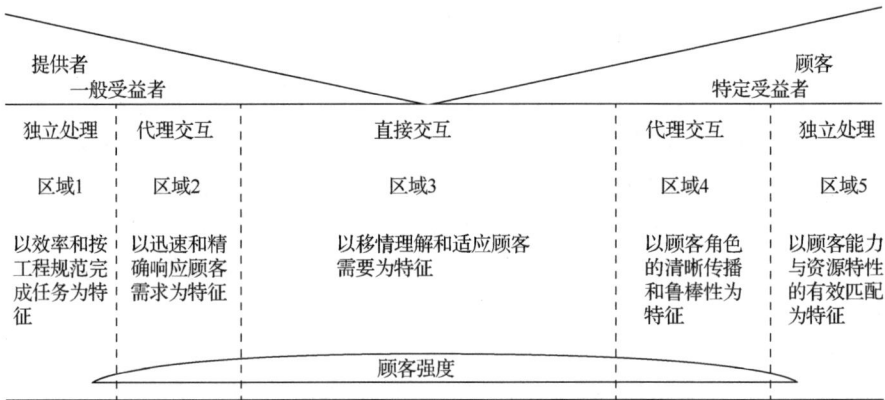

图 4.25　过程区域的运作特征[51]36

区域 1 的特征与管理要求：区域 1 属于服务提供者的内部运作，生产过程完全由服务提供者独立完成，既不与顾客进行交互，也不直接响应顾客需求，其主要任务是为服务提供者直接满足顾客需求的生产任务（区域 2 和区域 3）提供生产保障。例如，大中型餐饮连锁企业的中央厨房或加工配送中心就属于区域 1 这种角色。因而，区域 1 的运作有点像工厂，只不过比一般的工厂更靠近顾客需求，毕竟它也是服务系统的一部分。因此，区域 1 的生产运作要求有生产标准或操作规范，要尽力实现机械化、自动化作业，追求高效率、低成本和标准化的产品质量。

区域 2 的特征与管理要求：区域 2 属于服务后台运作，企业只对顾客投入（顾客资源）进行加工，不与顾客面对面交互。例如，餐馆的后厨、汽车维修店的维修车间就属于区域 2 的角色。但是，区域 2 作为后台运作，必须精确、快速地响应区域 3 中顾客提出的要求；同时，为了提高满足顾客需求的效率和精准率，通常也要求顾客所提供的资源尽量满足一定的标准，如快递包裹上的信息应包括收件人姓名、电话、地址等。

区域 3 的特征及管理要求：区域 3 属于员工和顾客之间的人际交互，要求员工与顾客进行良好沟通和互动，站在顾客角度思考问题（具有同理心），了解和满足顾客需求，给予顾客热情和尊重，使顾客感受到精神愉悦。

区域 4 的特征及管理要求：区域 4 属于自助服务，顾客按照企业事先设计好的流程和操作规范，利用企业提供的操作资源（包括场地、环境、设备、原料等），自助完成服务任务，如在自助火锅店完成自选原料、自己涮肉，在加油站使用加油枪完成自助加油，在医院使用服务机自助打印报告等。利用自助服务，一方面企业可以把顾客当作劳动力进而降低劳动成本，另一方面顾客可以通过自助操作获得额外的知识和体验，以及不需要人帮忙的满足感。这就要求企业，首先要评估顾客是否具备自助完成这个过程的能力；其次，要合理规划服务过程，并利用流程图或其他图标为顾客提供清晰的引导；再次，在顾客自助服务过程中，若出现问题，能够有服务员提供及时的帮助；最后，为顾客提供适当的"顾客教育"，教会顾客如何顺利、高质量地完成自助服务过程。

区域 5 的特征及管理要求：区域 5 属于顾客自己动手制作区域，即独立处理区域，企业只充当供应商角色，顾客不依赖企业，完全独立地对企业供应的资源（原材料）进行加工。例如，烘焙公司除了为顾客提供烘焙原料外，还提供烘焙说明书和烘焙模具，以便顾客自己在家烘焙。这就要求企业提供的资源必须是可用的、具有一定标准化水平的，必要时还应提供操作指导说明书或操作工具。总之，企业需要考虑清楚顾客独立处理的场景、不同顾客的需求和处理能力、各种可能发生的意外等，尽力使顾客的独立处理行为能够顺利进行，获得满意的效果。

启示：PCN 图与服务蓝图在区域分隔上具有一定的相似性（参考图 4.24），因而图 4.25 描绘的各区域的行为特征对于利用服务蓝图开展的服务系统研究和管理都具有指导意义。特别是，服务蓝图没有对顾客行为进行细分，而 PCN 图顾客在区域 4 和区域 5 中的行为特征是服务蓝图没有考虑过的问题，因此很值得服务蓝图借鉴。在使用服务蓝图之前，可以先利用 PCN 图对顾客行为展开研究，进而强化服务蓝图的以顾客为中心的服务理念。

2. 战略过程的定位

PCN 图中的 5 个区域各有其运作特征和管理要求。PCN 图描绘的是一个服务系统，每个区域代表服务系统的一个部分，各个部分都按照其特征开展设计并实施即可。以连锁餐饮企业为例，区域 1 代表中央厨房，区域 2 代表连锁餐饮企业的后厨，区域 3 代表连锁餐饮企业的前厅，区域 4 代表顾客利用餐厅 App 或二维码进行的自助点餐或自助结账；区域 5 代表顾客在家中利用从连锁餐饮企业购买的原材料或半成品，进行独立的加工制作。对于连锁餐饮企业而言，每个部门（区域）都有其运作特点和要求，各自完成好自己的任务即可。

虽然 PCN 图描绘的是原材料从供应商到顾客手中的一个完整的供应链过程，但是这个过程中的 5 个步骤，每个步骤都可以独立出来，由一个企业独立完成。换句话说，即使一个企业只选择这 5 个步骤中的一个步骤作为其核心业务，也同样可以获得非常好的经营效果。我们把这种选择称作战略过程定位。

以三明治生产过程为例。三明治通常是用两片面包夹几片肉、奶酪和各种调料等制作而成的，因此其制作过程常被称作装配或组装。图 4.26 是三明治装配过程的 5 个区域，也是可供企业选择的 5 个选项。赛百味连锁店把选项 3 作为其战略过程选择。在连锁店中，赛百味的服务员和顾客面对面沟通，按照顾客选择的各种原材料进行装配。

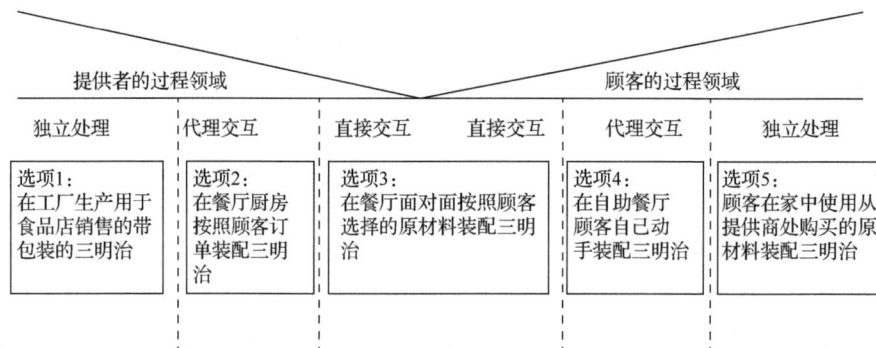

	提供者的过程领域			顾客的过程领域	
独立处理	代理交互	直接交互	直接交互	代理交互	独立处理
选项1： 在工厂生产用于食品店销售的带包装的三明治	选项2： 在餐厅厨房按照顾客订单装配三明治	选项3： 在餐厅面对面按照顾客选择的原材料装配三明治		选项4： 在自助餐厅顾客自己动手装配三明治	选项5： 顾客在家中使用从提供商处购买的原材料装配三明治

图 4.26　装配三明治的过程设计选择[51]31

这 5 个选项具有不同的运作方式和运作特征，将哪一个选项作为最好的过程定位选择，取决于企业和顾客的价值主张。对于企业而言，选项 1 是典型的制造业，可以最大限度地获取规模效益；选项 2 属于服务业，先有订单后有生产，麦当劳、肯德基（三明治与汉堡包属于一个性质的食品）等均采用这种方式，其中生产对需求的响应速度非常关键；选项 3 是在店铺内经过服务员和顾客之间的互动沟通后，按照顾客的选择进行加工，这种方式可以最大限度地满足顾客的定制需求，赛百味就选择了这种流程；选项 4 是顾客根据自己的喜好选择各种原料进行装配，自由度大，但得不到员工的指导，对于不熟悉的顾客，制作出来的三明治可能不符合自己的口味；选项 5 是顾客购买供应商的原料在家里制作。

因此，最佳过程定位取决于企业的价值主张：追求规模效益还是客户定制，抑或是过程效率。通常情况下，企业选择的服务生产过程越倾向于企业，就越能获取规模经济效益；越倾向于顾客，就越能增强客户转化率；处于中间位置、由双方共同完成时，虽然效率比较低，但是可以增强沟通，挖掘顾客潜在需求，增加销售，增加顾客满意度。为了改善直接交互带来的效率低下问题，可以适当把直接交互改造为代理交互——生产过程往企业方移动，增加企业的标准化生产，进而提高效率；生产过程往顾客方移动，可以提高顾客的自主性，减少因双方沟通而浪费的时间。

启示：显然，战略过程定位分析是服务蓝图无法做到的。对于服务企业而言，战略过程定位是极其重要的一个选择，它将决定服务企业未来的经营模式。因此，首先使用 PCN 工具开展战略过程定位，然后用服务蓝图研究服务系统，是一个比较科学合理的顺序。

3. 顾客角色的定位

像战略过程定位一样，利用 PCN 图同样可以确定服务过程中顾客角色行为的参与程度。为此，我们先来看看顾客在服务过程中可以扮演哪些角色。

在服务系统中，顾客往往扮演多种角色。

（1）顾客作为被加工的产品。当顾客投入的是自己的身体（如理发服务）或精神（如宗教服务）时，顾客既是供应商，又是被加工的产品，其身体安全和精神愉悦成为关注的重点。

（2）顾客作为部件供应商。当顾客投入的是财物（如汽车维修）或信息（如财务审计）等部件时，其投入的部件是被加工的对象。顾客投入部件的标准化或规范化程度直接关系到服务的过程质量和结果质量。

（3）顾客作为设计工程师。顾客常常对自己的需求有着系统的思考，如去家具店购买家具时已经有比较充分的心理准备。商家与顾客进行充分的沟通，理解顾客诉求并提供有价值的建议，使顾客方案更趋于合理化，将有助于改善后续服务的质量。

（4）顾客作为生产管理者。在装修装饰行业，顾客需要对施工队伍的装修装饰过程进行合理的安排，包括用料、时间、与工人的沟通、对施工质量的监督等。

（5）顾客作为质量监督员。在大多数经验性服务行业，如餐饮、宾馆、理发、零售等，顾客都有充足的知识和经验来评判服务质量的好坏。通常情况下，企业会鼓励顾客投诉和反馈意见，但是在实际工作中，服务员会产生抵触情绪，常出现投诉渠道不畅通、对顾客投诉不予回复等情况，这些都是企业需要解决的问题。

（6）顾客作为劳动力。在很多服务业务中，顾客都可以执行一些自助性工作，如自助加油。通常情况下，具有体验价值并且不会带来危险的环节可以由顾客自助完成。

（7）顾客作为库存。在整个服务过程中，无论是服务前、服务中还是服务后，顾客都有可能需要等待，服务提供方需要提供等待的空间和设施环境，需要维持等待秩序，需要有提供等待服务的人员为顾客提供饮料食物、报纸电视等，而且与等待时间长短有密切关系。合理规划服务生产过程，减少顾客等待可能性、缩短顾客等待时间、提供良好的等待服务等，成为服务提供者需要认真思考的内容。

（8）顾客作为竞争对手。在整个服务过程中，有一些环节可以由企业提供服务，也可以由顾客自己完成。如果顾客选择由自己完成而不选择企业提供的服务，那么在这个环节上，顾客的自我服务就成为企业服务的替代品，顾客就成为企业的竞争对手。例如，在修车服务中，顾客自己洗车；在企业对企业业务的咨询服务中，客户自己采集调查数据。企业可以通过提高准入门槛（如规模经济、经验曲线、掌握最佳输入源等）来限制消费者作为竞争对手的情形。

管理顾客角色就是合理安排上述各种顾客角色行为，关键是需要考虑是增强顾客的角色行为，还是弱化顾客的角色行为。这是服务创新的一个角度。理查德·诺曼（Richard Normann）提出了两种过程创新：使能型创新（enabling innovation）——使顾客做以前由企业所做的事情；解脱型创新（relieving innovation）——使企业做以前由顾客所做的事情。采取哪种形式，取决于顾客和企业两个交互实体的价值主张，特别是顾客承担每种角色的意愿、能力和实际体验。

以汽车维修中的问题诊断这个核心步骤为例，由谁诊断、如何诊断直接关系到服务过程的安排和顾客角色的设计。放到 PCN 图中来考虑，共有 5 种选择（图 4.27）：越往右，顾客的参与行为越强；越往左，顾客的参与行为越弱。

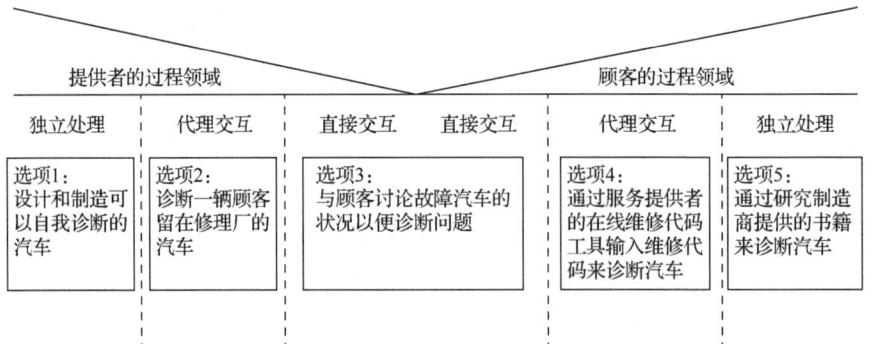

图 4.27　顾客角色设计的可选方案[51]57

启示：与服务蓝图相比，PCN 图之所以能够细致地对顾客角色行为开展分析，并进行使能型创新和解脱型创新，与它把顾客与企业当作两个平等的实体来对待是分不开的。PCN 图把顾客行为领域分成 3 个区域（直接交互、代理交互、独立处理），进而对顾客行为特征展开详细分析，这对于服务蓝图强化以顾客为中心的服务理念显然是一个补充性工具，可以弥补服务蓝图的短板。最关键的是，图 4.27 告诉我们，在规划和设计服务系统时，可以对顾客行为进行定位选择。因此，当我们应用服务蓝图设计服务系统时，首先要根据服务过程中的顾客需求偏好、顾客体验和服务生产安全等因素，确定顾客行为的参与程度（可以直接使用 PCN 图完成这个任务），然后据此安排服务提供方的前台行为、后台行为和系统支持行为。

4. 价值分析

服务过程中的所有参与方都有价值主张，或者是财务价值（服务提供方通常追求经济收益），或者是服务成果（顾客通常希望获得预期的结果，如把车修好），或者是情感价值（追求愉悦体验）。

PCN 图有助于识别服务交互参与方的价值主张、完成价值主张的服务环节，以及对价值主张做出贡献的要素。在 PCN 图中，可以用"-$"表示货币成本的产生步骤，用"+$"表示货币报酬的产生步骤；用"☺"表示获得非货币收益（如愉快体验），用"☹"表示顾客产生的非货币成本（如不便利），如图 4.28 所示。

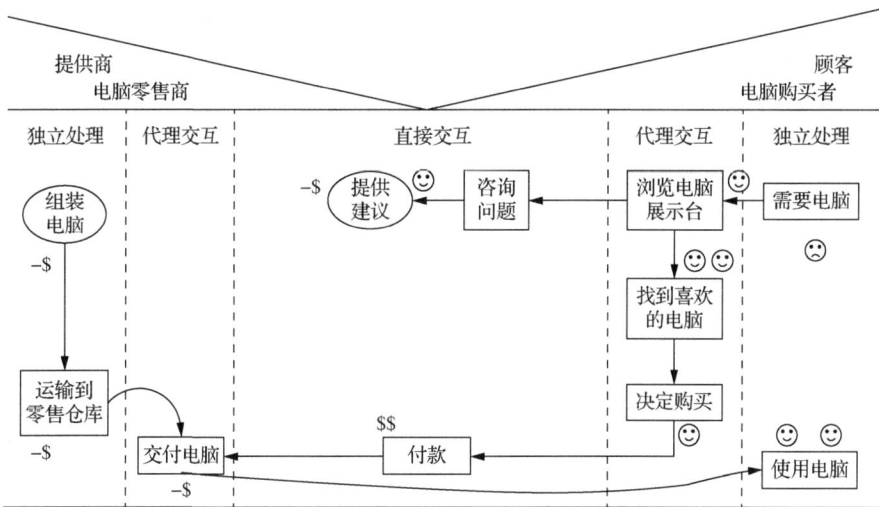

图 4.28　电脑零售商的价值主张

启示：PCN 关于价值主张的分析方法类似于服务蓝图中关键点分析的做法。它提醒我们，在服务蓝图的关键点类别中，可以增加价值点，包括财务价值、情感价值和服务成果。此外，利用 PCN 图进行的价值分析实际上也可以用于价值流分析，只需要从服务提供方和顾客两个实体角度梳理清楚价值产生的过程即可，因此，PCN 图也可以作为价值流图的一个补充。由此，还可以进一步引入关键点分析中的关键点链概念，在 PCN 图中构建价值点链，用以展现价值流过程。

（四）PCN 图与服务蓝图的融合——构建交互服务蓝图

桑普森[51]139 在其著作中提到肖斯塔克在服务蓝图中所采用的概念对于 PCN 分析也有很大帮助，并给出了服务蓝图各要素在 PCN 图中的位置呈现，如图 4.29 所示。这说明，PCN 图与服务蓝图在结构上具有高度的相关性。

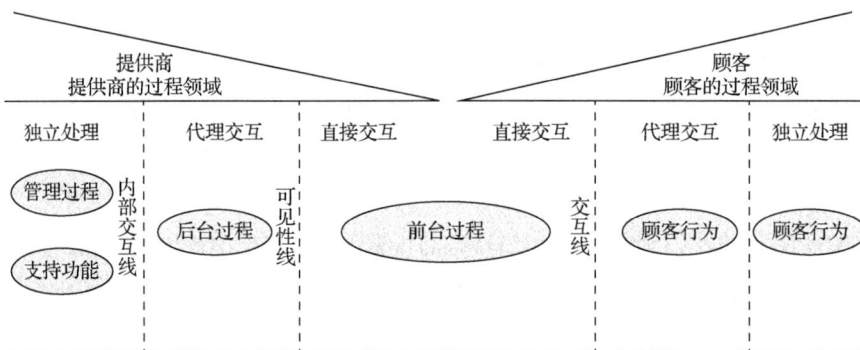

图 4.29　服务蓝图要素在 PCN 图中的呈现①

如前所述，PCN 图与服务蓝图各有优缺点，PCN 图在交互分析和顾客行为细化研究方面可以弥补服务蓝图的短板，它的一些分析功能能够给予服务蓝图很多有价值的启示。由此，我们会产生一个想法：可否取长补短、优势互补，把 PCN 图的优点嫁接到服务蓝图上，开发一个新的工具？

1. 交互服务蓝图的构建

现在，可以按照服务蓝图的基本架构和以顾客为中心的基本思想，把图 4.29 逆时针旋转 90°，把顾客置于上方，并在顾客上方加上有形展示区域，然后按照服务蓝图的语言习惯修改相关名词，命名两条分界线——独立处理线和自助服务线，得到图 4.30。这就是把 PCN 图的优点嫁接到服务蓝图上后构建的新工具，称之为交互服务蓝图（interaction service blueprint，ISB）。

---

① 需要说明的是，图中把交互线放在了顾客区域的直接交互与代理交互中间，显然欠妥。因为，按照服务蓝图的相关概念，互动分界线是把顾客行为与前台行为隔开的一条分割线。因此，交互线应该放在顾客和前台员工的中间，即前台过程中间。

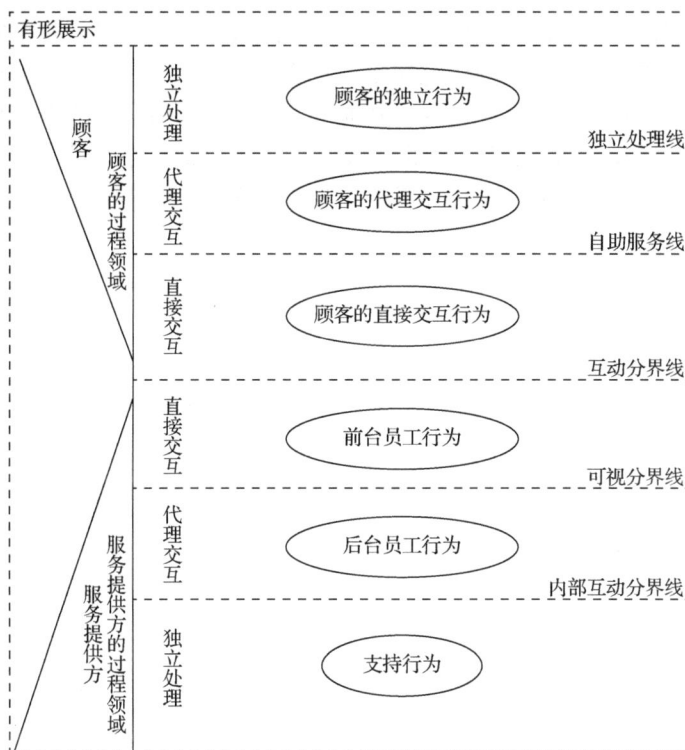

图 4.30　ISB 模板

2. ISB 的特点

由于 ISB 是服务蓝图吸收了 PCN 对实体行为过程分析的优点后构建的一种技术方法，因此，总体上看，ISB 兼具服务蓝图和 PCN 二者的优点。具体如下。

（1）ISB 像服务蓝图一样，仍然把顾客置于图的上方，体现了以顾客为中心的思想。

（2）ISB 像服务蓝图一样，具备营销分析功能。ISB 在顾客行为步骤上方设置了有形展示，代表可以强化顾客体验的成分。

（3）ISB 像 PCN 一样，把顾客行为细化为直接交互、代理交互和独立处理 3 种形态，使原本服务蓝图中被诟病的"顾客行为是黑箱"的缺点得到弥补，实质上也进一步深化了其以顾客为中心的思想，增强了对顾客行为的细化分析功能。

（4）ISB 像 PCN 一样，既具备服务网络呈现功能，也可以分析多个实体之间的交互关系。在分析多实体之间的交互关系时，究竟 ISB 和 PCN 哪一个更合适，应当根据实际需要决定。

（5）ISB 在分析功能方面，可以借鉴服务蓝图的关键点分析功能和 PCN 的交互分析功能（包括如前所述的各种应用分析功能）。

　　总之，ISB 最大限度地发挥了服务蓝图和 PCN 的优点，进一步丰富了服务蓝图的内容，拓展了服务蓝图的研究视角，整合了营销、管理和交互分析功能，它的提出能够对服务研究和服务蓝图改进提供一些思路。但是，由于 ISB 是服务蓝图和 PCN 的复合，因而比服务蓝图和 PCN 看上去都要复杂，这不能不说是它的一个劣势。可以根据实际设计和分析的需要，有选择性地使用服务蓝图、PCN 和 ISB 3 种分析工具。

3. ISB 的应用

　　下面以某餐馆付款服务过程为例，介绍付款 ISB 的绘制与应用。

　　按照图 4.30 的基本架构和付款活动的基本流程，绘制现行的付款 ISB，如图 4.31 所示。

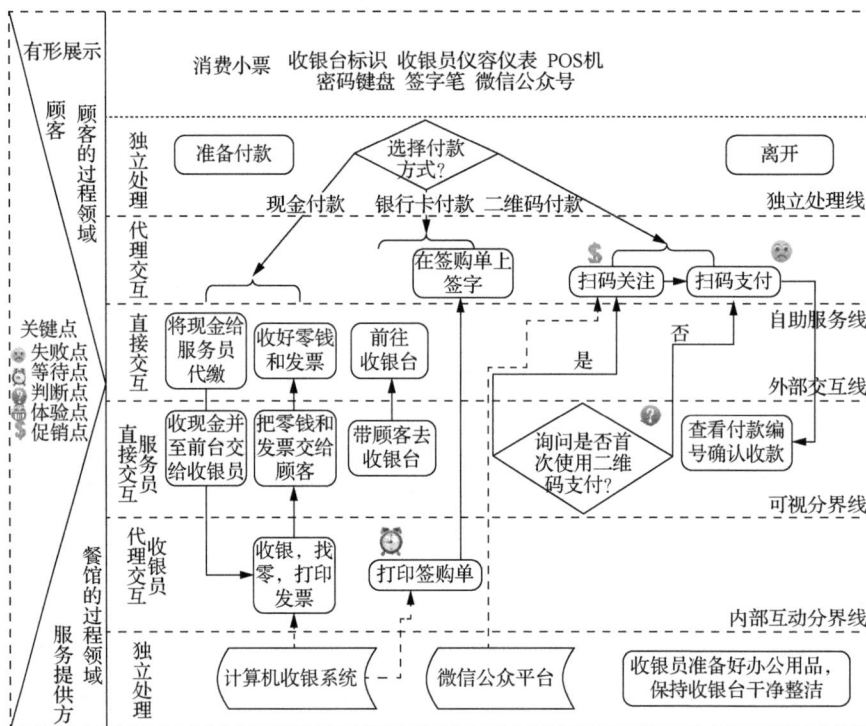

图 4.31　某餐馆付款 ISB

　　由于 ISB 兼具了服务蓝图和 PCN 的优点，因此，ISB 是一个更为有效的服务系统分析工具。基于 ISB 的特点及现行的付款 ISB，该餐馆的付款服务可做如下优化。

　　（1）识别价值创造步骤，规范交互行为。在 3 种付款方式中，二维码付款（微信、支付宝）是未来的趋势，能为餐馆提高效率，节约人力成本，同时也能为顾客省去排队等待的烦恼，因而是一个能够创造价值的步骤。加强交互的一种方法是对交互过程进行脚本化。现在越来越多的顾客乐于用二维码付款，可对二维码付款流程及其交互行为展开分析，然后设定脚本，使其流程（代理交互过程）更加规范和有效率。例如，在餐桌上设置一个付款二维码牌，而非扫工作人员付款器上的二维码。此外，为了引导顾客扫码关注并使用二维码付款，还可以采取一定的优惠措施，并在二维码牌上标注优惠信息。

（2）消除无用交互，提高系统运行效率。如果服务过程中的某一步骤对企业价值潜力或价值实现没有贡献，就应该被去除，有时需要彻底删除，有时需要去除交互中那些无用的特征。例如，在付款 ISB 中，我们很容易发现，顾客若需要用银行卡付款，服务员就必须带领顾客前往收银台，这种直接交互在就餐高峰期间排队等待人数较多的情况下，明显会降低效率。餐馆可以将由服务员带领改为由服务员指引，加上餐馆内设置的清楚且有特色的收银台标志，顾客可以很容易到达收银台。

（3）减少直接交互，增加顾客自助服务。从图 4.31 中可以发现现金付款和银行卡付款是涉及直接交互活动最多的方式，效率较低，银行卡付款还必须由服务员带领顾客去柜台进行。微信付款的过程相对来说更加简单便捷，顾客只需要拿出手机，通过关注餐厅的微信公众号来查看此次消费订单，并用微信付款即可。所有这些步骤几乎都是由顾客自助完成的。减少直接交互并增加顾客自助服务，对于企业而言，可以提高效率、降低成本；对于顾客而言，可以享受新技术带来的便利和快乐。总之，这是一举两得的好办法。所以，企业应学会运用 ISB 找到顾客可以自助服务的点，消除服务过程中的一些直接交互。

（4）充分分析顾客行为，发现服务创新契机。像服务蓝图一样，付款 ISB 把顾客行为置于上方，突出了以顾客为中心的服务理念。但是，ISB 汲取了 PCN 的优点，可以细化顾客行为，进而挖掘为顾客提供服务时的空白点，发现服务创新契机。例如，在付款 ISB 中，若顾客选择用银行卡付款但又不愿意或不方便前往收银台刷卡，处理不妥当会降低顾客的满意度。此时，餐馆可以考虑增设移动POS 机。

（5）管理有形展示，强化顾客体验。像服务蓝图一样，付款 ISB 在顾客行为步骤上方设置了有形展示，这是提高顾客体验的关键，通过分析付款 ISB 中每一个步骤上的顾客行为类型及其对应的有形展示二者之间的匹配程度，有针对性地改善有形展示，可以强化顾客体验。例如，为了鼓励顾客使用微信付款功能，可以把收款台上的微信公众号的二维码做得大一点，也可以直接把二维码图标贴在桌角上，方便顾客结账和关注。

（6）识别关键点，实施重点管理。付款 ISB 沿用了服务蓝图中的关键点分析功能，分别设置了失败点、等待点、判断点、体验点和促销点，其对于关键点的识别、标注和分析有助于实施重点管理，从而有针对性地提高服务质量。

以上从流程技术角度，着重探讨了信息、体验和交互 3 类流程技术与服务蓝图之间的关系及其给予服务蓝图的启示，对服务蓝图技术的进一步发展和深化应用提供了有价值的借鉴。如果站在管理体系视角，把服务蓝图技术进一步放到各种管理体系内，如全面质量管理、六西格玛、卓越绩效准则、精益管理、流程再造等，从更广阔的视域内来考察，那么服务蓝图应该如何融入这些体系解决相关服务问题，以及这些体系将给予服务蓝图哪些启示、提出哪些要求，都是值得进一步研究的课题。

参 考 文 献

[1] SHOSTACK G L. How to design a service[J]. European Journal of Marketing, 1982, 16(1): 49-63.

[2] 詹姆斯•A.菲茨西蒙斯,莫娜•J.菲茨西蒙斯. 服务管理:运作、战略与信息技术[M]. 张金成,范秀成,译. 5 版. 北京:机械工业出版社,2009:64-65.

[3] KINGMAN-BRUNDAGE J. Technology, design and service quality[J]. International Journal of Service Industry Management, 1991, 2 (3): 47-59.

[4] KINGMAN-BRUNDAGE J, GEORGE W R, BOWEN D E. Service logic: achieving service system integration[J]. International Journal of Service Industry Management, 1995, 6(4): 20-39.

[5] 瓦拉瑞尔•A.泽丝曼尔,玛丽•乔•比特纳. 服务营销[M]. 张金成,白长虹,译. 2 版. 北京:机械工业出版社,2002.

[6] WREINER T, MÅRTENSSON I, ARNELL O, et al. Exploring service blueprints for multiple actors: a case study of car parking services[C]. Oslo: First Nordic Conference on Service Design and Service Innovation, 2009.

[7] 迈克尔•波特. 竞争优势[M]. 陈小悦,译. 北京:华夏出版社,1997:36-47.

[8] 吉尔里•A.拉姆勒,艾伦•P.布拉齐. 流程圣经[M]. 王翔,杜颖,译. 北京:东方出版社,2014:131-134.

[9] 程淑丽. 酒店流程化与规范化管理手册[M]. 北京:人民邮电出版社,2011:19-20.

[10] 克里斯托弗•H.洛夫洛克. 服务营销[M]. 陆雄文,庄莉,译. 3 版. 北京:中国人民大学出版社,2001:45-49.

[11] BITNER M J, OSTROM A L, MORGAN F N. Service blueprinting: a practical technique for service innovation[J]. California Management Review, 2008, 50(3): 66-94.

[12] 马克•史帝克敦,雅各•史奈德. 这就是服务设计思考!:基础概念—工具—实际案例[M]. 池熙王旋,译. 台北:中国生产力中心,2013:178-179.

[13] 让•哈维. 复杂服务过程管理:从战略到运营[M]. 上海市质量协会,上海质量管理科学院,译. 2 版. 北京:中国质检出版社,2013.

[14] 冯俊. 剖析希尔"赢得订单标准"理论的思想基础[J]. 北京工商大学学报(社会科学版),2005,20(4):17-20.

[15] 冯俊,崔正,周晓娟. 基于双因素理论的顾客激励与顾客保健研究:以餐饮企业为例[J]. 企业活力,2009(10):30-34.

[16] 转型:全面提升服务速度:中国建设银行推进前后台分离提升服务水平[EB/OL]. (2014-08-12) [2022-11-25]. http://www.ccb.com/cn/ccbtoday/news/20140812_1407830600.html.

[17] 冯俊,张运来. 服务管理学[M]. 北京:科学出版社,2010.

[18] SHOSTACK G L. Service positioning through structural change[J]. Journal of Marketing, 1987, 51(1): 34-43.

[19] 中国社会科学院语言研究所词典编辑室. 现代汉语词典[M]. 7 版. 北京:商务印书馆,1996:1501, 1382.

[20] 牛津大学出版社. 牛津现代高级汉语双节词典[M]. 北京:商务印书馆,1995:1175.

[21] PATRÍCIO L, FISK R P, CUNHA J F, et al. Multilevel service design: from customer value constellation to service experience blueprinting[J]. Journal of Service Research, 2011, 14(2): 180-200.

[22] 詹•卡尔森. 关键时刻 MOT [M]. 韩卉,译. 杭州:浙江人民出版社,2016:11-13.

[23] SHOSTACK G L. Designing services that deliver[J]. Harvard Business Review, 1984, 62(1): 133-139.

[24] CHUANG P T. Combining service blueprint and FMEA for service design[J]. The Service Industries Journal, 2007, 27(2): 91-104.

[25] LEE C H, WANG Y H, TRAPPEY A J C. Service design for intelligent parking based on theory of inventive problem solving and service blueprint[J]. Advanced Engineering Informatics, 2015(29): 295-306.

[26] 中华人民共和国国家质量监督检验检疫总局. 危害分析与关键控制点（HACCP）体系及其应用指南（GB/T 19538—2004）[M]. 北京：中国标准出版社，2004：3-7.

[27] 理查德·B.蔡斯，等. 运营管理[M]. 任建标，等译. 9 版. 北京：机械工业出版社，2004：219-220.

[28] 徐小宁. 基于感官体验的餐饮行业可设计服务触点的开发[J]. 包装工程，2016, 37(4)：46-49.

[29] SEBASTIANELLI R, TAMIMI N. Understanding the obstacles to TQM success[J]. Quality Management Journal, 2003, 10(3)：45-56.

[30] CALABRESE A, CORBO M. Design and blueprinting for total quality management implementation in service organizations[J]. Total Quality Management, 2015, (26)7: 719-732.

[31] 冯俊，高溢培，王静，等. 基于服务蓝图的服务质量提升研究：以燕莎奥特莱斯为例[J]. 中国商贸，2013（7）：24-29.

[32] 李飞. 全渠道服务蓝图：基于顾客体验和服务渠道演化视角的研究[J]. 北京工商大学学报（社会科学版），2019，34(3)：1-14.

[33] 杰弗瑞·莱克. 丰田模式：精益制造的 14 项管理原则[M]. 李芳龄，译. 北京：机械工业出版社，2011：29-30.

[34] 詹姆斯·P.沃麦克. 精益服务解决方案：公司与顾客共创价值与财富[M]. 陶建刚，等译. 北京：机械工业出版社，2016.

[35] 浙江省台州市中心医院. 利用价值流图分析改善门诊病人就医等待[J]. 中国质量，2017，435(9)：55-57.

[36] 张玲玲，王寿阳. 业务流程导向的知识管理：流程与知识，最佳实践的传承途径[M]. 北京：科学出版社，2010：12-17.

[37] WILD P J. A systemic framework for supporting cross-disciplinary efforts in services research[J]. CIRP Journal of Manufacturing Science and Technology, 2010, 3(2): 116-127.

[38] GEUM Y J, PARK Y T. Designing the sustainable product-service integration: a product-service blueprint approach[J]. Journal of Cleaner Production, 2011, 19(14): 1601-1614.

[39] KUNDU S. Service information blueprint: a scheme for defining service information requirements[J]. Journal of Service Science Research, 2015, 7: 21-53.

[40] PATRICIO L, FISK R P, CUNHA J F. Designing multi-interface service experiences: the service experience blueprint [J]. Journal of Service Research, 2008, 10(4): 318-334.

[41] 邹盛荣. UML 面向对象需求分析与建模教程[M]. 北京：科学出版社，2015：15.

[42] OMG. Business Process Modeling Notation(BPMN) Version 1.2[EB/OL]. (2009-01-03)[2022-11-25]. http://www.omg.org/spec/BPMN/1.2/PDF.

[43] HARA T, ARAI T. Simulation of product lead time in design customization service for better customer satistaction[J]. CIRP Annals-Manufacturing Technology, 2011, 60(1):179-182.

[44] MILTON S K, JOHNSON L W. Service blueprinting and BPMN: a comparison[J]. Managing Service Quality, 2012, 22(6): 606-621.

[45] 王玉荣，葛新红. 流程革命 2.0[M]. 北京：北京大学出版社，2011：124.

[46] 派恩二世，吉尔摩. 体验经济[M]. 夏业良，等译. 北京：机械工业出版社，2002：9-12.

[47] MOESLINGER S. Technology at home: a digital personal scale[C]. CHI'97 extended abstracts on human factors in computing systems: looking to the future, ACM, 1997: 216-217.

[48] 刘丹，甘凌之，康洁立. 体验地图在物资申请领取流程优化中的应用和价值[J]. 工业设计研究，2016 第四辑：171-175.

[49] 楚东晓，彭玉洁. 服务蓝图的历史、现状与趋势研究[J]. 装饰，2018，301(5)：120-123.

[50] 吴琼. 交互设计的临界点：新技术背景下的挑战与机遇——第三届交互设计国际会议综述[J]. 装饰，2014，250(2)：12-15.

[51] SAMPSON S E. 服务设计要法：用 PCN 分析方法开发高价值服务业务[M]. 徐晓飞，王忠杰，等译. 北京：清华大学出版社，2012.